河南省小麦
产业发展报告
（2022）

孙中叶　　程晓林　　张道明　著

中国农业出版社
农村读物出版社
北　京

本书由河南省高校哲学社会科学智库研究项目资助，由河南省特色智库粮食经济研究中心、河南现代农业产业技术体系牵头撰写。

目　录

总 论 篇

第一章
新冠肺炎疫情对小麦市场的冲击与影响

2020年初以来，新冠肺炎疫情暴发对全球粮食安全构成重大威胁，小麦作为重要的口粮品种需要重点关注。因此，有必要梳理新冠肺炎疫情对国内外小麦产业的影响过程，剖析并提出新冠肺炎疫情防控期间显露的我国小麦产业深层次问题。探究建立防范新冠肺炎疫情等突发事件对我国粮食安全的冲击与影响的长效机制，并针对冲击与影响提出政策建议。

一、新冠肺炎疫情冲击下小麦产业发展趋势

新冠肺炎疫情蔓延致使劳动力短缺、供应链终端"断供"风险加剧，对全球经济、社会生活等多方面的影响日益凸显。自2020年3月以来，一些国家或地区出现粮食出口暂停，其国民开始对粮食短缺问题产生恐慌情绪，甚至一些地区已经发生屯粮抢购问题。联合国世界粮食计划署与其他国际组织联合发布2020年《全球粮食危机报告》，报告指出新冠肺炎疫情大流行或将引致世界遭受严重饥饿人口数量增至2倍。2020年底，中低收入国家超过两亿人面临粮食严重不足，相比2019年增加了1倍。

在此背景下，国家粮食安全问题成为关注焦点。国内学者指出，我国粮食安全保障体系总体上呈现波动升级的挑战，但新冠肺炎疫情对于粮食生产经营的影响将会是局部与暂时性的（程国强和朱德满，2020；钟钰等，2020；司伟等，2020）。然而，新冠肺炎疫情对粮食中长期的冲击仍需重点关注，尤其是全球疫情演变对我国粮食安全的潜在影响，警惕投资性资本对国内粮食市场的非常规性冲击。

当前，国际小麦贸易主要管控方式已发生转变。国际粮食市场波动除了受到自然灾害等传统因素影响外，突发公共事件带来新的异动，使得粮食作为特殊商品的战略属性越来越强化。第二次世界大战结束后，新的国际经贸

秩序重新建立，管控国际小麦贸易的手段也随之变化。近年，随着国际金融危机、公共卫生事件频发，限制粮食出口逐渐成为一些国家应对突发事件的常用做法。同时，当下国际粮食出口限制的主要特点已呈现新的特征。不同于自然灾害、战争和政治威胁等方式引发的粮食危机，新冠肺炎疫情引发的国际小麦出口限制对我国粮食安全受到一定程度的冲击。从政策调节上看，我国应对新冠肺炎疫情主要侧重新政而非市场措施。随着国际贸易格局不断变化，各国政府和国际机构对国际贸易的管理方式、制度框架也有相应调整。2008 年国际金融危机以来，关税和最低出口价等市场调节是粮食贸易调控的重要手段。

二、新冠肺炎疫情对国际小麦市场的冲击

新冠肺炎疫情暴发以来，全球粮食供应链受到显著冲击，跨国间粮食运输供应有所放缓，世界主要粮食进口国已经开始出现粮食短缺供应的问题。2022 年以来，新冠肺炎疫情叠加俄乌冲突，使得全球再次面临更为严峻的粮食危机。2022 年 4 月，据联合国粮食及农业组织发布报告，最新数据表明 2020 年 3 月份粮农组织食品价格接近 160%，环比上涨超过 12%，同比增长 33.6%，达到历史同期的最高水平。但从中长期看，鉴于多年丰收现状，国际小麦市场仍有较强的抗风险韧性，引发世界性粮食危机的可能性较低。

随着新冠肺炎疫情肆虐全球，世界各国防控措施不断升级，对于农产品生产、物流、交易冲击的负面效应逐步显露。对于小麦市场，全球性疫情升级恰逢北半球春小麦播种时期，新冠肺炎疫情引发劳动力短缺严重影响了主要国家的小麦播种进程。2020 年加拿大种植面积比 2019 年下降了 0.1%，美国春小麦种植进度仅为 2019 年的 60% 左右。新冠肺炎疫情对小麦供应链的冲击主要体现在一些小麦主产国的出口限制措施上。

新冠肺炎疫情暴发初期，世界主要小麦出口国俄罗斯、乌克兰和哈萨克斯坦等国已开启出口管制。俄罗斯出台法令规定 2020 年 4 月 1 日至 6 月 30 日对欧亚联盟（EAEU）外的国家实施粮食出口限制，乌克兰和哈萨克斯坦也相继出台相应限制禁令。实际上，俄罗斯、乌克兰和哈萨克斯坦三国小麦出口规模占全球总贸易量的 32% 以上，出口限制对国际粮食市场的冲击巨大。为应对三国小麦出口限制对全球粮食市场的负向影响，联合国粮食及农业组织、WTO 及 G20 等组织发表联合倡议并及时出台合作措施，保障国际贸易中的粮食安

全，降低了新冠肺炎疫情的不利影响，同时也削弱了三个小麦出口国的小麦管制效应。

新冠肺炎疫情暴发后，国际小麦价格在短期内呈现剧烈波动态势。新冠肺炎疫情暴发之前，全球小麦年出口量约为 1.8 亿吨。从地区分布看，年出口量超过 1 000 万吨的国家分布区域较为集中，包括俄罗斯和乌克兰在内的六国或国家联盟（其他为欧盟、美国、加拿大和澳大利亚）的小麦出口量占全球总出口量的 80% 以上。过于集中的小麦贸易结构引致国际小麦市场严重依赖卖方市场，如果主要出口国产量产生变化极易引发国际小麦价格出现剧烈波动。根据全球应对危机粮食危机网站（GNAFC）数据显示，2020 年度全球超过 50 个国家位于粮食安全的三级警戒线上，大约 1.55 亿人面临严重的粮食短缺问题。2021 年度的数据显示，全球面临粮食不安全的人口数量甚至超过 12 亿人。新冠肺炎疫情的长期蔓延，已成为人类历史的一次重大危机。

从中长期看，相比 2007—2008 年的全球粮食危机，此次新冠肺炎疫情对全球粮食的冲击仍然可控。但进入 2022 年 4 月的俄乌冲突以来，国际小麦市场面临严峻考验。俄罗斯和乌克兰分别作为全球第一和第五大小麦出口国，两国向国际小麦市场提供了近 15% 的份额。考虑到我国粮食一部分来自进口，国际小麦价格波动会较快传导至国内。因此，国内小麦价格在 2022 年将面临较大上涨压力，但波动幅度较为有限，这得益于我国政府对粮食市场的有效调控。一方面，我国政府对粮食市场的积极监控，提前预制国际大宗商品价格波动对国内市场的负向冲击的应对方案。另一方面，我国政府增加了对弱势群体的补贴力度，及时缓解价格上涨引致的潜在不利影响。

三、新冠肺炎疫情对国内小麦市场的冲击

尽管目前我国小麦进口规模较小，进口量占总消费量的 3% 左右，而国内外市场波动联动性仍然较强。随着世界其他国家受到新冠肺炎疫情严重影响及主要出口国限制小麦出口，我国的小麦价格也出现了同步上涨，而小麦价格的波动主要是短暂性和局部性的，这主要得益于我国宽松的小麦供求态势。2000 年以来，在国家一系列政策支持下，我国小麦单位产量呈现稳步上升趋势（图 1-1），表现出我国小麦生产效率的长期提升。我国小麦供求呈基本平衡且略有盈余态势，这为我国小麦产业应对新冠肺炎疫情冲击提供较强的韧性。其中，我国小麦市场在新冠肺炎疫情暴发初期出现的波动，主要是小麦产

业链的中后端受到劳动力和资金的影响较大。当疫情得以有效控制后，小麦产业的前端、中端、后端流转将稳步加快，市场流动秩序得以快速恢复。

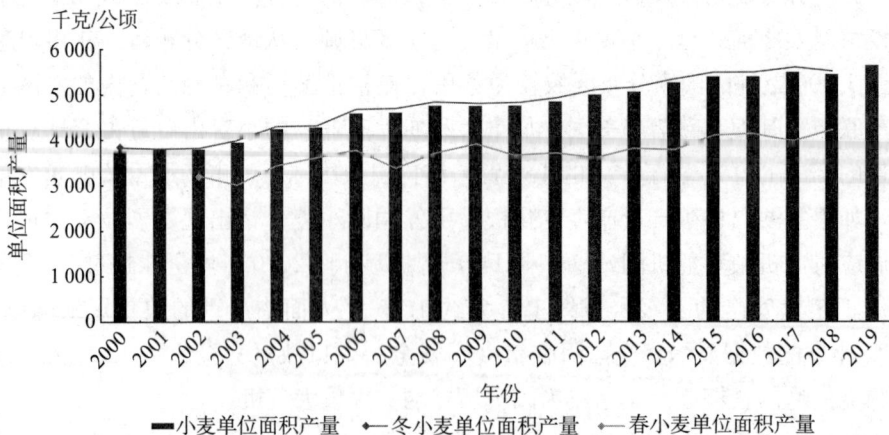

图 1-1　2000—2019 年我国小麦单位产量

数据来源：国家统计局。

　　首先，国内市场在小麦供给方面较为充足。根据中国粮油商务网测算，2020 年度市场供给较往年更加充足，可以确保小麦自给。2000 年的小麦自给率仅为 80% 左右，充裕的小麦供给为我国有效应对新冠肺炎疫情和保障国家粮食安全提供了坚实基础。

　　其次，我国小麦种植结构持续优化。21 世纪之前，我国小麦生产更加注重产量而忽视质量，导致小麦品种结构不合理的问题较为凸显。其中原因主要是普通且劣质的小麦价格较低，出现大量积压的情况。较为优质的小麦需求旺盛，但是供给严重不足，需要从国外进口价格高昂的优质小麦。我国在 2006 年开始实施小麦最低收购价政策以来，伴随着托市收购价的提升，优质小麦和普通小麦的价格在不断缩小，种植户更倾向于那些产量高和稳定的品种。同时，小麦种植也受到消费结构升级的影响，面粉加工企业对小麦质量要求提升，使得优质专用小麦更受到消费市场青睐，尽管优质小麦价格比普通小麦高 10% 以上。国内主要种植小麦的省份也扩大了优质小麦的种植面积，将其作为农业供给侧结构性改革的一个重要环节，弱筋和优质强筋小麦种植面积增长较快。据中粮集团 2020 年的数据显示，我国优质小麦已经部分取代进口美国和加拿大的高筋麦。提高国产优质小麦种植规模可有效抵御国际粮食市场的异常波动。

随着我国人口数量的持续增长，小麦作为重要口粮的刚性需求同时在提高。截至 2021 年 12 月，我国小麦总消费量以每年 1.5％左右的速度持续增长。新冠肺炎疫情暴发以来，我国居家隔离政策限制了外出就餐并降低了采购频次，此时家庭对囤积小麦需求增强，消费市场对中小包装面粉需求急剧增加。此外，我国对进口小麦的需求呈现出多元化趋势。作为全球重要的小麦生产和消费大国，我国在 2019 年的小麦进口量逐渐下降至 300 万～500 万吨。2000年，小麦进口的 100％来源于美国、加拿大和澳大利亚三国。目前，除了这三国外，"一带一路"沿线国家也已成为我国小麦主要进口国。我国对小麦进口的多元化趋势，有利于我国防范部分国家粮食出口禁运引致的粮食安全问题，更有利于我国对外贸易结构的多元化。

四、新冠肺炎疫情对我国小麦产业冲击引发的核心问题

长期以来，我国小麦产业基础良好，尽管新冠肺炎疫情对小麦市场产生一定负面冲击，但我国采取了一系列的宏观政策进行市场调控，小麦市场秩序得以快速恢复并稳定。但是也凸显出我国小麦产业中的诸多结构性和深层次问题。疫情暴发初期，国内部分地区的小麦供给出现趋紧态势，小麦粮库和贸易商库存同时出现销售和采购困难局面，小麦市场价格小幅上涨。

一方面，疫情暴发初期的部分地区小麦供应出现暂时性供应偏紧，粮库、贸易商库存小麦"销售难"与加工企业"采购难"并存，市场价格小幅上扬。郑州粮食批发市场普通三等白麦月均价 2 416 元/吨，环比上涨 1.9％。虽然2020 年 3 月情况有所好转，但 4 月上旬受国际新冠肺炎疫情影响再次出现上涨态势。同时，疫情造成的紧张情绪导致居民恐慌性屯粮，面粉、方便食品等出现阶段性供不应求的情况，部分农村地区供求紧张程度高于城市。主要原因除了疫情导致部分地区道路封锁、市场流通受阻、制粉企业尤其是中小型企业复工复产困难、产能利用不足等短期因素外，市场供求信息不对称，政府调控资源有限是长期存在的问题，农村地区缺少大中型超市和物流仓库，缺乏足够的蓄水池和缓冲地区，使得突发性事件应对能力不足。

另一方面，中小面粉企业生存压力加大，叠加部分地区农户种粮收益下降。新冠肺炎疫情暴发后，国内居民口粮消费习惯发生明显变化。根据农业农村部小麦市场分析预警团队的线上调查结果显示，52％的农户反映 2020 年种

植小麦的投入与 2019 年相当，41.4% 的农户反映 2020 年的投入比 2019 年多。线上结果显示，投入增加的农户主要集中在山东（55.6%）、河北（55.6%）和安徽（41.7%），主要表现为 48.6% 的受访者反映化肥费用增加，平均增幅约为 10.8%。49.8% 的受访者反映农药费用增加，平均增幅为 30.1%。45.5% 的受访者反映雇工费用增加，平均增幅为 23.3%。41.9% 的农户认为 2020 年度种植小麦收益较 2019 年降低，主要集中在山东（50.8%）、河北（46.0%）和安徽（43.1%），该 3 省同时还是预计小麦产量下降和总值投入增加的区域。

此外，新冠肺炎疫情对国内民众的粮食消费习惯产生较大影响。在消费路径层面，企事业单位逐步复工复产，但是集团化采购力度与前期相比较低。面粉消费从市场主体需求为主转为家庭消费为主，同时家庭需求中的中小包装面粉需求量显著增加。在结构层面上，适用于面包、馒头和饺子等专用面粉的销售情况好于普通面粉，那些易于储藏与方便食用的产品销售需求增长较快，该变化使得加工业在流动环节出现不适应的情况，加之春节期间企业停工库存有限，市场上相关产品一度出现区域性和阶段性短缺。为应对需求变动，一些大中型制粉企业在外包装上做出相应调整，改进了局部高端面粉的外包装，延长产业链条并提高了企业利润。同时，一些地区的小麦农户收益开始降低。实际上，2004—2012 年，全国种植小麦的利润率呈下降趋势，并且在 2013—2018 年小麦利润率有三年呈负值，在主要谷物粮食中，种植小麦的收益利润率是其中最低的一种。

五、新冠肺炎疫情对小麦市场冲击的启示

新冠肺炎疫情的暴发扰乱了国内外小麦市场的正常运作，因此，各国政府试图探究国家政策调控对供应链和不同地区间小麦批发及零售价格的影响。部分国家为消除新冠肺炎疫情影响而采取的措施，使得小麦市场的价格在短期内急剧上涨，但并非所有国家受到的影响都一致，这取决于不同国家或地区的小麦进出口情况。由于小麦收成创历史新高导致供应过剩，再加之部分国家对创纪录采购的应急干预，小麦价格水平已反弹至预库存状态。此外，也没有证据表明小麦批发和零售价格水平已经出现结构性突破和持续性波动。新冠肺炎疫情引发的管制仍然可控，导致小麦价格长期波动和波动性的结构破坏风险较低。但是，由于供应链中各个环节的中断，不同地区的小麦价格发生了不同程

度的变化，但没有证据表明小麦行业的弹性导致了结构性破坏。政府的及时宏观调控使得商品供应链快速恢复。

当前，在新冠肺炎疫情持续影响下，通过政府的宏观政策调控和有效利用国家小麦储备，小麦供应链中断风险较低。从新冠肺炎疫情对国内外小麦市场的冲击中吸取教训，国家机构、国际救援组织、非政府组织、民间社会等有经验地应对未来突发公共卫生事件。同时，必须建立健全国家应急管理体系，在全球政治、贸易、疫情等多种风险叠加的情况下，突发事件频发是未来一段时期的大概率事件，加强应急管理体系，尤其是完善城市应急储备、应急加工、应急配送体系至关重要。最后，为了应对小麦价格不稳定性和波动性，建议采用期货交易风险管理技术等措施，以维护小麦市场的价格稳定。

第二章
俄乌冲突与国际小麦市场变化对我国的影响

一、俄乌冲突引发全球小麦危机

俄乌冲突引发了全球小麦危机，原因是两国都是小麦重要出口国，两国出口量之和占全球小麦出口总量的30%。俄罗斯和乌克兰都处于东欧平原，有广袤平整的土地，伏尔加河蜿蜒其中，高纬度地区光照时间长，温度在 14～16℃，机械化程度也很高，很适宜种植小麦。加上两国都重视农业发展，小麦种植面积和单产都有提高，在汇率下跌等刺激下，近十年小麦出口增长一倍以上，被称为欧洲的面包区（粮食主产区）。

如图 2-1 所示，根据联合国粮农组织的数据，2021 年，俄罗斯小麦产量8 199 万吨，占全球小麦总产量（77 618 万吨）的 10.56%，乌克兰产量为2 903 万吨，占比 3.74%。因为两国国内人口不多，消费有限，大部分小麦都用于出口，并在欧洲市场占有重要份额。2021 年俄罗斯出口小麦 4 249 万吨，占全球小麦总出口量的 21.99%，是全球最大的小麦出口国。2021 年乌克兰出口小麦 2 036 万吨，占全球比重为 10.54%，由于乌克兰总粮食出口量占全球的 6%，因此小麦是乌克兰出口的主要品种。两国总计出口 6 285 万吨，占全球比重为 32.5%，因此两国冲突才会带来国际市场小麦的危机。从出口量上看，乌克兰出口量与澳大利亚、美国等相当，根据 Trade Map 数据，2020 年俄罗斯小麦主要出口目的国为埃及（占比 22.69%）、土耳其（占比 21.29%）、孟加拉国（占比 5.16%）。2020 年乌克兰小麦主要出口目的国为埃及（占比 16.99%）、印度尼西亚（占比 15.11%）、孟加拉国（占比 8.2%）。

俄乌冲突对小麦出口的直接影响有两个方面：对乌克兰而言小麦出口的通道中断，因为乌克兰 80% 的小麦通过其西南方黑海上的港口出口，但战争将这些港口都摧毁了，同时黑海已经被封锁，商船无法通航。对俄罗斯而言，其生

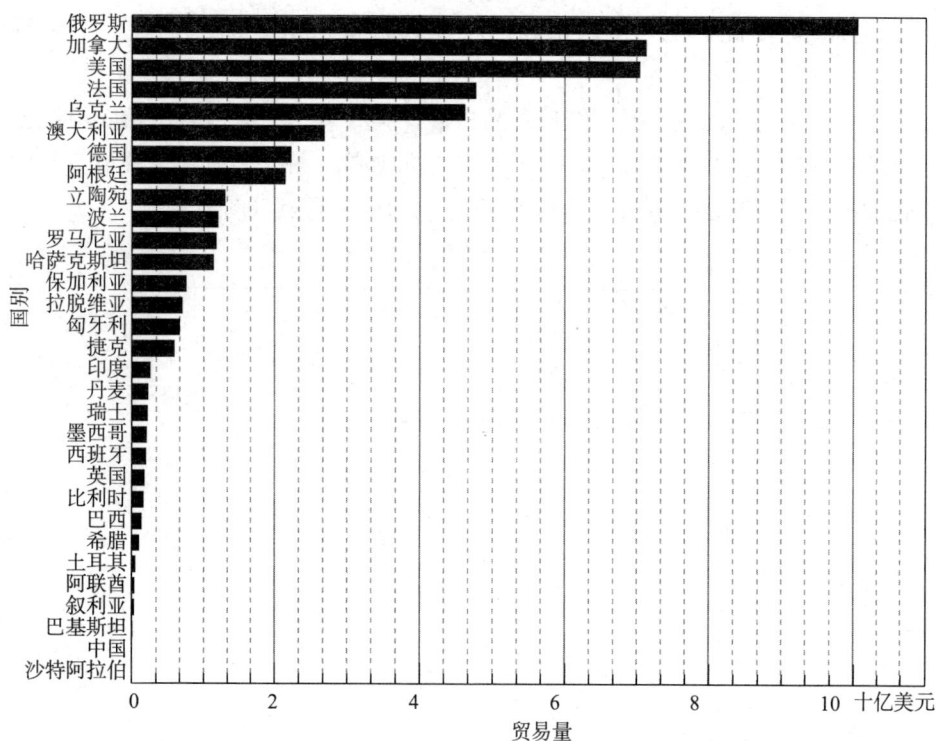

图 2-1 2020 年全球小麦主要出口国及贸易量

产并未被打断，出口通道还保持通畅，但国际粮商不敢且不愿意前往俄罗斯进口小麦，一是害怕来自国际上的制裁，二是怕被西方媒体报道而丧失企业信誉。目前，国际上对俄罗斯商船的保险金额已经由原先的 0.025% 上升到了 5%，达到历史最高。考虑到政治风险、企业信誉风险以及运输成本，粮食贸易商都无法与俄罗斯进行贸易。

俄乌冲突对小麦贸易的影响已经突显，根据 AgFlow 公司的统计，在 2022 年 3 月份前两周驶离俄罗斯的粮食船只仅有 73 艘，而 2021 年同期为 220 艘。美国农业部估计从俄罗斯和乌克兰出口的小麦将下降 700 万吨，达到 2021 年两国出口总量的 12%，这将是世界小麦生产难以弥补的。虽然 2021 年印度与澳大利亚风调雨顺大获丰收，但整体上增加的产量估计为 350 万吨，还是难以弥补俄乌冲突带来的损失。

小麦贸易的危机直接的影响就是小麦价格的上升，国际市场的小麦价格在新冠肺炎疫情暴发初期已经价格上涨了 62%，这次冲突再次将价格推升，达到历史最高点，受此影响，国内市场的小麦现货价格由 2 850 元/吨上涨到近 3 300元/吨。

　　小麦价格的上涨还推升了全球食品指数，2022 年 3 月，联合国粮农组织公布全球食品价格指数上升 20.7%，达到历史最高峰，叠加新冠肺炎疫情与气候变化的影响，全球粮食危机将达到近 15 年的历史最高点（图 2-2）。

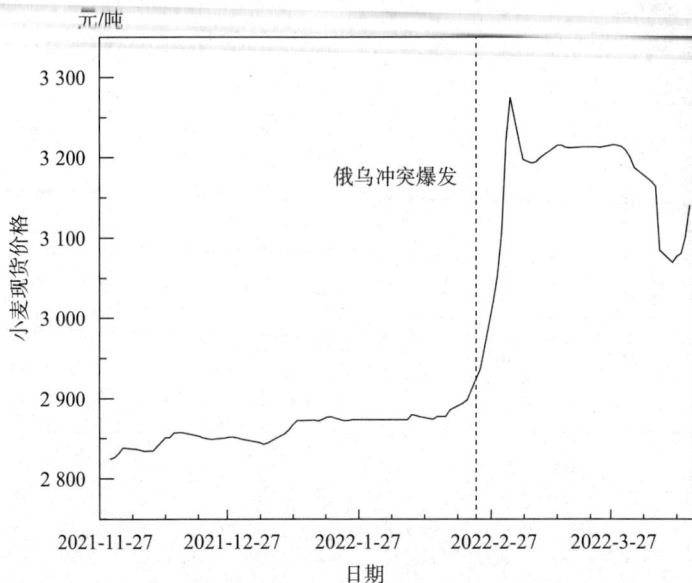

图 2-2　俄乌冲突与我国小麦现货价格波动

　　俄乌冲突除了推高粮食价格外，还对俄乌两国的小麦生产带来了直接的影响。截至 2022 年 6 月，2022 年的夏粮收获季即将到来，而战争使得大量的乌克兰民众成为难民，流离失所，到时候农民能否进入土地都是问题，同时麦田是否沦为战场也是问题。有一点可以肯定的是 2022 年的农业劳动力都大为减少。对乌克兰和俄罗斯的麦农来说，小麦无法出口会导致其资金链断裂，进而影响来年的投资与小麦生产，因此小麦的供应将在未来几年出现不足。

　　就算乌克兰有足够的劳动力解决小麦收获的问题，运输和仓储也是个难题，其前提是内陆交通基础设施不会被战争破坏，主要是铁路系统要不受影响，这样就算乌克兰的黑海主要港口不能使用，船只还是可以通过土耳其海峡将小麦运出，但黑海地区高昂的航运保险成本将使得运输量大大减少，另外由于乌克兰全民参战，有没有足够的人手将小麦加工并运到港口也是个问题。

在俄罗斯方面，虽然俄罗斯的农田和交通并不受影响，但是西方国家对俄罗斯的制裁已经使得俄罗斯卢布大幅度缩水，金融资本大幅度缩水，并且西方多国与俄罗斯中断贸易，如果制裁持续，俄罗斯的农业资本将深受其害，虽然因卢布贬值小麦出口价格相对下降，但国际粮商不愿承运或是与俄罗斯发生贸易关系，由此对农业资本带来的伤害势必对下一年的农业生产与投入产生影响。

从农业生产的能源角度考虑，由于俄罗斯和乌克兰都是全球能源的主要输出国，其中俄罗斯的煤出口占世界煤出口总量的 18%，石油出口占比 11%，天然气出口占比 10%，俄罗斯出口的化肥和杀虫剂也是欧洲农业的重要来源。当前能源价格飙升，贸易受阻，这也会增加俄罗斯农业资本的运营成本，农业上游的种业和化肥、杀虫剂等产业也受牵连，这种影响在短期内难以消除，肯定会对俄罗斯未来几年的农业投资产生挤压。

二、俄乌冲突可能的间接影响

战争除了对乌克兰和俄罗斯产生直接影响，还会对其他国家和地区产生间接影响。首先是全球超 35% 的人口以小麦为主粮，而当前冲突已经导致乌克兰小麦出口骤降，俄罗斯的小麦出口则受贸易制裁影响而滞销。根据联合国的统计，当前约有 50 个国家从俄罗斯和乌克兰进口以保障本国 30% 或以上的小麦供应，大多数分布在北非、亚洲和近东区域，都是最不发达国家或低收入缺粮国。对于这些国家而言，粮食安全问题尤其严峻。

从目前的情况看，这一缺口尚不能被完全弥补，加拿大小麦库存水平已处于低位，美国、阿根廷和其他国家政府预计将努力确保国内小麦供应，这些国家的本国出口可能受限。

其他依赖小麦进口的国家可能会提高进口水平，从而进一步增加全球供应压力。埃及、土耳其、孟加拉国和伊朗的小麦进口量位居全球前列，其 60% 左右的采购量来自俄罗斯和乌克兰，且均有进口额尚未落实。黎巴嫩、突尼斯、也门、利比亚和巴基斯坦的小麦供应也严重依赖俄乌两国。由于预期其他出口国无法填补乌克兰的出口损失，全球小麦价格将在高位停留而难以回落，贸易量可能持续萎缩（表 2-1、表 2-2）。

表 2-1　2021 年乌克兰小麦主要进口国

单位：百万美元、%

国别	进口乌克兰小麦总值	进口小麦占本国消费比重
土耳其	207	10
西班牙	106	10
韩国	117	13
菲律宾	242	15
摩洛哥	177	20
埃及	685	15
印度尼西亚	603	26
泰国	182	26
以色列	90	28
突尼斯	196	47

表 2-2　2021 年俄罗斯小麦主要进口国

单位：百万美元、%

国别	进口俄罗斯小麦总值	进口小麦占本国消费比重
土耳其	1 385	65
孟加拉国	524	54
埃及	2 547	55
蒙古国	5	100
亚美尼亚	58	93
阿塞拜疆	264	85
尼日利亚	395	27
也门	317	31
肯尼亚	104	24
阿联酋	151	47
摩洛哥	95	40

　　由小麦进口受阻带来的粮食危机还只是间接影响的第一步，随后的连锁反应还将持续，首先表现为上述小麦进口国的财政危机，由于小麦进口价格的大幅度上涨，小麦进口国不得不投入更多的财政资金来保障粮食安全，以保证国内粮价的稳定，这对本来就财政紧张的北非国家而言是雪上加霜。

与财政危机相伴而来的是政治危机，暴动将时有发生。1977 年，埃及政府因停止了对本国基本食品保障的补贴，粮食价格上涨 50%，从而引发"面包暴动"，随后在 2008 年、2011 年、2017 年均有类似的政治暴动发生。*Foreign Policy Magazine* 在 2020 年 5 月 20 指出，早在 2010 年 10 月，联合国粮农组织的政策报告中就提出，最近几次全球粮食价格的波动正在威胁着全球的粮食安全，同时引发在中东和北非地区的民众大规模抗议。同时认为，2010—2012 年"阿拉伯的春天"运动本质上就是饥饿革命（Hunger Revolution），在利比亚和叙利亚引发的国内冲突不仅导致大规模人员死亡，其反政府示威活动很快传播到其他国家从而变成国际问题。2015 年的"难民危机"在叙利亚引发民粹主义与国家主义的政治运动，而这一思潮也传向欧洲和其他地区。如果上述的因果关系成立，那么这次国际小麦贸易的危机就不只是经济问题，而可能导致持续的政治动荡。

三、小麦市场变化对我国的影响

从国际市场来看，我国既是小麦生产大国也是小麦进口大国。纵观这 20 年来小麦进口的总体情况，进口小麦多是对优质品种的补充与调剂，主要是用于制作面包的硬小麦（制作强筋面粉）和用于制作蛋糕的软小麦（制作弱筋面粉），因此小麦进口对国内的口粮安全不会造成多大影响（图 2-3）。

从总量上看，虽然我国的小麦进口量占全球第二，但是占国内小麦的比重却不大，以 2021 年为例，我国进口小麦达 977 万吨，达到历史最高点，但国内小麦产量达 13 694.6 万吨，只占整体的 7.1%，因此，从来源上看，我国的小麦进口贸易基本来自美国、加拿大、澳大利亚。以 2021 年为例，澳大利亚占比 28%、美国占比 27.9%、加拿大占比 26%，三国合计占比 81.9%。此外，我国从俄罗斯、乌克兰进口小麦占比极低。其中，从俄罗斯进口仅占比 0.5%，没有从乌克兰进口。2020 年，由于中澳贸易受阻，法国曾一时取代澳大利亚向我国出口了 254 万吨小麦，2021 年我国成为法国小麦出口第一大目的国。但由于随后中澳之间的小麦贸易恢复，自法国进口同步减少。

我国小麦进口之所以选择澳大利亚、美国、加拿大作为我国主要的小麦进口来源国，主要有三个原因：一是进口成本，从黑海地区将小麦运到中国，物流上并不比走太平洋路线近。二是考虑小麦质量，黑海地区的小麦质量不及美国的硬红春麦、加拿大的红皮春小麦、澳大利亚的硬麦等进口强筋小麦品种，

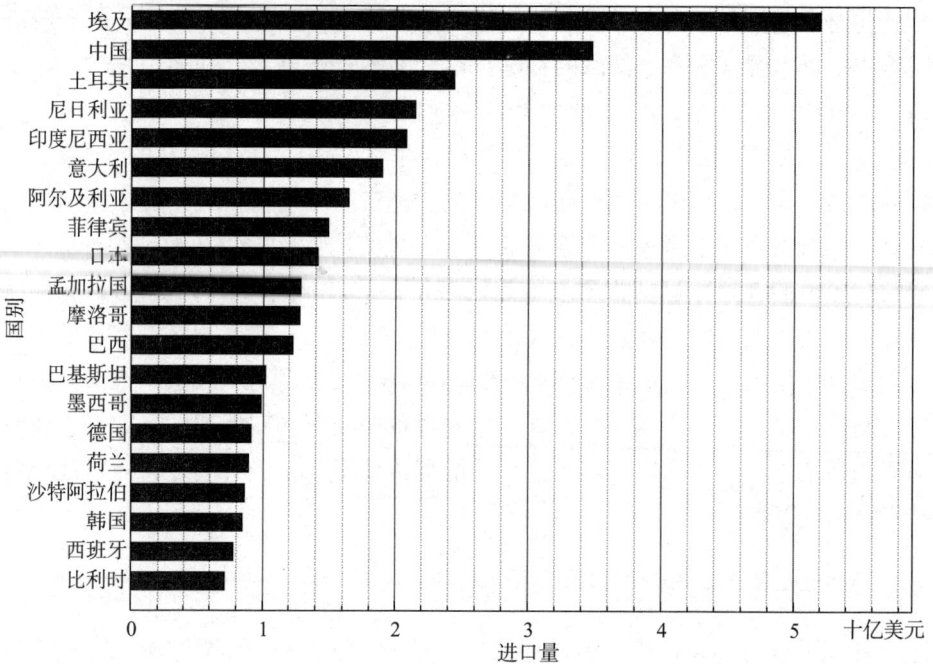

图2-3　2020年全球小麦主要进口国及进口量

其弱筋小麦也不及澳大利亚的标准白麦、美国的软红冬，因此乌克兰小麦多用于饲料。三是产量的稳定性，黑海地区流行着小麦矮腥黑穗病，在严重影响产量的同时，又严重影响品质。

　　考虑上述原因，2021年，我国从俄罗斯进口的小麦仅为5.5万吨，价值1 300万美元，大麦为9.4万吨，价值2 300万美元。尽管2022年2月海关总署公告"允许俄罗斯全境小麦进口"，但到底能进口多少，仍有待后续观察（表2-3）。

表2-3　2016—2022年我国进口俄罗斯小麦政策变化

年份	政策
2016	2016年1月26日，国家质量监督检验检疫总局发布第8号公告，允许符合我国进口检验检疫要求的俄罗斯小麦输往我国。根据公告附件《进口俄罗斯小麦植物检验检疫要求》，允许进口俄罗斯小麦的产地仅限4个地区
2017	内蒙古自治区满洲里口岸开始进口俄麦，其中大部分俄麦在满洲里进行落地加工
2020	满洲里海关对外宣称，2020年上半年，我国最大陆路口岸——满洲里口岸进口俄罗斯小麦1.7万余吨，创历史新高

（续）

年份	政策
2021	2021 年 10 月 19 日，中粮集团从俄罗斯进口的 667 吨小麦抵达黑河口岸，脱箱卸货到当地海关监管库。这是我国首次成规模地从俄罗斯远东地区进口小麦，这打开了中俄农业合作的一个新渠道
2022	2022 年 2 月 4 日，俄罗斯与我国签订《关于俄罗斯输华小麦植物检疫要求议定书补充条款》。2 月 23 日，海关总署发布 2022 年第 21 号公告，允许俄罗斯全境小麦进口。不过，俄罗斯小麦，特指在俄罗斯联邦境内且未发生小麦矮腥黑穗病的地区种植的，仅限于加工用途的春小麦

目前，我国的小麦储备充足，在未来的一年甚至更长时间，由于小麦国际价格的上涨，小麦进口量不会太大。其中逻辑较为清晰，一是我国小麦不存在粮食危机，对国外小麦的依赖程度较低，因此对进口小麦的需要弹性较大，在价格高位没有必要大规模进口。

二是我国对小麦品种的需求主要是强筋与弱筋的特种小麦，随着近几年国内大范围推广优质专用小麦种植，已经在很大程度上实现了对进口小麦的替代。虽然目前没有完全替代，并且品质上还存在差距，但与国际小麦的高价位相比，国产专用小麦的性价比则更为合适。

三是我国短期内不会从俄罗斯大规模进口小麦。第一个原因是品种上，俄罗斯小麦不能满足我国对高、低筋专用小麦的需求。俄罗斯小麦的品质一般，质量不太稳定，口感较差，主要是用作饲料。我国目前饲料原料主要是玉米，并且玉米在价格上与小麦存在着优势，只有在玉米产量不足或价格高于小麦时，才可能对俄罗斯小麦有大幅度的需求增长。另一个原因是从俄罗斯进口小麦的成本太高，国际小麦贸易主要是以海运为主，内河航运为辅，因此我国的小麦加工企业都是分布在长三角和珠三角地区，依托长江和西江的航运对接上海和广州的海运，这样小麦的运输成本是最低的。俄罗斯的小麦主产区主要在其国土的西部，也就是在亚欧的结合部，海上运输的话只有南北两条线路，南线要经过黑海—地中海—红海—印度洋—中国南海，运输线路比从澳大利亚进口要远很多，与 2021 年从法国进口小麦的路径相似。北线则要经过巴伦支海或喀拉海—北冰洋—东西伯利亚海—白令海—西太平洋—日本海—东海，这条线路更长不说，还要受季节限制。虽然俄罗斯这几年一直致力于开通这条商运线路，但国际上反对声音不断，因为在北冰洋航行会进一步加速北极冰川的融化，气候进一步恶化，所以海上运输的成本太高。如果考虑铁路运输，那每单位重量的成本则要比海运高出数 10 倍，并且路程并不近，需要横穿东欧平原—西伯利亚平原—蒙古国或哈萨克斯坦—新疆维吾尔自治区或内蒙古自治区—黄土高原—黄淮平原，再换内河航运到长江中下游，只有这样才能接近我国的小麦加工中心。还有一种可能是将小麦加工企业设在西北地区，以缩短铁路运输的路程，但这并不能解决问题，因为小麦加工成食品之后还是要运往东南地区进行销售，因为我国的人口都集中在东南部。同时整个小麦加工产业链的搬迁是非常困难的，其中涉及劳动力、能源、技术、上下游支持服务业等一系列的转移，这几乎是不可能在短期内能够完成的，而且成本是超乎想象的。因此，俄乌冲突不会对我国的小麦进口大局产生较大的影响，只会因为国际小麦价格的上升，我国暂时减少小麦进口数量。

四、俄乌冲突对我国小麦产业发展的启示

由于我国粮食储备充足，此次俄乌冲突没有对我国的粮食供应产生实质性的冲击，只是引致粮价升高，但俄乌冲突在全球市场中引起的粮食危机足以引起各国政府的重视，并为预防可能出现的粮食供应危机做好准备。

（一）粮食安全始终是首要问题

我国一直坚持粮食供应的自主性，以保证粮食安全，习近平总书记一再强调，"中国人的饭碗任何时候都要牢牢端在自己手中"。由于历史原因，很多因素一直在威胁着我国的粮食安全，因此粮食安全问题始终没有得到彻底地解决，是历代党中央领导人关注的首要问题。

影响粮食自主供应的最重要的因素就是人口基数大且土地资源有限。我国的人口与土地状况，简单来说就是我国用占世界不足 10% 的耕地，养活了世界近 20% 的人口。这对我国农业来说是一个很大的考验，并被认为是不可能的事情。1994 年 8 月 24 日，曾担任美国农业部政策顾问、世界观察研究所所长莱斯特·布朗发表了一篇名为《谁来养活中国》的文章，并刊登在美国《世界展望》杂志上。文章中他做了一个简单的计算，即中国的人口到 2030 年将达到 16 亿，届时的粮食消费将达到 6.4 亿吨，而耕地面积受工业化的影响将下降到 0.48 亿公顷，就算生产水平大幅度提升，粮食总产量也只有 2.74 亿吨，中国将面临巨大的粮食缺口。虽然这一预言已经被当成笑话来谈，但这个问题始终是存在的。2021 年我国粮食总产量达到 6.8 亿吨，连续 7 年保持在 6.5 亿吨（1.3 万亿斤）以上，但粮食产量在这 7 年中的增幅较小。但随着国民生活水平

的提升，人均直接和间接消费的粮食量却在增加，粮食安全问题像是达摩克利斯之剑一样悬在头顶。与此同时，2021 年我国粮食进口 16 453.9 万吨，再创历史最高纪录，其中大豆进口超过 9 651.8 万吨，这越发引人担忧。除了人多地少，我国还面临着工业化对耕地农田的占用问题，我国的城镇化过程中，城市周边的大部分农田变成了地市用地和工业用地，这使得耕地问题变得尤为紧张，现在从中央到地方各级政府划定耕地红线来保护耕地。

另一方面，人均收入的增长大幅度增加了国民对粮食的间接消费，尤其是对蛋白质摄入量的增加，2021 年 5 月 25 日，中国农业科学院和国际食物政策研究所发布的《中国农业产业发展报告 2021》显示，2020 年，我国居民人均能量、蛋白质和脂肪摄入为 2 248 千卡/天、85 克/天和 79 克/天，而国内生产供给 2 952 千卡/天、154 克/天和 65 克/天，人均食物总供给 3 952 千卡/天、229 千卡/天和 104 千卡/天，这表明当前我国农业生产可以满足居民能量摄入需求，但随着居民对膳食质量要求的提高，导致对能量、蛋白质和脂肪的需求大幅增长，需要进口农产品来补充国内日益增长的消费需求。

（二）减少对国外种业技术的依赖

俄乌冲突的另一个问题是农业技术问题，俄罗斯在过去的 20 多年中，玉米、甜菜、马铃薯、大豆等食品的种子严重依赖于德国的拜耳集团，然而该集团在 2022 年 3 月 14 日突然宣布停止在俄罗斯和白俄罗斯的"所有非必要业务"，也就是说要对俄罗斯实行种子禁运，俄罗斯玉米种子进口份额占播种量总数约六成，油菜籽为 88%，甜菜近 100%。马铃薯、大豆、向日葵和油菜等也是外国种子占主导。以别尔哥罗德州为例，进口种子占粮食和豆科作物种子份额的 43.5%、占油料作物种子份额的 51%，占甜菜种子份额的 91%。

令人欣慰的是，目前我国的主粮种子，除了玉米之外，基本实现了自给自足，主粮的自主选育土地占比已经达到了 95%。我国粮食安全目前看来不是问题，可能会面临卡脖子问题的种子主要来自经济作物。以果树产业为例，虽然近年产量和种植面积都是世界第一，但种子多来自进口。

就河南省来说，小麦育种产业已达到了先进水平，2022 年 4 月河南省政府印发《"中原农谷"建设方案》，打造千亿级种业和粮食产业集群。预计 2025 年，种业产业化实力迈入全国第一方阵，打造小麦、玉米等优势作物产业科技创新高地，培育一家全国十强种业企业等建设目标，为河南种业发展制定了方针，提供了思路，指明了方向。

（三）保障进口粮源的稳定供应

虽然我国的口粮现在绝对安全，小麦自给率达 95％ 左右，水稻基本自足，但进口粮源也是我国粮食安全的重要组成部分。2021 年，我国进口粮食 16 453.9 万吨，占粮食总产量（68 285 万吨）的 24.1％。这意味着，我国粮食对外依存度为 19.4％。2021 年，我国粮食进口量同比增长 2 527.3 万吨，这背后是谷物进口激增、大豆进口下降。2021 年受中美贸易摩擦的影响，大豆进口量为 9 651.8 万吨，2020 年为 10 031.5 万吨，同比减少 379.7 万吨。2021 年我国大豆产量仅有 1 640 万吨，这意味着大豆的进口依存度为 85.5％。除大豆之外，其余的粮食包括玉米、高粱、大麦、小麦、水稻进口量均大幅度上升，上升最快的是玉米，2021 年进口玉米达到了玉米总产量的 10％ 以上。在我国加入世贸组织的过去 20 年间，我国油料的自给率从 81.0％ 下降到 25.1％，大豆的自给率从 60.2％ 下降到 17.0％。20 年间我国的食物自给率已从 100％ 下降到目前的 76％ 左右，年均下降 1 个多百分点。

简言之，我国的口粮（小麦、水稻）对外依存度较低，但饲料用粮和油料用粮对外依存度正在升高，尤其是大豆对外依存度一直在 80％ 以上。随着饮食结构的调整，主食在食品摄入的占比正在逐渐缩小，肉制品和油脂的摄入量正在快速上升，这带动了我国养殖业的快速发展，2022 年 1 月 17 日，国家统计局发布的数据显示，2021 年全国生猪出栏 6.71 亿头，相较于 2020 年的不足 5.3 亿头，大幅增长 27.4％。此外，2021 年猪牛羊禽肉产量 8 887 万吨，比上年增长 16.3％。养殖业的扩大增加了对玉米、大麦等饲料用粮的需求，猪饲料需求量在 2021 年上半年增长 50％～70％。

造成这一现象的原因与我国传统的"大国小农"形态有关，与国际上主要的农产品出口国相比，我国的农业生产率一直较低，农业现代化水平不高，我国大多数农产品已不具备优势，其中，蔬菜、鸡肉尚具比较优势，羊肉、食糖、猪肉、小麦呈比较劣势，大豆、牛肉、玉米、棉花、乳制品则呈明显比较劣势。

保障进口粮源是我国未来粮食安全的重要挑战，因为粮食作为战略物资，是国际贸易中最不符合自由贸易的大宗物资。在过去的几年，中美贸易摩擦和中澳贸易风波都对我国的进口大豆产生较大影响。随着国际贸易保护主义的抬头，国际政治不确定性增加，意识形态斗争日益显化，我国传统的进口粮源美国、加拿大、澳大利亚在贸易上都已经表现出敌意，贸易链条随时可能中断，这对我国保障进口粮源带来极大挑战。

第三章
河南省小麦产业发展历程与特征

一、河南省小麦产业发展的三个阶段

河南省小麦种植的发展历程是我国小麦种植历程的缩影，在新中国成立之后至今根据产业发展的波动程度不同，河南省的小麦发展大体上可以分为三个阶段：1949—1980 年波动发展阶段、1980—2000 年快速发展阶段、2000—2021 年平稳发展阶段（图 3-1）。

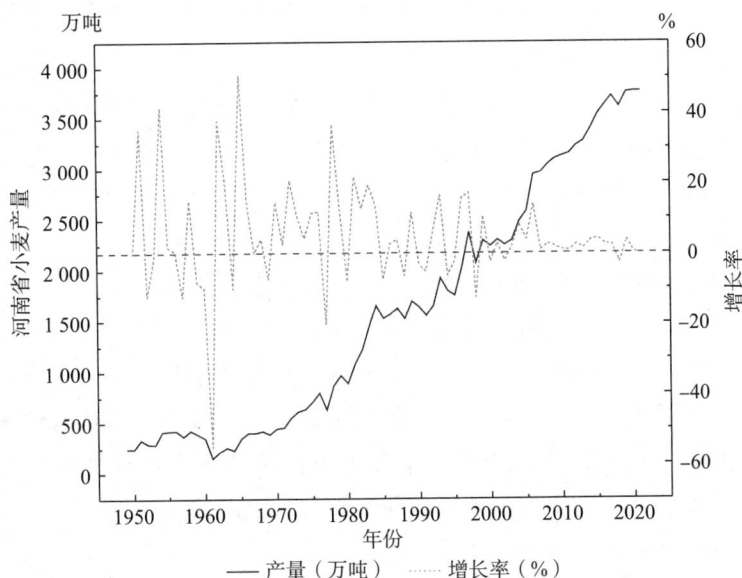

图 3-1 1949—2021 年河南省小麦产量与增长率

1. 1949—1980 年波动发展阶段

新中国成立之初的 1949—1958 年中，全国处于农业恢复和重建之中，小麦生产被重点安排在河南、山东、安徽、河北、陕西五省，这五省承担着保证全国粮食供应的任务。虽然当时的亩产水平和种植面积较少，但河南省一开始就是小麦集中生产地，在第一个五年计划的推动下，农业生产坚持"三个为主"，农业生产以种植业为主，种植业以粮食生产为主，粮食生产以高产作物为主，在最大限度扩大粮食播种面积的指导思想下，小麦种植面积快速提升，1954年一度达到5 100千公顷以上，第二次到达这一数字是在52年后的2006年。因此，新中国成立初期，河南省确定了全国小麦丰产地的位置，产量一度达到全国的20％。

1958年之后，我国相继进入"大跃进"与"文化大革命"时期，农业提出"以粮为纲"，工业提出"以钢为纲"。但总体上全国的主要工作由农业转向工业，又转向政治路线之争，加上自然灾害频发，对农业生产产生了重大影响。小麦的产量剧烈波动，种植面积在1960年和1970年达到谷底，河南省小麦产量占全国的比重回落到14％左右。当然，这一比重回落的另一原因是全国实践生产自足政策，从省到县每个地区都要求自给自足，在江苏、四川、甘肃等省小麦产量有较大增长，生产中心不再局限于最初的五省，而是相对分散在全国各地。

"文化大革命"结束后，河南省小麦的产量和种植面积快速恢复，小麦的产量在20世纪70年代末恢复到全国总产量的18％，小麦种植面积则没有恢复到新中国成立初期水平，主要是种植品种增多，河南地区没有承担中央的小麦专项生产基地任务，但是小麦的亩产面积得到大幅度提升。

2. 1980—2000年快速发展阶段

1980年到21世纪初期是河南省小麦发展的黄金时期，主要有三重动力：第一重动力是农村土地制度的改革，尤其是家庭联产承包责任制的推行，极大地提升了农民的生产积极性，但是这种积极性在所有农业领域都有体现，因此在20世纪80年代初，全国的农业呈现由粮食种植向农林牧渔全面发展的特征。因此，虽然河南省小麦种植面积和产量有大幅的提升，但小麦生产占全国的比重并没有变化，维持在18％左右。

第二重动力是对小麦生产的实物补贴。为了进一步保证粮食安全，改变农业发展的混乱现象，国家对小麦生产采取化肥和柴油等实物补贴政策，因此小麦的生产面积进一步增加，在1991年已经恢复到480万公顷左右，10年时间增长了100万公顷。

第三重动力是粮食流通市场化改革。1993 年 2 月，国务院发布《关于加快粮食流通体制改革的通知》，推动建立国家宏观调控下的自由市场购销体制，此后，各地相继取消了城镇口粮定量供应制度。小麦派购制度的取消，同时市场化收购使得价格开放，农民种植小麦的积极性很高，并可以确实增加收入，全国的小麦生产在这一时期达到一个高峰，河南省的小麦产量、单产面积、占全国小麦市场的比重都达到历史最高水平（图 3 - 2）。

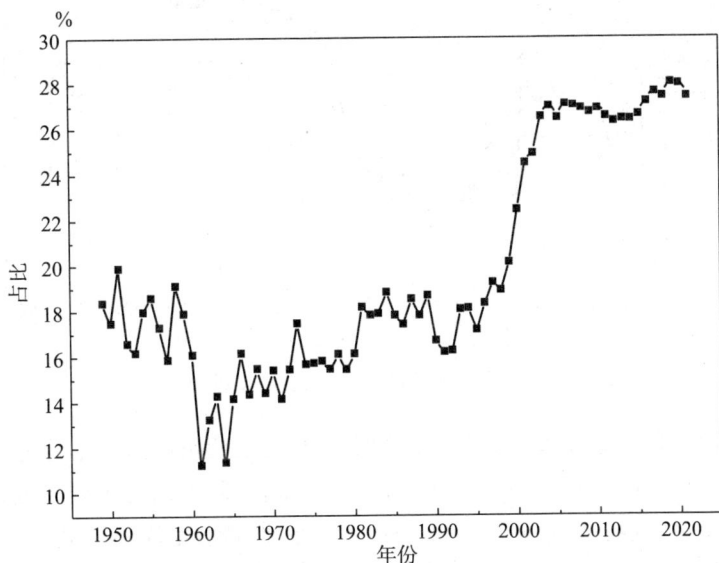

图 3 - 2　1949—2021 年河南省小麦产量占全国比重

3. 2000—2021 年平稳发展阶段

2000 年之后，我国工商业取得了重大成就，与之相比粮食种植的收益相对下降，农业小麦种植的积极性受到影响，种植面积也出现波动，并有所下滑。为了提升经济效益，一些地区出现将麦田改果蔬的情况，这一现象从 1998 年就出现苗头，并导致了全国小麦种植面积连续 5 年下降，2003 年的全国小麦种植面积相比 1991 年下降了 29%，河南省的小麦种植面积也有所下降，但幅度不大（图 3 - 3）。

为了扭转这一不良趋势，国家紧急出台小麦生产补贴政策，以提升农户的积极性。同时由于工业和粮食加工业的发展，加强了对小麦作为原材料的需求，河南省内的企业如双汇、三全、思念、天冠等集团公司对小麦价格有强力

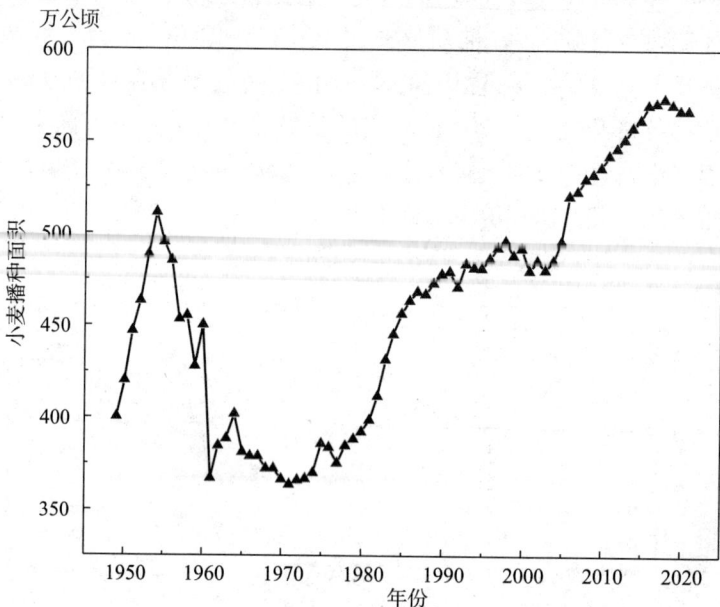

图 3-3　1949—2021 年河南省小麦种植面积

的拉动作用。在政府和市场的双重作用下，小麦生产再次进入稳定发展。河南省在 2001 年 5 月《中国小麦品质区划方案（试行）》中划为中筋冬麦区，同时国家采取免农业税、粮食直补等惠农政策，农业部小麦优势区域规划的实施，各级政府部门发展小麦产业策略和政策的强有力落实，大大推动了小麦产业的区域化布局、规模化种植、市场化经营和产业化发展。

　　该阶段河南省小麦第一个特点是农业技术的快速发展推动小麦的单位产量显著提升，河南省小麦品种培育取得重大进展，同时生产条件和标准化种植技术不断推广，小麦产量稳步上升，波动幅度较前两个阶段显著缩小。小麦单位产出由 2000 年的 4 542 千克/公顷提升到 2021 年的 6 615 千克/公顷，单产提升达 47%，同时小麦抗旱、抗蝗等自然灾害的能力显著提升（图 3-4）。

　　第二个特点是小麦生产核心区逐渐明确，专业化水平不断提升，在河南省 18 地市中形成了以周口、驻马店、商丘、南阳、新乡为代表的小麦生产核心区，吸引了大量的食品企业入驻河南，如中粮、益海、五得利纷纷建厂（图 3-5）。

千克/公顷

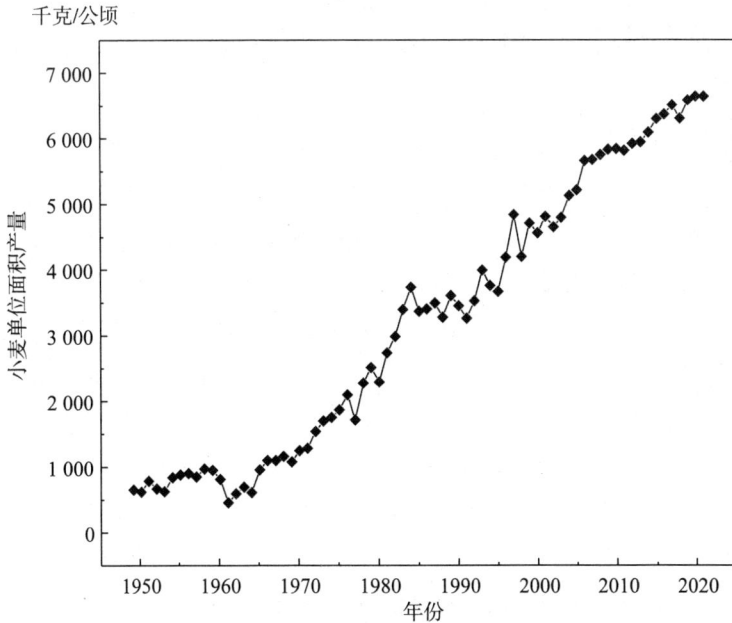

图 3-4 1949—2021 年河南省小麦单位面积产量

万吨

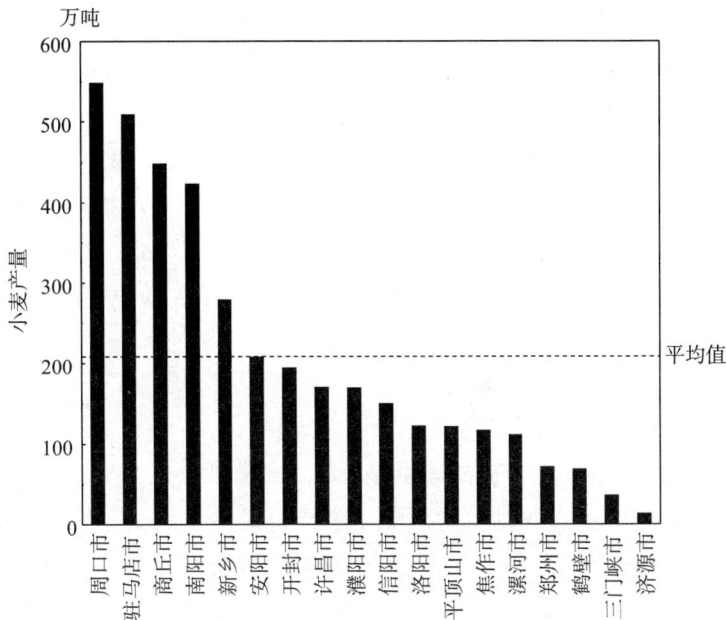

图 3-5 2021 年河南省各地市小麦产量

二、河南省小麦产业发展的历史规律与特征

1. 小麦产业发展的历史规律

首先，全国小麦生产向优势省份集中。在过往的 70 余年中，全国的小麦生产有明显向优势省份集中的趋势，而河南省则是小麦生产集中区的第一位。数据表明，河南省小麦生产的产量、种植面积都有明显的上升趋势，同时河南省小麦产量在全国的占比显著提升，由 20 世纪 70 年代的 15% 左右，提升到 2020 年的近 30%。与此同时，河南省的小麦生产率在过往的 70 余年有快速的、稳定的增长，这与河南省小麦种子培育和科学生产工作的推广紧密相关。

其次，河南省小麦生产向重点区域集中。与全国小麦生产向河南省集聚的同时，河南省的小麦生产向黄淮海地区集中，主要就是周口、驻马店、商丘、南阳四个地区。黄淮平原区内地势平坦，土地资源丰富，适合现代农业布置和机械化推广。广义的黄淮海地区包括河南、山东、河北、安徽、江苏五省，这五个省份在新中国成立初期的小麦产量之和就占全国的 55.26%，改革开放后比例提升到 60.7%，新世纪之后的比例更是上升到 80% 以上。这一趋势在河南省尤其明显，从 20 世纪 80 年代开始，周口、驻马店、商丘、南阳四个地区的小麦种植面积和产量在河南省的比重持续上升，这一趋势在新世纪之后继续发展，从小麦种植面积来看，四个地区种植面积之和占河南省的比重由 2000 年的 31% 提升到 2021 年的 37%。

最后，小麦生产在调整中朝区域专门化发展。自农业部 2002 年出台了专用小麦优势区域规划后，打破了原来"大而全，小而全"的生产格局，小麦生产明显集中，在 2007 年农业部下发的《全国优势农产品区域布局规划》中，小麦的集中度就达到 80%。专用小麦优势区域发展规划的持续推进，是保障河南省小麦综合生产能力，改善小麦品质结构，产业化水平不断提升的重要保证。

2. 小麦育种对产量的科技支撑

小麦生产的科技首先体现在育种技术上，河南不仅是产麦大省，而且是小麦育种大省，在 1979 年河南省就成立了农作物品种审定委员会，并对 283 个小麦品种进行了审核，其中有 25 个是外省和外国的小麦品种。在后期的发展中，河南省的小麦品种共有 10 次较大的改良。前四次改良是对农家品种的提纯复壮，第五次则是自育品种和外来品种的引进，后续几次的改良工作主要是

培养品种的抗逆性，要求种子同时具备优质、高产和稳产的特征。在 10 次改良中，每一次改良后小麦的产量、植株高度、千粒重量都有了明显的提升，粒质也慢慢地发展成了半硬质，且各个小麦品种的成熟期也变早了。目前，河南省主要推广的小麦品种有郑麦 9023、豫麦 34 号、豫麦 49，豫麦 54、豫麦 70、偃展 4110、周麦 16、新麦 18 等。目前，全省育种单位 180 多家，已经形成多元化育种、共同发展的局面，平均每年超过 500 个品种参与实验，这使得小麦品种的选育速度以及质量呈现指数式上升，并且产生了一系列的品种群。每年通过国家和河南省品种审定的品种丰产性、抗逆性越来越好，产量越来越高。

在之前的育种工作中，育种者往往只关注产量，而现今却将高产、优质、高效、多抗和广适都作为了品种选育的目标。河南省的小麦品种根据种性来分类可以分成半冬性、弱春性两种，品质上进行分类则能够分成强筋、中筋和弱筋三类。根据不同的分类标准，小麦的类别也十分的多样化。自设立河南省农作物品种鉴定会以来，所审定的引种小麦品种也呈现出逐年攀升的局面，且小麦品种更新换代的周期也越来越短。

由于河南省的小麦品种丰富，可以选择性种植。一般将河南省的小麦种植分成以下几个麦区：①中北部麦区气候条件较好，农业灌溉系统建设完善，水量充足，可选择半冬性高产、中熟期的小麦，也可搭配弱春性小麦品种；②东部麦区可能会出现倒春寒的现象，因此选择春季生长稳定、抗春寒能力较强的品种，一般不种植弱春性品种；③南阳麦区为盆地气候，秋季降水情况难以预测，且灌溉不方便，所以常常选择半冬性的早熟品种，比较强调品种的抗病能力；④信阳麦区的降水量很大，但常常出现病害问题，且下季还要种植水稻，因此最好选择抗病性比较强的早熟弱春性品种；⑤丘陵地区由于灌溉条件非常差，靠自然降雨供给小麦生长所需的水分，所以要选择旱地小麦品种。

为了让育种技术更好服务小麦生产，河南省加强了市场监管与服务力度，强调种子的质量监管，整治种子市场，到 2020 年全省已有 188 个种子执法机构，在岗执法人员 1 906 人，建设农业农村部农作物种子质量检测分中心项目 9 个，市、县种子质监站 26 个，初步形成了全省种子质量检验监控体系。与此同时，种子执法监管能力不断提升。省、市、县（区）3 级严格按照"属地管理、检打联动、部门协调、标本兼治"的原则，抓好源头控制和市场监管，全年开展春秋两季种子市场检查专项行动，采取县级自查、市级互查、省级督查的形式对种子市场进行服务监管。

新培育的种子不仅可以通过传统的经销方式投向麦田，更多地通过联合培育、联合销售等双方合作模式，销售外包合作模式，新媒体网上直销模式，土地托管互作模式等。种子企业通过与合作社组织、种粮大户、土地托管单位、种粮订单企业等涉农新主体的合作，加强小麦种业对小麦生产的支撑。

3. 延津与淮滨引领优质专用小麦转型

河南省小麦产业一直存在一个突出的问题就是高品质强筋与弱筋小麦供应能力不足，不能满足国内日益增长的面点与糕点企业需求，这种专用面粉通常通过进口来补充，原因是河南省的专用小麦除了生产不足外，还存在价格高、质量不稳定等缺点。面点企业不同程度地从美国、加拿大、俄罗斯、哈萨克斯坦等国进口强筋小麦，进口占比一般在30%以上。

为调整河南省小麦存在的"高产量，高进口"并存的结构性问题，从2016年国家提出农业供给侧结构性改革以来，以延津县为代表的各地政府与企业探索供给侧调整的新模式，通过品种培育、良种补贴、基地建设等方式推广专业用优质小麦。河南省开始出台一系列的措施来鼓励各类新型农业经营主体和农民种植优质强筋、弱筋小麦，播种面积增加、管理水平明显提升，对解决供需缺口起到一定效果。例如，2017年度推广面积达40万公顷以上，年度达到53.33万公顷，2020年河南省优质专用小麦种植面积超过100万亩[①]，其中95%以上都是单品种千亩连片种植。

河南省从2016年开始，筛选滑县、永城市、内黄县、浚县、延津县、濮阳县、淮滨县、息县8个县（市），开展优质专用小麦发展试点示范。为支持优质专用小麦发展，河南省农业农村厅安排绿色高产高效创建资金，对试点县优质专用小麦种植户统一供种和统防统治，按照每千克0.2元的标准，给予种植户直接现金补贴。省农业农村厅召开全省性产销对接会，组织粮食购销企业、粮食加工企业、食品加工企业，同市县和种植户进行购销洽谈，落实订单。

在推广初期，河南省农业农村厅组织育种、栽培专家，分品种编印2万份优质强筋、弱筋小麦技术规程，并通过各种途径，指导农民按照技术规程开展生产管理，对提升优质专用小麦的产量和品质起到了明显作用。延津县已成为豫北地区优质强筋小麦集散地，不少专用粉加工企业对延津县强筋小麦需求旺

---

① 亩为非法定计量单位，1亩＝1/15公顷。——编者注。

盛，而每千克价格也比普通小麦高出 0.2～0.4 元，茅台集团也与延津县合作共建 1 333.33 公顷的有机小麦原料基地。淮滨县实施了"弱麦强县、食品惠民"战略，着力打造"中国弱筋小麦第一县"品牌，使淮滨县优质弱筋小麦深受加工企业的青睐，五粮液集团在淮滨县也建设原料生产基地。

4. 用工业理念发展小麦产业

河南省小麦产业的第三个特点是用工业理念发展小麦产业，从 20 世纪 90 年代开始河南省的小麦产业就注重与第二产业的整合，提出"围绕农业上工业，上了工业促农业，大搞农副产品加工增值，力争把河南粮食资源优势转变为商品经济优势"的指导方针。

用当时李克强省长的话说就是用工业的思维来发展农业，尤其是小麦产业。在 20 世纪 90 年代河南省发展小麦产业有三条产业链：第一条是"莲花味精产业链"，在加工味精的过程中从小麦含有的蛋白质中提取谷朊粉，并加入面粉之中，将其添加到普通面粉中，提高湿面筋度和蛋白质含量，以替代进口面粉用于生产面包、饼干。第二条是"天冠乙醇产业链"，用陈粮小麦生产乙醇汽油；同时提取蛋白质中的谷朊粉制造生物蛋白，替代动物蛋白做饲料，大量出口，这在国际市场上供不应求。第三条产业链是"三全思念水饺产业链"，将小麦制粉并生产成冷冻水饺，并畅销全国。

到 2001 年，以面粉加工为主营业务的初级加工企业数量不断增多，加工规模日益扩大，生产能力显著提高，粮食加工步入了一个新的发展阶段。河南省有工厂化磨粉、碾米企业 2 671 家，年加工能力 2 529 万吨，实际产量 749 万吨，分别为 1989 年的 5.35 倍、4.74 倍和 2.61 倍，制粉能力跃居全国第一。

进入新世纪以后，河南省以小麦为基础继续延伸工业链条，充分发挥河南省小麦大省优势，依靠小麦产地建设以方便面、挂面、火腿肠、味精、面粉、面制速冻食品、副食品等多条产业链，为推动小麦深加工产业做出突出贡献。2020 年河南省粮食精深加工产业是全国产能超 2 000 万吨的两个省份（河南和山东）之一，和河南省粮食大省的地位基本匹配。中粮、益海嘉里、今麦郎、克明面业、白象、金苑、大程等知名企业在河南省都有布局。目前，河南省面粉加工能力和产量居全国第一，工业化馒头、挂面、方便面等年产量占全国总产量的1/3，速冻食品年产量占全国总产量的2/3。

河南省围绕小麦而形成的产业，从企业数量、企业产值、从业人员等方面来说都是全国第一。当然，到底是小麦生产的发展带来了小麦加工业的发展，还是小麦加工业的发展带动了小麦生产的发展，这其中的因果关系较为复杂，不可否认的是河南省用工业发展小麦产业的做法在历史上取得了成功。

5. 各级政府高度重视

粮食安全是国家安全的重要基础，河南从新中国成立以来就是我国粮食的主产区，从国家战略布局来说，河南一直肩负粮食安全重任，历任国家领导来河南视察都是重点关注农业生产，确保国家粮食安全，因此从国家、省委、省政府，一直到地市区县，每一层级的领导干部都将小麦生产作为重要的考核指标。河南省委、省政府始终将保障粮食安全作为头等大事和首要任务抓紧抓实，紧盯关键、狠抓落实，守住耕地红线，大力建设高标准农田，解决好种子问题，推进农业机械化，运用科学方法，培育多元粮食生产经营主体，坚持全链条全过程节约粮食，筑牢"中原粮仓"的坚实根基。

当前，河南省用全国1/16的耕地，生产了全国1/4以上的小麦、全国1/10的粮食，不仅保障省内1亿多人口的粮食供应，每年外调原粮及制成品粮食600多亿斤。因此，小麦生产是河南省对国家最大的贡献，也是河南省的职责所在。2019年3月习近平总书记在参加十三届全国人大二次会议河南代表团审议时强调，扛稳粮食安全重任，扎实做好"三农"工作。

为了确保河南省的小麦生产，河南省委、省政府，农业农村厅等相关部门格外重视。全省坚守耕地红线，河南省耕地保有量稳定在1.2亿亩以上，其中小亩种植面积稳定在8 500万亩以上，新建高标准农田累计达到6 753万亩，预计到2025年建成8 000万亩，这些农田"旱能浇、涝能排"，是保障国家粮食安全的坚实基础。省内各市县积极推进优质专用小麦种植，2021年全省种植面积超过1 500万亩，其中95%以上都是单品种千亩连片种植。

全省对影响小麦生产的各种自然灾害反应迅速，比如2019年4月，河南省部分县市出现小麦赤霉病，这是小麦中后期的主要病害，河南省迅速行动，中央和省财政短时间下拨1.5亿元专项资金，用于赤霉病统防统治，预防面积是近年最大的。

6. 机械化水平高

为配合河南省农业生产的现代化进程，河南省历来重视农业机械化的发展，尤其是小麦农机。2004年，以国家实施农机购置补贴政策、颁布《中华人民共和国农业机械化促进法》为标志，农业机械化踏上了全面推进的新征程。2007年，河南省政府出台了《河南省人民政府关于加快发展农业机械化的意见》。2008 年 9 月，河南省颁布了《河南省农业机械化促进条例》。2012 年，河南省政府出台了《河南省人民政府关于促进农业机械化和农机工业又好又快发展的实施意见》。到 2020 年河南省拥有农用大中型拖拉机 39.7 万台，小型拖拉机 301.6 万台，数据居全国第一。2021 年河南省拥有联合收割机近 20 万台，除了服务本省，还要服务山东、河北、安徽、湖北等周边省份，出省作业收割机总量近 5 万台，2020 年全国小麦耕种收综合机械化率达 97%，河南超过 99%，高出国家平均水平。

从 2012 年开始，河南省农机部门积极探索"互联网＋"、智慧农机、精准农机信息化建设，启动了"河南省农机跨区作业信息网络设施和智能调度服务平台"项目建设，建设了"河南省智慧农机信息管理平台"，开发了手机终端App，实现了远程监控、调度、轨迹查询、面积产量计算等。大力开展土地深耕深松信息化监测建设，全省 1 300 万亩土地深松作业，全部用上了信息监测平台和监测终端，实现 100% 信息监测。

2018 年河南省洛阳市挂牌成立河南省智能农机创新中心，在此中心基础上成功申报 2019 年国家农机装备创新中心，该中心已经在自主作业新能源动力拖拉机、农机控制芯片、土壤耕作部件耐磨延寿材料研发、农机大数据平台建设方面取得阶段性成果。

2022 年 1 月，河南省人民政府印发《河南省"十四五"战略性新兴产业和未来产业发展规划》。规划中明确提出，支持建设国家农机装备创新中心，加快发展大型高效拖拉机及其复式作业机具、大型高效联合收割机、高效专用农机和农用无人机、农林生态植保器械等高端农业装备及关键核心零部件，构建具有国际竞争力的现代农机装备产业基地。

三、河南省小麦产业发展的新机遇

"中原农谷"将助推小麦育种达到新高度。2022 年 4 月河南省政府印发《"中原农谷"建设方案》，由省长王凯担任"中原农谷"建设领导小组组长，聚力打造"四大中心、两个示范区"。分别是国家种业科技创新中心、现代粮食产业科技创新中心、农业科技成果转移转化中心、农业对外合作交流中心和农业高新技术产业示范区、智慧（数字）农业示范区。其中，小麦产业是农谷的重要产业，河南省小麦以其占全国总产量的 28% 而在保证国家粮食安全中占有无可替代的地位。"中原农谷"依托河南农业大学育种学科以及神农种业实验室，力图改变让河南省小麦种业成为国家粮食安全的"芯片"，一改河南省种业"大而不强"的现状。河南省种业一直存在育种企业众多，品种丰富，但具有标志性的品种少，在对小麦的产量和品质的改善上没有实现大的突破。目前，河南农业大学正在积极创建"国家小麦技术创新中心"，要"立足黄淮、服务全国、创新驱动、引领未来"，通过整合国内小麦产业优势单位和资源，开展协同技术创新，突破小麦产业关键技术瓶颈，培育出一批突破性小麦新品种，创新出一批丰产优质高效栽培关键技术，拓展小麦加工产业链、提升价值链，这一战略定位与"中原农谷"打造千亿级种业和粮食产业集群的建设目标高度契合。

国际形势有利于河南省小麦向优质专用小麦转型。当前，国际自由贸易格局正在发生深刻变革，俄乌冲突、新冠肺炎疫情、气候变化、全球人口增长等各种因素叠加，国际小麦价格在可预期的期限内将在高位运行，这势必增加我国进口小麦成本，更加依赖国内小麦供应，河南省首当其冲成为受益地区，河南省小麦以占比全国总产量 28% 的产量稳居国内小麦生产第一大省，可以充分发挥自身优势、延长产业链、优化供应链、提升价值链，带动河南省小麦产业高质量发展。与国际循环的受阻不同，国内循环一直是高质量运行，新冠肺炎疫情暴发进一步强化了小麦等粮食产业对内的需求，2021 年虽然受疫情冲击严重，国内生产总值（GDP）还是实现了 1 143 670 亿元，按不变价格计算，比上年增长 8.1%，两年平均增长 5.1%，实现"十四五"良好开局。2021 年全国居民人均可支配收入 35 128 元，比上年增长 9.1%，两年平均增长 6.9%；扣除价格因素实际增长 8.1%，两年平均增长 5.1%。在这种良好的增长态势下，国内对强筋、弱筋优质专用小麦的需求将持续上升，河南省应抓住机遇，大力推广延津和淮滨模式，加快推进优质专用小麦工程。

（本篇由河南工业大学粮食经济研究中心程晓林主笔）

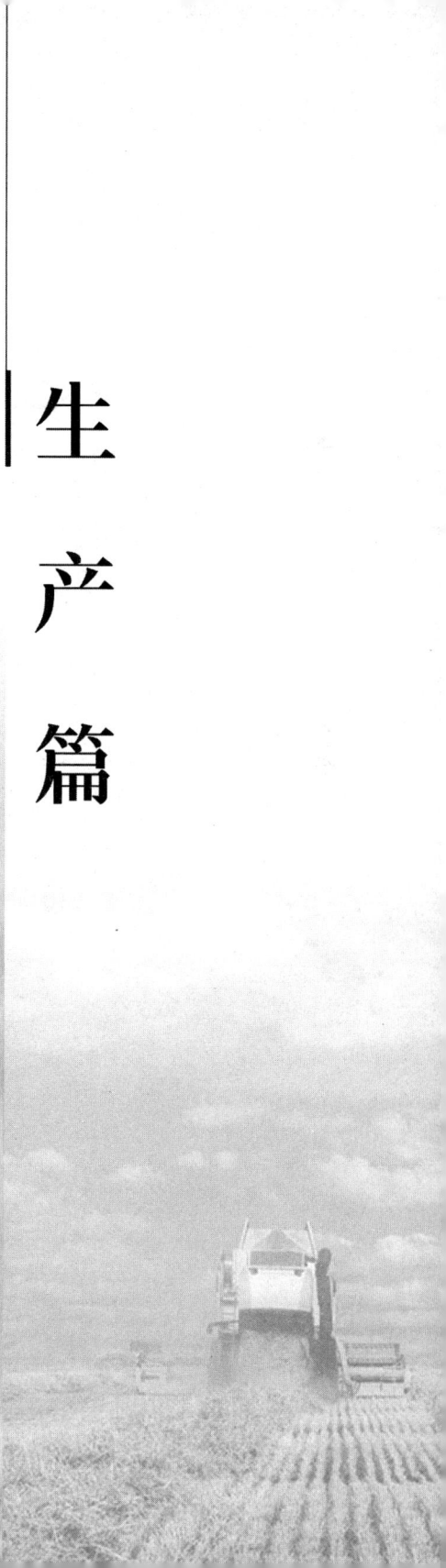

生 产 篇

小麦是一种在世界各地广泛种植的谷类作物，小麦的颖果是人类的主食之一，磨成面粉可制作面包、馒头、饼干、面条等食物，发酵后可制成啤酒、酒精、白酒（如伏特加），或作生物质燃料。小麦是三大谷物之一，几乎全作食用，仅约有六分之一作为饲料使用。两河流域是世界上最早栽培小麦的地区，我国是世界较早种植小麦的国家之一。

一、全球小麦生产状况

从全球范围看，小麦播种面积最大、产量最多的国家依次是中国、印度、俄罗斯、美国、加拿大、澳大利亚、巴基斯坦、乌克兰等国。根据美国农业部数据显示，自 2011 年以来，全球小麦播种面积保持基本稳定，单位产量及总产量呈现增长趋势（表 4-1）。

播种面积方面，2011—2021 年全球小麦播种面积约 220 百万公顷，其中，2015 年的播种面积最高，达 223.95 百万公顷，2018 年最低，仅 215.40 百万公顷。

产量方面，过去 10 年间得益于规模化生产、高产种子普及、生产技术提升等，全球小麦产量增长显著，由 2011 年的 698.60 百万吨增至 2021 年的 776.40 百万吨，年均增幅 1.11%，其中，2013 年增幅达 8.48%。相对而言，受极端气候、播种面积下降等因素的综合影响，2012 年和 2018 年全球小麦产量出现波动下降，降幅分别为 5.46%、3.96%。

单位产量方面，2011—2021 年全球小麦单位产量均超 3 000 千克/公顷，2021 年单位面积产量为 3 490 千克/公顷，较 2011 年增长 10.44%，略低于 2019 年、2020 年单位产量 3 540 千克/公顷、3 510 千克/公顷。相对而言，2021 年我国小麦单位面积产量为 5 810.7 千克/公顷，远高于全球平均水平。

库存量方面，过去 10 年间全球小麦库存总量波动增长，由 2011 年的 200.63 百万吨增至 2021 年的 278.21 百万吨，增幅 38.67％，其中 2019 年库存量达到最大值，为 296.54 百万吨；2021 年全球小麦库存量为 278.21 百万吨，同比下降 4.02％，较 2019 年下降 6.18％。

表 4-1　2011—2021 年全球小麦总产量、播种面积、单位产量、库存量

单位：百万吨、％、百万公顷、千克/公顷、百万吨

年份	总产量	变化率	播种面积	变化率	单位产量	变化率	库存量	变化率
2011	698.60	7.38	221.23	1.92	3 160	5.33	200.63	0.21
2012	660.40	−5.46	216.17	−2.29	3 060	−3.16	181.09	−9.74
2013	716.50	8.48	219.96	1.75	3 260	6.54	200.51	10.72
2014	730.20	1.92	221.26	0.59	3 300	1.23	224.86	12.14
2015	737.90	1.05	223.95	1.21	3 300	0.00	247.02	9.86
2016	756.10	2.46	222.28	−0.75	3 400	3.03	265.57	7.51
2017	761.50	0.71	218.14	−1.86	3 490	2.65	284.85	7.26
2018	731.40	−3.96	215.40	−1.25	3 400	−2.58	281.09	−1.32
2019	762.10	4.21	215.53	0.06	3 540	4.12	296.54	5.49
2020	775.80	1.80	220.88	2.49	3 510	−0.85	289.87	−2.25
2021	776.40	0.07	222.62	0.79	3 490	−0.57	278.21	−4.02

数据来源：USDA。

注：变化率正值表示同比增长，负值表示同比下降。

二、我国小麦整体生产状况

2011—2021 年，我国小麦播种面积总体呈下降趋势，但单位产量和总产量呈波动增长趋势（表 4-2）。

小麦总产量方面，2011—2021 年我国小麦产量总体呈上涨趋势，除 2018 年因播种面积减少导致产量略有下降外，其余年份均呈现增长趋势。2021 年我国小麦产量达到近年最高水平 13 434 万吨，较 2011 年增长 13.3％。10 余年间小麦总产量约占粮食总产量的 1/5，2013 年占比最低，为 19.61％，2017 年占比最高，为 20.29％，占比相对较稳定。

小麦播种面积方面，2011—2021 年我国小麦播种面积呈现波动下降特征，2016 年小麦播种面积达到最高值 36 999 万亩，2020 年的最低为 35 070 万亩；

2021 年小麦播种面积 35 355 万亩，较 2011 年下降 3.82%，较 2020 年同比增长 0.81%。

小麦播种面积约占农作物总播种面积、粮食作物播种面积的 15%、20%，且整体呈波动下降趋势。2011—2021 年小麦播种面积约占农作物总播种面积、粮食作物播种面积比重的均值分别为 14.67%、20.76%，2021 年小麦播种面积占农作物总播种面积比重为 14.07%，较 2011 年下降 1.21%；其中，2020 年占比最低，仅 13.96%。小麦播种面积占粮食作物播种面积比重由 2011 年的 21.69% 降至 2021 年的 20.04%，下降了 1.65%。2021 年小麦播种面积约占农作物总播种面积、粮食作物播种面积的比重较 2020 年均呈现增长趋势，分别增加 0.11%、0.02%。

单位产量方面，我国小麦单位产量呈现稳步增长趋势。2021 年小麦单位产量 379.97 千克，较 2011 年增长 17.80%。除 2018、2021 年外，其余年份小麦单位产量均呈现增长趋势，其中，2019 年增幅最高，达 3.94%。

表 4-2 2011—2021 年我国小麦总产量、播种面积、单位产量

单位：万吨、%、万亩、千克/亩

年份	总产量	占当地粮食总产量比重	播种面积	占当地农作物总播种面积比重	占当地粮食作物播种面积比重	单位产量	变化率
2011	11 857.00	20.15	36 760.50	15.28	21.69	322.55	—
2012	12 247.50	20.00	36 826.50	15.15	21.47	332.57	3.11
2013	12 363.90	19.61	36 660.00	14.93	21.09	337.26	1.41
2014	12 823.50	20.05	36 664.50	14.80	20.81	349.75	3.70
2015	13 255.50	20.07	36 850.50	14.73	20.65	359.71	2.85
2016	13 318.80	20.17	36 999.00	14.78	20.69	359.98	0.07
2017	13 424.10	20.29	36 717.00	14.72	20.75	365.61	1.56
2018	13 144.00	19.98	36 399.00	14.63	20.73	361.11	−1.23
2019	13 359.60	20.12	35 592.00	14.30	20.44	375.35	3.94
2020	13 425.40	20.05	35 070.00	13.96	20.02	382.82	1.99
2021	13 434.00	19.67	35 355.00	14.07	20.04	379.97	−0.74

数据来源：历年《中国统计年鉴》及国家统计局。

三、我国各省份小麦生产状况

比较除香港、澳门和台湾外的全国31个省（区、市）小麦播种面积、总产量、单位产量数据显示（表4-3），河南省的小麦播种面积、总产量、单位产量均高于其他省份，在国家小麦生产中起到压舱石作用。

各省份小麦总产量方面，2020年河南、山东、安徽、江苏、河北的小麦总产量均超1 000万吨，合计占比80.20%，与2019年占比基本相当（80.33%）；其中，河南、山东的小麦总产量分别高达3 753.10万吨、2 568.90万吨，占比27.96%、19.13%，与2019年比较分别下降0.05%、增长0.02%。海南、广西、广东、福建、江西、吉林、辽宁、北京的产量均低于5万吨，合计占比仅0.09%。同比，吉林、浙江、辽宁的小麦总产量增幅较显著，分别增长54.55%、25.93%、21.43%；广东、宁夏、重庆的降幅较显著，分别下降了50%、19.65%、11.59%。2020年我国小麦总产量占全球产量的17.3%，河南省的产量占全国的27.96%，换算一下可知，河南省的小麦产量占到全球产量的1/20左右。

各省小麦产量占当地粮食总产量比重方面，2020年河南、山东、安徽、河北、江苏、新疆、青海占比均高于1/3，其中，河南、山东、安徽的占比分别达54.98%、47.16%、41.59%。辽宁、吉林、黑龙江、福建、江西、湖南、广东、广西、海南、重庆的占比均低于1%。

各省小麦播种面积方面，2020年河南、山东、安徽、江苏、河北的播种面积均超过3 000万亩，合计占全国播种面积的72.66%，较2019年增长0.11%；其中，河南、山东的播种面积分别高达8 510.55万亩、5 901.60万亩，占比分别为24.27%、16.83%，同比增长0.11%、0.21%。海南、福建、广东、辽宁的播种面积均低于5万亩，合计占比仅0.02%，其中，海南、福建、广东受本地气候影响，小麦播种面积均低于1万亩。同比，吉林、广西、辽宁的小麦播种面积增幅显著，分别增长了65.52%、30%、29.17%；上海、宁夏、黑龙江的小麦播种面积降幅显著，分别下降了25%、13.82%、13.04%。

各省小麦播种面积占比方面，2020年河南、山东、安徽、江苏的播种面积占当地农作物总播种面积比重均超过30%，其中，河南、山东分别为38.63%、36.13%；海南、福建、江西、广东、湖南、辽宁、吉林、黑龙江、广东、广西、重庆的占比均低于1%。河南、山东、新疆、安徽、江苏、河北、陕西、青海的小麦播种面积占当地粮食作物播种面积的比重均超过30%，其中，河南、山东的占比达52.83%、47.51%；海南、福建、江西、广东、辽宁、吉林、黑龙江、湖南、广西、重庆的占比均低于1%。

单位面积产量方面，河南、山东、河北、天津、上海的亩产量均超过400千克，远高于国家平均产量382.82千克/亩；其中，河南、山东的单位产量分别为440.99千克/亩、435.29千克/亩，同比分别增长2.35%、0.89%。广西、广东、江西、云南、贵州、宁夏的亩产量均低于200千克/亩，其中，广西的亩产量仅102.56千克/亩。上海、浙江、江西的单位产量同比均增长显著，增幅分别达21.84%、11.50%、10.00%，广东的单位产量下降显著，降幅达50%。

表4-3 2020年我国31省份小麦总产量、播种面积、单位产量

单位：万吨、%、万亩、千克/亩

省份	总产量	占当地粮食总产量比重	播种面积	占当地农作物总播种面积比重	占当地粮食作物播种面积比重	单位产量
北京	4.60	15.08	12.60	8.55	17.18	365.08
天津	62.90	27.56	156.00	24.81	29.70	403.21
河北	1 439.30	37.92	3 325.35	27.40	34.70	432.83
山西	236.50	16.60	803.85	15.13	17.12	294.21
内蒙古	170.80	4.66	718.50	5.39	7.01	237.72
辽宁	1.70	0.07	4.65	0.07	0.09	365.59
吉林	1.70	0.04	7.20	0.08	0.08	236.11
黑龙江	18.70	0.25	73.05	0.33	0.34	255.99
上海	5.30	5.80	11.25	2.94	6.56	471.11
江苏	1 333.90	35.77	3 508.35	31.28	43.27	380.21
浙江	40.80	6.74	140.10	4.64	9.40	291.22
安徽	1 671.70	41.59	4 237.80	32.04	38.76	394.47
福建	0.00	0.00	0.15	0.01	0.01	0.00
江西	3.30	0.15	21.60	0.26	0.38	152.78
山东	2 568.90	47.16	5 901.60	36.13	47.51	435.29
河南	3 753.10	54.98	8 510.55	38.63	52.83	440.99

（续）

省份	总产量	占当地粮食总产量比重	播种面积	占当地农作物总播种面积比重	占当地粮食作物播种面积比重	单位产量
湖北	400.70	14.69	1 547.10	12.93	22.20	259.00
湖南	7.80	0.26	34.95	0.28	0.49	223.18
广东	0.10	0.01	0.60	0.01	0.02	166.67
广西	0.60	0.04	5.85	0.06	0.14	102.56
海南	0.00	0.00	0.00	0.00	0.00	—
重庆	6.10	0.56	27.75	0.55	0.92	219.82
四川	246.70	6.99	895.20	6.06	9.45	275.58
贵州	33.40	3.16	207.15	2.52	5.01	161.24
云南	69.70	3.68	480.00	4.58	7.68	145.21
西藏	17.60	17.10	44.85	10.99	16.40	392.42
陕西	413.20	32.41	1 446.30	23.17	32.13	285.69
甘肃	268.90	22.37	1 063.05	18.02	26.86	252.95
青海	37.60	35.01	142.20	16.58	32.69	264.42
宁夏	27.80	7.31	139.35	7.91	13.68	199.50
新疆	582.10	36.76	1 603.50	17.02	47.93	363.02
总量/均值	13 425.50	20.05	35 070.45	13.96	20.02	382.82

数据来源：受统计数据滞后性影响，其完整、权威、公开的各省份小麦播种面积、总产量数据取自《中国统计年鉴2021》数据。

四、河南省小麦生产、质量、品种获批现状

1. 河南省小麦生产状况

河南省是国家粮食生产核心区，肩负着保障国家粮食安全的重要使命，其中小麦生产更是决定着国家粮食生产安全。国家统计局公开数据显示（表4-4），2011—2021年，河南省小麦播种面积稳定在8 000万亩左右，其中2021年小麦播种面积8 536.04万亩，约占全国播种面积的24.14%；2018年之前小麦播种面积呈增长趋势，由2011年的7 985.00万亩增至2018年的8 609.78万亩，年均增长1.12%；2018年之后小麦播种面积出现微弱下降，但均稳定在8 500万亩以上。过去10年余间，小麦播种面积占全国播种面积比重呈上升趋势，由2011年的21.72%增至2021年的24.14%，提升2.42个百分点。

小麦总产量方面，除 2018 年播种面积下降导致总产量出现回落外，其余年份均呈现增长趋势，由 2011 的 3 123.00 万吨增至 2021 年 3 802.80 万吨，年均增长 3.12%。小麦总产量占全国产量比重均超 1/4，由 2011 年的 26.34% 增至 2021 年的 28.31%，接近全国产量的三分之一。

小麦单位产量方面，2011—2021 年河南省小麦单位产量增长了 13.89%，达到 2021 年的 445.43 千克/亩，远高于国内其他省份单位产量，且接近全国平均产量的 1.2 倍。受全国其他省份小麦产量提升影响，河南省小麦单位产量相对全国平均产量比值呈下降趋势，但绝对量仍呈现显著增长趋势；两者比值由 2011 年的 1.21 降至 2021 年的 1.17，下降 0.04%。

另外，2021 年河南省农业生产克服新冠肺炎疫情、极端气候变化等不利影响，小麦播种面积、总产量、单位面积产量均继续保持全国第一，对全国主粮安全生产肩负重要责任，为国家主粮安全牢牢掌握在自己手中做出了重要贡献。

表 4 - 4　2011—2021 年河南省小麦播种面积、总产量、单位产量

单位：万亩、%、万吨、千克/亩

年份	播种面积	占全国比重	总产量	占全国比重	单位产量	与全国均值比值
2011	7 985.00	21.72	3 123.00	26.34	391.11	1.21
2012	8 203.20	22.28	3 223.07	26.32	392.90	1.18
2013	8 276.97	22.58	3 226.33	26.09	389.80	1.16
2014	8 371.86	22.83	3 385.20	26.40	404.35	1.16
2015	8 434.71	22.89	3 526.90	26.61	418.14	1.16
2016	8 557.37	23.13	3 618.62	27.17	422.87	1.17
2017	8 571.96	23.35	3 705.21	27.60	432.25	1.18
2018	8 609.78	23.65	3 602.85	27.41	418.46	1.16
2019	8 559.98	24.05	3 741.77	28.01	437.12	1.16
2020	8 510.51	24.27	3 753.13	27.96	441.00	1.15
2021	8 536.04	24.14	3 802.80	28.31	445.43	1.17

数据来源：数据源自 2012—2021 年《河南统计年鉴》；2021 年各指标数据源自河南省统计局网站。

2. 河南省小麦生产质量调查信息

2020 年 11 月 2 日，河南省粮食和物资储备局发布的 2020 年全省收获粮食质量和品质报告显示，2020 年小麦整体质量较好，中等以上小麦比例与上年基

本持平，一等小麦比例下降，二等和三等上升。全省达到优质强筋或者弱筋小麦标准的优质小麦比例持续增加，较上年增长了 4.3 个百分点，较 2018 年增长 7.6 个百分点。

此次调查和测报覆盖全省 18 个省辖市 122 个县（市、区），全省共采集 3 696 份样品，样品检验由市县级粮食行政管理部门组织进行。检验项目为国家标准中规定的质量等级指标，主要包括分类、等级、容重、水分、不完善粒、硬度指数等。

从新收获小麦质量情况看，综合全部检验样品各项指标，2020 年河南省小麦的整体质量较好，主要特点是：容重较高、硬度较大，不完善粒普遍较低。全省小麦容重均值 790 克/升，较上年增加 1 克/升；一等至五等小麦比例分别为 51.9%、32.3%、11.4%、3.3%、1.1%，三等以上占 95.6%；水分均值 11.4%，比上年下降 0.3 个百分点；不完善粒均值 3.5%，与上年持平。

品质测报结果显示，2020 年河南省小麦降落数值、粗蛋白质、湿面筋含量较高，筋力中等偏强，小麦仍以中筋品种为主。优质强筋和弱筋小麦种植范围进一步扩大，达到优质强筋和弱筋小麦标准的比例持续增长至 20.3%，较上年提高了 4.3 个百分点，较 2018 年增长 7.6 个百分点。

质量调查结果显示，当前河南省种植的小麦品种以百农系列和周麦系列为主导。前者以矮抗 58、百农 207 为代表；后者以周麦 22、周麦 26、周麦 36、周麦 27 和周麦 16 为代表。优质小麦品种主要以西农 979、新麦 26、扬麦 15、扬麦 13 为代表。这些小麦品种在全省都具有较强的适应性，在种植范围上比较稳定。2020 年品质测报结果发现百农 4199、囤麦 127、西农 9718 等潜在优势的优质小麦品种，在部分地区呈现出较好的强筋特性。从近年的小麦质量调查和品质测报结果表明，新麦 26 在许昌、新乡、濮阳、商丘、开封、周口等省辖市具有较往年种植范围增加的趋势，强筋品质特性明显，扬麦 15、扬麦 13 在信阳的部分区域弱筋特性明显，并且品质特性稳定，值得全省在优质小麦发展过程中进一步推广。

根据《2020 年全省收获小麦质量品质报告》，与上年度相比，2020 年河南省小麦的质量和品质状况呈现出三个特点：一是全省小麦整体质量较好，中等以上小麦比例与上年基本持平，一等小麦比例下降，二等和三等上升。豫北地区以及豫东和豫中部分省辖市中等以上比例基本为 100%。二是小麦品质状况相比上年较好。如反映面团流变学特性的主要指标稳定时间和拉伸面积远远高于上年（7.9 分钟：7.5 分钟，87 厘米^2：71 厘米^2），主要的内在品质指标粗蛋白和降落数值也要高于上年。三是全省达到优质强筋或者弱筋小麦标准的优质小麦比例持续增长（20.3%：16%），较上年增长了 4.3%，较 2018 年增长 7.6%。

据悉，根据国家《粮食质量安全监管办法》有关规定和国家粮食和物资储备局工作部署，自 2001 年以来，河南省已连续 20 年开展了收获小麦质量调查与品质测报工作；自 2013 年 1 月起，已连续 9 年组织发布了小麦质量品质信息。开展收获小麦质量调查与品质测报，并及时发布相关信息，对于指导小麦收储、购销、加工，特别是促进优质小麦"四化"发展，种植结构调整，供给侧结构性改革，具有重要的指导作用；更是贯彻落实习近平总书记关于扛稳粮食安全重任，抓住粮食这个核心竞争力，延伸粮食产业链、提升价值链、打造供应链，深入推进优质粮食工程，做好粮食市场和流通的文章等指示精神，落实省政府《关于坚持三链同构加快推进粮食产业高质量发展的意见》，加快小麦产购储加销"五优联动"，推动小麦产业高质量发展的重要基础性工作。

3. 河南省小麦生产品种本省培育及外省引进审定获批情况

小麦品种质量是小麦生产提质增效的关键。近年，河南省小麦品种在产量提升、品质改良及抗性选育方面取得了显著成效，小麦的增产幅度在三大主粮中最为明显，小麦品种的更新换代为夏粮丰收奠定了物质基础，也为国人饭碗筑牢了坚实底座。近年，河南省农业农村厅组织专家审定了系列本地小麦品种，并审定了系列省外引进的优质小麦品种。

2020 年 4 月 13 日，第八届河南省主要农作物品种审定委员会在郑州召开第七次会议，审定通过了中原丰 1 号等 62 个小麦新品种（表 4-5），发布了《河南省农业农村厅公告第 20 号》文件，公示了 62 个小麦品种的名称、审定编号、申请者和培育者信息。2021 年 4 月 29 日，第八届河南省主要农作物品种审定委员会召开第九次会议，审定通过了郑麦 163 等 118 个小麦品种（表 4-6），发布了《河南省农业农村厅公告第 72 号》文件，同时公示了 118 个小麦品种的名称、审定编号、申请者和培育者等信息。上述两次审定通过的小麦品种目录，在百农系列和周麦系列为主导基础上，丰富了河南省优质小麦品种的选择范围，规范了小麦品种销售市场及销售行为，对农户的小麦品种采购和提质增产具有积极作用。

表4-5 2020年第八届河南省主要农作物品种审定委员会
第七次会议审定通过小麦品种目录

序号	品种名称	审定编号	申请者	育种者
1	中原丰1号	豫审麦 20200001	商丘市顺天种植专业合作社 河南鼎优农业科技有限公司	商丘市顺天种植专业合作社 河南鼎优农业科技有限公司
2	项麦182	豫审麦 20200002	项城市农业科学研究所	项城市农业科学研究所
3	内乐269	豫审麦 20200003	内乡县农业科学研究所 合肥丰乐种业股份有限公司	内乡县农业科学研究所 合肥丰乐种业股份有限公司
4	郑麦20	豫审麦 20200004	河南省农业科学院小麦研究所	河南省农业科学院小麦研究所
5	许麦1636	豫审麦 20200005	许昌市农业科学研究所	许昌市农业科学研究所
6	开麦1502	豫审麦 20200006	开封市农林科学研究院	开封市农林科学研究院
7	中研麦6号	豫审麦 20200007	河南农科豫玉种业有限公司	河南农科豫玉种业有限公司
8	科林201	豫审麦 20200008	河南科林种业有限公司 中国农业科学院植物保护研究所	河南科林种业有限公司 中国农业科学院植物保护研究所
9	河大518	豫审麦 20200009	河南大学	河南大学、辉县市豫北种业有限公司、洛阳大学农作物研究所
10	温禾902	豫审麦 20200010	温县金地种业有限公司	温县金地种业有限公司
11	浚麦8202	豫审麦 20200011	浚县丰黎种业有限公司	浚县丰黎种业有限公司
12	中育1686	豫审麦 20200012	中国农业科学院棉花研究所	中国农业科学院棉花研究所
13	百农219	豫审麦 20200013	河南科技学院	河南科技学院
14	才智566	豫审麦 20200014	河南省才智种子开发有限公司	河南省才智种子开发有限公司

（续）

序号	品种名称	审定编号	申请者	育种者
15	遂麦 139	豫审麦 20200015	遂平县农业科学试验站	遂平县农业科学试验站
16	菊城麦 6 号	豫审麦 20200016	河南菊城农业科技有限公司	徐建永、刘海起、乔慧芳、郑小丽
17	百农 307	豫审麦 20200017	河南科技学院	河南科技学院
18	温麦 168	豫审麦 20200018	温县农业科学研究所 河南温科种业有限公司	温县农业科学研究所 河南温科种业有限公司
19	金地 8931	豫审麦 20200019	温县金地种业有限公司	温县金地种业有限公司
20	浚麦 802	豫审麦 20200020	浚县丰黎种业有限公司	浚县丰黎种业有限公司
21	昌麦 15	豫审麦 20200021	许昌市农场 许昌市农业科学研究所	许昌市农场、许昌市农业科学研究所
22	才智 16 号	豫审麦 20200022	河南省才智种子开发有限公司	河南省才智种子开发有限公司
23	华科 016	豫审麦 20200023	河南中颖农业科技有限公司	漯河市农业科学院、河南中颖农业科技有限公司
24	轮选 131	豫审麦 20200024	许昌市先圣矮败小麦有限公司 北京奥新高科种子科技有限公司	许昌市先圣矮败小麦有限公司 北京奥新高科种子科技有限公司
25	先麦 18	豫审麦 20200025	河南先天下种业有限公司 河南敦敏农业科技有限公司	河南先天下种业有限公司 河南敦敏农业科技有限公司
26	方裕麦 66	豫审麦 20200026	河南大方种业科技有限公司	河南大方种业科技有限公司
27	信麦 1168	豫审麦 20200027	信阳市农业科学院	信阳市农业科学院
28	森科 093	豫审麦 20200028	柴同森	柴同森、张锦富、隋天显、赵杏利、刘向斌、樊洪金、张广玲、张庆伟、张浩伟
29	硕麦 988	豫审麦 20200029	河南农科豫玉种业有限公司	河南农科豫玉种业有限公司

（续）

序号	品种名称	审定编号	申请者	育种者
30	洛旱 27	豫审麦 20200030	洛阳农林科学院 洛阳市中垦种业科技有限公司	洛阳农林科学院 洛阳市中垦种业科技有限公司
31	藁优 5766	豫审麦 20200031	石家庄市藁城区农业科学研究所 中粮（新乡）小麦有限公司	石家庄市藁城区农业科学研究所 中粮（新乡）小麦有限公司
32	富麦 916	豫审麦 20200032	河南富吉泰种业有限公司	河南富吉泰种业有限公司
33	郑麦 6687	豫审麦 20200033	河南省农业科学院小麦研究所 河南生物育种中心有限公司	河南省农业科学院小麦研究所 河南生物育种中心有限公司
34	山农 981	豫审麦 20200034	山东农业大学	山东农业大学
35	轮选 69	豫审麦 20200035	新乡市中农矮败小麦育种技术创新中心	新乡市中农矮败小麦育种技术创新中心
36	商麦 8	豫审麦 20200036	许昌金地种业有限公司、陈贤信	许昌金地种业有限公司、陈贤信
37	轮选 1658	豫审麦 20200037	尉氏矮败小麦育种开发中心	尉氏矮败小麦育种开发中心
38	春晓 158	豫审麦 20200038	河南春晓种业有限公司	河南春晓种业有限公司
39	天麦 166	豫审麦 20200039	河南天存种业科技有限公司	河南天存种业科技有限公司
40	新麦 51	豫审麦 20200040	河南九圣禾新科种业有限公司 河南省新乡市农业科学院	河南九圣禾新科种业有限公司 河南省新乡市农业科学院
41	禾麦 32	豫审麦 20200041	河南省豫玉种业股份有限公司	河南省豫玉种业股份有限公司
42	光泰 336	豫审麦 20200042	郑州市光泰农作物育种技术研究院	郑州市光泰农作物育种技术研究院
43	禾麦 11	豫审麦 20200043	河南省豫玉种业股份有限公司	河南省豫玉种业股份有限公司
44	瑞星麦 618	豫审麦 20200044	河南瑞星种业有限公司	河南瑞星种业有限公司

（续）

序号	品种名称	审定编号	申请者	育种者
45	联邦2号	豫审麦20200045	新乡市天宝农作物新品种研究所 河南联邦种业有限公司	新乡市天宝农作物新品种研究所 河南联邦种业有限公司
46	同舟55	豫审麦20200046	河南省同舟缘种子科技有限公司	河南省同舟缘种子科技有限公司
47	富麦709	豫审麦20200047	郑州市新育农作物研究所 河南富吉泰种业有限公司	郑州市新育农作物研究所 河南富吉泰种业有限公司
48	豫农607	豫审麦20200048	河南农业大学	河南农业大学
49	豫农605	豫审麦20200049	河南农业大学	河南农业大学
50	百农365	豫审麦20200050	河南科技学院	河南科技学院
51	宝景麦161	豫审麦20200051	河南宝景农业科技有限公司	河南宝景农业科技有限公司
52	郑科168	豫审麦20200052	河南商都种业有限公司	河南商都种业有限公司 河南郑科农业科技有限公司
53	锦麦35	豫审麦20200053	河南锦绣农业科技有限公司	河南锦绣农业科技有限公司
54	森科267	豫审麦20200054	河南商都种业有限公司	河南商都种业有限公司
55	鼎研161	豫审麦20200055	河南鼎优农业科技有限公司、长葛鼎研泽田农业科技开发有限公司	河南鼎优农业科技有限公司、长葛鼎研泽田农业科技开发有限公司
56	天宁38号	豫审麦20200056	河南省天宁种业有限公司	河南省天宁种业有限公司
57	安麦1350	豫审麦20200057	安阳市农业科学院	安阳市农业科学院
58	百农5822	豫审麦20200058	河南科技学院、河南大学	河南科技学院、河南大学
59	昌麦20	豫审麦20200059	许昌市农业科学研究所	许昌市农业科学研究所

（续）

序号	品种名称	审定编号	申请者	育种者
60	鹤麦601	豫审麦20200060	鹤壁市农业科学院 河南大正润禾种业有限公司	鹤壁市农业科学院
61	洛麦40	豫审麦20200061	洛阳农林科学院	洛阳农林科学院
62	郑品麦27号	豫审麦20200062	河南金苑种业股份有限公司	河南金苑种业股份有限公司、新乡市金苑邦达富农业科技有限公司

资料来源：2020年《河南省农业农村厅公告第20号》文件。

表4-6　2021年第八届河南省主要农作物品种审定委员会

第九次会议审定通过小麦品种目录

序号	品种名称	审定编号	申请者	育种者
1	郑麦163	豫审麦20210001	河南省作物分子育种研究院 河南中育分子育种研究院有限公司	河南省作物分子育种研究院 河南中育分子育种研究院有限公司
2	偃丰28	豫审麦20210002	偃师市农业技术推广服务中心 偃师市高优小麦育种研究所	李建伟、韩高修、刘红坡、乔跃峰、孙秋芳、亢伟民、黄鹤丽、李磊磊、柴同森
3	富麦708	豫审麦20210003	河南富古泰种业有限公司	河南富古泰种业有限公司
4	温麦186	豫审麦20210004	河南省科育种业有限公司	李纪更、刘长青、李延明、邢玲玲、胡俊敏、焦竹青、秦萌、晁召飞、牛亚娟
5	周育麦6号	豫审麦20210005	沁阳市德诚种业有限公司	沁阳市德诚种业有限公司
6	中育1702	豫审麦20210006	中国农业科学院棉花研究所	中国农业科学院棉花研究所
7	农麦51	豫审麦20210007	河南三农种业有限公司	河南三农种业有限公司
8	军麦518	豫审麦20210008	河南地丰种业有限公司	贾兴军、宋速快、赵石磊、马宏燕、吴娜、孙永乐、张山保
9	偃丰29	豫审麦20210009	偃师市农业技术推广服务中心 偃师市高优小麦育种研究所	李建伟、韩高修、刘红坡、孙秋芳、乔跃峰、亢伟民、崔艳红、李晶晶、柴同森

（续）

序号	品种名称	审定编号	申请者	育种者
10	温麦 32	豫审麦 20210010	温县农业科学研究所 河南温科种业有限公司	刘兢文、程明凯、王海华、闫卫国、王红娟
11	温麦 758	豫审麦 20210011	河南怀川种业有限责任公司	河南怀川种业有限责任公司
12	偃亳 369	豫审麦 20210012	河南省杰琳农业科技有限公司 河南省亳都种业有限公司	河南省杰琳农业科技有限公司 河南省亳都种业有限公司
13	泰禾 896	豫审麦 20210013	河南泰禾种业有限公司	河南泰禾种业有限公司
14	濮大 1030	豫审麦 20210014	濮阳职业技术学院	濮阳职业技术学院
15	中涡麦 10 号	豫审麦 20210015	安徽省同丰种业有限公司	安徽省同丰种业有限公司
16	先圣 178	豫审麦 20210016	许昌市先圣矮败小麦有限公司	许昌市先圣矮败小麦有限公司
17	英茂 1 号	豫审麦 20210017	贾志安 河南英茂晟农业科技有限公司	贾志安 河南英茂晟农业科技有限公司
18	温裕 3 号	豫审麦 20210018	李合新、姜灿伟 河南裕田农业科技有限公司	李合新、姜灿伟 河南裕田农业科技有限公司
19	濮兴 10 号	豫审麦 20210019	南乐县民兴农作物新品种研究所	南乐县民兴农作物新品种研究所
20	晨博 3518	豫审麦 20210020	河南晨博种业有限公司 河南省亳都种业有限公司	河南晨博种业有限公司 河南省亳都种业有限公司
21	科麦 1609	豫审麦 20210021	中国科学院遗传与发育生物学研究所	中国科学院遗传与发育生物学研究所
22	偃科 068	豫审麦 20210022	偃师市高优小麦育种研究所 郑州孟山都农业科技有限公司亳州分公司	柴同森、刘向斌、樊丽萍、张辉、张广岭、刘涛、蒋勇、李井山、铁春晓、王敏
23	驻麦 256	豫审麦 20210023	驻马店市农业科学院	驻马店市农业科学院
24	宛麦 1326	豫审麦 20210024	南阳市农业科学院 西北农林科技大学农学院	南阳市农业科学院 西北农林科技大学农学院

（续）

序号	品种名称	审定编号	申请者	育种者
25	硕麦895	豫审麦20210025	河南农科豫玉种业有限公司	靳正举、李秀喜、雒兵军、马宏燕、张山保、孙永乐、吴娜
26	丰皇619	豫审麦20210026	河南丰皇种业有限公司	白磊
27	福满多1号	豫审麦20210027	洛阳太学农作物研究所 河南福满多农业科技有限公司	洛阳太学农作物研究所
28	泛麦37	豫审麦20210028	河南黄泛区地神种业有限公司	河南黄泛区地神种业有限公司
29	天民118	豫审麦20210029	河南天民种业有限公司	河南天民种业有限公司 河南大学
30	郑农4108	豫审麦20210030	郑州市农林科学研究所	郑州市农林科学研究所
31	郑麦103	豫审麦20210031	河南省作物分子育种研究院 河南中育分子育种研究院有限公司	河南省作物分子育种研究院 河南中育分子育种研究院有限公司
32	宛麦788	豫审麦20210032	南阳市农业科学院	南阳市农业科学院
33	绿源麦8号	豫审麦20210033	河南百富泽农业科技有限公司	河南百富泽农业科技有限公司 王敏
34	洛旱30	豫审麦20210034	洛阳农林科学院 洛阳市中垦种业科技有限公司	洛阳农林科学院 洛阳市中垦种业科技有限公司
35	农旱101	豫审麦20210035	浚县农科豫玉种业有限公司	浚县农科豫玉种业有限公司
36	温麦30	豫审麦20210036	温县农业科学研究所 河南温农丰华种业有限公司 河南温科种业有限公司	温县农业科学研究所 河南温农丰华种业有限公司 河南温科种业有限公司
37	宇麦198	豫审麦20210037	河南年年红农业科技有限公司	河南年年红农业科技有限公司
38	科兴3302	豫审麦20210038	中国科学院遗传与发育生物学研究所 河南农业大学	中国科学院遗传与发育生物学研究所 河南农业大学

（续）

序号	品种名称	审定编号	申请者	育种者
39	稷麦 209	豫审麦 20210039	河南远航种业有限公司	河南远航种业有限公司
40	豫农 908	豫审麦 20210040	河南农业大学	河南农业大学
41	郑麦 816	豫审麦 20210041	河南省农业科学院小麦研究所 河南省作物分子育种研究院 河南中育分子育种研究院有限公司	河南省农业科学院小麦研究所 河南省作物分子育种研究院 河南中育分子育种研究院有限公司
42	智优 105	豫审麦 20210042	河南省得果种业有限公司	河南省得果种业有限公司
43	新选 979	豫审麦 20210043	河南省农作物新品种引育中心	河南省农作物新品种引育中心
44	轮选 49	豫审麦 20210044	中国农业科学院作物科学研究所	中国农业科学院作物科学研究所
45	中麦 255	豫审麦 20210045	中国农业科学院作物科学研究所	中国农业科学院棉花研究所 中国农业科学院作物科学研究所
46	怀川 709	豫审麦 20210046	河南怀川种业有限责任公司	河南怀川种业有限责任公司
47	豫农 902	豫审麦 20210047	河南农业大学	河南农业大学
48	郑麦 179	豫审麦 20210048	河南省作物分子育种研究院 河南中育分子育种研究院有限公司	河南省作物分子育种研究院 河南中育分子育种研究院有限公司
49	永黑麦 1 号	豫审麦 20210049	濮阳市永丰农业科技有限公司 河南五谷种业有限公司	濮阳市永丰农业科技有限公司 河南五谷种业有限公司
50	豫州黑麦 1 号	豫审麦 20210050	河南农业大学 中国科学院遗传与发育生物学研究所	河南农业大学 中国科学院遗传与发育生物学研究所
51	豫州黑麦 2 号	豫审麦 20210051	河南农业大学 中国科学院遗传与发育生物学研究所	河南农业大学 中国科学院遗传与发育生物学研究所

（续）

序号	品种名称	审定编号	申请者	育种者
52	天谷红宝5号	豫审麦 20210052	河南天之谷农业科技有限公司	河南天之谷农业科技有限公司
53	黑冠1号	豫审麦 20210053	河南华冠种业有限公司	河南华冠种业有限公司、李西臣
54	盛彩麦2号	豫审麦 20210054	滑县昌盛科技种业有限公司	滑县昌盛科技种业有限公司
55	灵绿麦2号	豫审麦 20210055	李怀江	李怀江、三门峡市农业科学研究院
56	灵黑麦3号	豫审麦 20210056	李怀江	李怀江、三门峡市农业科学研究院
57	佳黑麦1号	豫审麦 20210057	河南佳美农业科技有限公司	河南佳美农业科技有限公司
58	灵黑麦2号	豫审麦 20210058	李怀江	李怀江、三门峡市农业科学研究院
59	豫农901	豫审麦 20210059	中国贵州茅台酒厂（集团）有限责任公司、河南农业大学	中国贵州茅台酒厂（集团）有限责任公司、河南农业大学
60	郑麦817	豫审麦 20210060	中国贵州茅台酒厂（集团）有限责任公司 河南省农业科学院小麦研究所	中国贵州茅台酒厂（集团）有限责任公司 河南省农业科学院小麦研究所
61	郑麦819	豫审麦 20210061	中国贵州茅台酒厂（集团）有限责任公司 河南省农业科学院小麦研究所	中国贵州茅台酒厂（集团）有限责任公司 河南省农业科学院小麦研究所
62	森科266	豫审麦 20210062	河南商都种业有限公司	河南商都种业有限公司
63	春晓186	豫审麦 20210063	河南春晓种业有限公司	河南春晓种业有限公司
64	濮兴11号	豫审麦 20210064	河南省民兴种业有限公司	河南省民兴种业有限公司
65	天麦178	豫审麦 20210065	河南天存种业科技有限公司	河南天存种业科技有限公司
66	兆丰18	豫审麦 20210066	河南兆丰农垦集团有限公司 河南许农种业有限公司	河南兆丰农垦集团有限公司 河南许农种业有限公司

（续）

序号	品种名称	审定编号	申请者	育种者
67	百农 1316	豫审麦 20210067	河南科技学院 济源市财源种业有限公司	河南科技学院 济源市财源种业有限公司
68	许麦 1706	豫审麦 20210068	许昌市农业科学研究所	许昌市农业科学研究所
69	许麦 1708	豫审麦 20210069	许昌市农业科学研究所	许昌市农业科学研究所
70	安麦 13	豫审麦 20210070	安阳市农业科学院	安阳市农业科学院
71	安麦 22	豫审麦 20210071	安阳市农业科学院	安阳市农业科学院
72	昌麦 21	豫审麦 20210072	许昌市农业科学研究所	许昌市农业科学研究所
73	宛 1390	豫审麦 20210073	南阳市农业科学院	南阳市农业科学院
74	新麦 28	豫审麦 20210074	河南省新乡市农业科学院	河南省新乡市农业科学院
75	郑麦 9189	豫审麦 20210075	河南省农业科学院小麦研究所 河南中育分子育种研究院有限公司	河南省农业科学院小麦研究所 河南中育分子育种研究院有限公司
76	周麦 40 号	豫审麦 20210076	周口市农业科学院	周口市农业科学院
77	存麦 608	豫审麦 20210077	河南丰德康种业股份有限公司	河南丰德康种业股份有限公司
78	泛农 11	豫审麦 20210078	河南黄泛区地神种业有限公司	河南黄泛区地神种业有限公司
79	浚麦 8105	豫审麦 20210079	浚县丰黎种业有限公司 王怀苹	浚县丰黎种业有限公司 王怀苹
80	来麦 201	豫审麦 20210080	河南赛德种业有限公司	河南赛德种业有限公司
81	来麦 205	豫审麦 20210081	河南赛德种业有限公司	河南赛德种业有限公司

（续）

序号	品种名称	审定编号	申请者	育种者
82	神舟麦 216	豫审麦 20210082	河南省神舟种业有限公司	河南省神舟种业有限公司
83	光泰 668	豫审麦 20210083	郑州市光泰农作物育种技术研究院	郑州市光泰农作物育种技术研究院
84	金藜神华 608	豫审麦 20210084	河南省豫玉种业股份有限公司 河南神华种业有限公司	河南省豫玉种业股份有限公司 河南神华种业有限公司
85	禾麦 35	豫审麦 20210085	河南省豫玉种业股份有限公司	河南省豫玉种业股份有限公司
86	枣乡 208	豫审麦 20210086	河南枣乡种业科技有限公司	河南枣乡种业科技有限公司
87	阳光 728	豫审麦 20210087	河南丰硕种业有限公司	河南丰硕种业有限公司
88	豫园 7 号	豫审麦 20210088	河南久园农业科技有限公司	河南久园农业科技有限公司
89	卓麦 20	豫审麦 20210089	河南卓科农业科技有限公司	河南卓科农业科技有限公司
90	华冠 1 号	豫审麦 20210090	河南华冠种业有限公司	河南华冠种业有限公司 李西臣
91	滑昌麦 26	豫审麦 20210091	滑县昌盛科技种业有限公司	滑县昌盛科技种业有限公司
92	颖麦 1 号	豫审麦 20210092	河南华冠种业有限公司	河南华冠种业有限公司 王意美
93	科大 111	豫审麦 20210093	河南科技大学	河南科技大学
94	平麦 20	豫审麦 20210094	平顶山市农业科学院	平顶山市农业科学院
95	豫农 806	豫审麦 20210095	河南农业大学	河南农业大学
96	许麦 9 号	豫审麦 20210096	许昌农科种业有限公司 许昌泰禾农业科技发展有限公司	许昌农科种业有限公司 许昌泰禾农业科技发展有限公司

（续）

序号	品种名称	审定编号	申请者	育种者
97	金粒 11	豫审麦 20210097	河南金粒种业有限公司	河南金粒种业有限公司
98	永优麦 628	豫审麦 20210098	河南永优种业科技有限公司	河南永优种业科技有限公司
99	永优麦 8838	豫审麦 20210099	河南永优种业科技有限公司	河南永优种业科技有限公司
100	豫冠 369	豫审麦 20210100	河南惠众种业有限公司	河南惠众种业有限公司
101	轮选 177	豫审麦 20210101	新乡市中农矮败小麦育种技术创新中心	新乡市中农矮败小麦育种技术创新中心
102	轮选 178	豫审麦 20210102	新乡市中农矮败小麦育种技术创新中心	新乡市中农矮败小麦育种技术创新中心
103	轮选 121	豫审麦 20210103	上蔡县创新农业科学技术研究开发中心	上蔡县创新农业科学技术研究开发中心
104	视察 168	豫审麦 20210104	新乡县视察种业有限公司	新乡县视察种业有限公司
105	创星麦 102	豫审麦 20210105	河南泉星创世纪种业有限公司	河南泉星创世纪种业有限公司
106	开麦 1606	豫审麦 20210106	开封市农林科学研究院	开封市农林科学研究院
107	栗丰 5 号	豫审麦 20210107	河南栗丰种业有限公司	河南栗丰种业有限公司
108	濮麦 1128	豫审麦 20210108	濮阳市农业科学院 中国农业科学院棉花研究所	濮阳市农业科学院 中国农业科学院棉花研究所
109	温麦 169	豫审麦 20210109	河南温农丰华种业有限公司 温县农业科学研究所 河南温科种业有限公司	河南温农丰华种业有限公司 温县农业科学研究所 河南温科种业有限公司
110	豫金麦 017	豫审麦 20210110	河南金粒鑫大地种业有限公司	河南金粒鑫大地种业有限公司
111	中育 1628	豫审麦 20210111	安阳中棉所科技贸易有限公司	安阳中棉所科技贸易有限公司

（续）

序号	品种名称	审定编号	申请者	育种者
112	周麦 35 号	豫审麦 20210112	河南周园种业有限公司	河南周园种业有限公司
113	有孚 1 号	豫审麦 20210113	河南省同舟缘种子科技有限公司	河南省同舟缘种子科技有限公司
114	新育 178	豫审麦 20210114	郑州市新育农作物研究所	郑州市新育农作物研究所
115	豫丰 1618	豫审麦 20210115	河南省豫丰种业有限公司	河南省豫丰种业有限公司
116	瑞星麦 625	豫审麦 20210116	河南瑞星种业有限公司 河南省盛麦源种业有限公司	河南瑞星种业有限公司 河南省盛麦源种业有限公司
117	南海 966	豫审麦 20210117	河南省南海种子有限公司	河南省南海种子有限公司
118	南海 969	豫审麦 20210118	河南省南海种子有限公司	河南省南海种子有限公司

资料来源：2021 年《河南省农业农村厅公告第 72 号》文件。

　　河南省农业农村厅根据农业部《主要农作物品种审定办法》（农业部令〔2016〕第 4 号）和《河南省农业厅关于开展同一适宜生态区品种引种备案工作的通知》（豫农种植〔2016〕49 号）的规定，分别于 2019 年 10 月 9 日发布《河南省农业农村厅公告〔2019〕3 号》文件，公示了第六批河南省同一适宜生态区小麦品种引种备案目录，包括农麦 152 等 41 个符合河南省同一适宜生态区引种备案条件的小麦品种，同时公示了 41 个小麦品种的名称、审定编号、引种单位、引种区域和引种备案号等信息；于 2020 年 9 月 28 日发布《河南省农业农村厅公告〔2020〕41 号》，公示了第八批河南省同一适宜生态区小麦品种引种备案目录，包含长航一号等 28 个小麦品种，同时公示了 28 个小麦品种的名称、审定编号、育种单位、引种单位、原审定适宜种植区域、引种区域和引种备案号等信息；于 2021 年 9 月 17 日发布了《河南省农业农村厅公告〔2021〕第 86 号》文件，公示了第九批河南省同一适宜生态区小麦品种引种备案目录，包含大地 532 等 20 个小麦品种，同时公示了 20 个小麦品种的名称、审定编号、育种单位等信息（表 4-7）。

表4-7 2019—2021年河南省同一适宜生态区小麦品种引种备案目录（第六、八、九批）

时间	品种名称	审定编号	育种单位	引种单位	原审定适宜种植区域	引种区域	引种备案号
2019	农麦152	苏审麦20180009		江苏神农大丰种业科技有限公司			（豫）引种[2019]麦001
	国盛麦1	皖审麦2015001		河南金山种业有限公司			（豫）引种[2019]麦002
	凌麦669	陕审麦2019003		河南厚启种业有限公司			（豫）引种[2019]麦003
	隆平麦6	皖审麦2017001		安徽华皖种业有限公司			（豫）引种[2019]麦004
	西安240	陕审麦2015005		河南省科育种业有限公司		河南省（信阳市和南阳市南部麦区除外）早中茬地种植	（豫）引种[2019]麦005
	淮麦45	苏审麦20180007		江苏农发种业有限公司			（豫）引种[2019]麦006
	淮麦43	苏审麦20170007		江苏省大华种业集团有限公司			（豫）引种[2019]麦007
	鲁研148	皖审麦2019004		山东鲁研农业良种有限公司			（豫）引种[2019]麦008
	伟隆136	陕审麦2019004号		新乡市金苑邦达富农业科技有限公司			（豫）引种[2019]麦009
	西农836	陕审麦2019008号		西北农林科技大学农学院			（豫）引种[2019]麦010

（续）

时间	品种名称	审定编号	育种单位	引种单位	原审定适宜种植区域	引种区域	引种备案号
2019	西农519	陕审麦2018011号		河南省金马种业有限公司			(豫)[2019]麦011 引种
	陕禾1028	陕审麦2019001号		河南汴农种业有限公司			(豫)[2019]麦012 引种
	永民1718	皖审麦2017012		安徽永民种业有限责任公司			(豫)[2019]麦013 引种
	鲁原502	皖麦2015007		河南天存种业科技有限公司			(豫)[2019]麦014 引种
	陕麦5810	陕审麦2019010号		河南海诺中信农业科技有限公司		河南省（信阳市和南阳市南部麦区除外）早中茬地种植	(豫)[2019]麦015 引种
	陕垦6	陕审麦2009001号		河南海诺中信农业科技有限公司			(豫)[2019]麦016 引种
	西农938	陕审麦2013001号		河南海诺中信农业科技有限公司			(豫)[2019]麦017 引种
	涡麦102	皖审麦2019001		河南凯晨种业有限公司			(豫)[2019]麦018 引种
	陕麦5811	陕审麦2019007号		西安市鄠邑区农业新品种试验站			(豫)[2019]麦019 引种
	鲁研128	皖审麦2019006		山东鲁研农业良种有限公司			(豫)[2019]麦020 引种

（续）

时间	品种名称	审定编号	育种单位	引种单位	原审定适宜种植区域	引种区域	引种备案号
2019	安 1302	皖审麦 2017004		河南金粒种业有限公司			（豫）引种〔2019〕麦 021
	江麦 816	苏审麦 201306		遂平县农博士种业有限公司			（豫）引种〔2019〕麦 022
	中涡 22	皖审麦 2017008		安徽省同丰种业有限公司			（豫）引种〔2019〕麦 023
	柳麦 618	皖审麦 2017002		安徽柳丰种业科技有限责任公司			（豫）引种〔2019〕麦 024
	西高 9924	陕审麦 2019014 号		河南邦富种业有限公司		河南省（信阳市和南阳市南部麦区除外）早中茬地种植	（豫）引种〔2019〕麦 025
	徐麦 30	苏审麦 200704		江苏保丰集团公司			（豫）引种〔2019〕麦 026
	保麦 2 号	苏审麦 201205		江苏保丰集团公司			（豫）引种〔2019〕麦 027
	陕禾 192	陕审麦 2018013 号		宝鸡迪兴农业科技有限公司			（豫）引种〔2019〕麦 028
	皖垦麦 869	皖麦 2016015		安徽皖垦种业股份有限公司			（豫）引种〔2019〕麦 029
	中麦 349	陕审麦 2011004		河南润贵春种业有限公司			（豫）引种〔2019〕麦 030

（续）

时间	品种名称	审定编号	育种单位	引种单位	原审定适宜种植区域	引种区域	引种备案号
2019	普冰151	陕审麦2017010号		西北农林科技大学农学院			引种（豫）[2019]麦031
	福麦3号	陕审麦2019020号		河南省农科育种业有限公司		河南省（信阳市和南阳市南部麦区除外）旱地种植	引种（豫）[2019]麦032
	大地528	陕审麦2018015号		河南省农科育种业有限公司			引种（豫）[2019]麦033
	漯麦163	鄂审麦2018006		河南大成种业有限公司			引种（豫）[2019]麦034
	扬辐麦7号	皖审麦2017027		安徽省高科种业有限公司			引种（豫）[2019]麦035
	瑞星1号	鄂审麦2008005		偃师市华都种子有限公司			引种（豫）[2019]麦036
	扬麦24	浙审麦2015001		江苏金土地种业有限公司		河南省信阳市和南阳市南部区域种植	引种（豫）[2019]麦037
	轮选146	鄂审麦2018005		江苏金土地种业有限公司			引种（豫）[2019]麦038
	华麦1168	鄂审麦2017001		河南西农种业有限公司			引种（豫）[2019]麦039
	华麦1309	鄂审麦2019005		河南西农种业有限公司			引种（豫）[2019]麦040
	兆丰8号	鄂审麦2019004		河南许农种业有限公司			引种（豫）[2019]麦041

（续）

时间	品种名称	审定编号	育种单位	引种单位	原审定适宜种植区域	引种区域	引种备案号
2020	长航一号	陕审麦2014012号	长武渭北旱塬小麦试验基地	河南省乐丰种业有限公司	陕西省渭北旱塬中等及中上肥力旱地种植	河南省（信阳市和南阳市南部麦区除外）旱地种植	（豫）引种〔2020〕麦001
	小偃23	陕审麦2018004号	西北农林科技大学农学院	河南永硕种业有限公司	陕西省关中灌区种植	河南省（信阳市和南阳市南部麦区除外）旱中茬地种植	（豫）引种〔2020〕麦002
	鲁研888	皖审麦20200014	安徽鲁研种业有限公司	安徽鲁研种业有限公司	安徽省淮河以北及沿淮地区种植	河南省（信阳市和南阳市南部麦区除外）旱中茬地种植	（豫）引种〔2020〕麦003
	濉1309	皖审麦2017003	濉溪县农业科研试验站	淮北双收种业有限责任公司	安徽省沿淮、淮北地区推广种植	河南省（信阳市和南阳市南部麦区除外）旱中茬地种植	（豫）引种〔2020〕麦004
	西农059	陕审麦2019006号	西北农林科技大学	河南省三九种业有限公司	陕西省关中灌区种植	河南省（信阳市和南阳市南部麦区除外）旱中茬地种植	（豫）引种〔2020〕麦005
	亿麦11	皖麦2016038	安徽绿亿种业有限公司	河南群帅农业发展有限公司	安徽省沿淮、淮北地区种植	河南省（信阳市和南阳市南部麦区除外）旱中茬地种植	（豫）引种〔2020〕麦006
	西农9112	陕审麦2019011号	西北农林科技大学农学院	河南省科育种业有限公司	陕西省关中灌区种植	河南省（信阳市和南阳市南部麦区除外）旱中茬地种植	（豫）引种〔2020〕麦007
	皖新麦5号	皖审麦20200013	宿州市金穗种业有限公司	宿州市金穗种业有限公司	安徽省淮河以南麦区种植	河南省信阳市和南阳市南部区域种植	（豫）引种〔2020〕麦008

（续）

时间	品种名称	审定编号	育种单位	引种单位	原审定适宜种植区域	引种区域	引种备案号
2020	瑞华麦521	苏审麦20170008	江苏瑞华农业科技有限公司	河南喜多收种业有限公司	江苏省沿淮麦区及淮北麦区晚茬口种植	河南省（信阳市和南阳市南部麦区除外）中茬地种植	（豫）引种[2020]麦009
	瑞华麦218	皖审麦2017010	江苏瑞华农业科技有限公司	河南喜多收种业有限公司	安徽沿淮、淮北地区推广种植	河南省（信阳市和南阳市南部麦区除外）早中茬地种植	（豫）引种[2020]麦010
	惠麦5715	陕审麦2018016号	西北农林科技大学乾县试验站	陕西高农种业有限公司	陕西省渭北旱塬种植	河南省（信阳市和南阳市南部麦区除外）旱地种植	（豫）引种[2020]麦011
	阜麦9号	皖麦2016028	阜阳市农业科学院	安徽昌佳农业科技有限公司	安徽省沿淮、淮北地区种植	河南省（信阳市和南阳市南部麦区除外）早中茬地种植	（豫）引种[2020]麦012
	孟麦101	陕审麦2020014号	孟州市农丰种子有限公司	河南先耕农业科技有限公司	陕西省关中灌区水地种植	河南省（信阳市和南阳市南部麦区除外）早中茬地种植	（豫）引种[2020]麦013
	安农大1216	皖麦2016027	安徽农业大学	浚县沃丰种业有限公司	安徽沿淮、淮北地区种植	河南省（信阳市和南阳市南部麦区除外）早中茬地种植	（豫）引种[2020]麦014
	金运麦3	浙审麦2019001	江苏金运种业科技发展有限公司	江苏润扬种业股份有限公司	浙江省作冬麦种植	河南省信阳市和南阳市南部区域种植	（豫）引种[2020]麦015
	襄麦75	鄂审麦2018003	襄阳市农业科学院	湖北飞农富种业股份有限公司	湖北省小麦产区种植	河南省信阳市和南阳市南部区域种植	（豫）引种[2020]麦016

（续）

时间	品种名称	审定编号	育种单位	原审定适宜种植区域	引种区域	引种备案号
2020	西农619	陕审麦2020007号	西北农林科技大学	河南海纳种业有限公司	陕西省关中灌区水地种植	河南省（信阳市和南阳市南部麦区除外）旱中茬地种植	（豫）引种[2020]麦017
	扶麦6号	鄂审麦2019007	湖北扶轮农业科技开发有限公司	河南三农种业有限公司	湖北省北部小麦产区种植	河南省信阳市和南阳市南部区域种植	（豫）引种[2020]麦018
	大唐66	陕审麦2019015号	陕西大唐种业有限公司	陕西大唐种业有限公司	陕西省关中灌区种植	河南省（信阳市和南阳市南部麦区除外）旱中茬地种植	（豫）引种[2020]麦019
	大唐63	陕审麦2020012号	陕西大唐种业有限公司	陕西大唐种业有限公司	陕西省关中灌区水地种植	河南省（信阳市和南阳市南部麦区除外）旱中茬地种植	（豫）引种[2020]麦020
	登海208	皖审麦2020001	山东登海种业股份有限公司	山东登海种业股份有限公司	安徽省淮河以北及沿淮地区种植	河南省（信阳市和南阳市南部麦区除外）旱中茬地种植	（豫）引种[2020]麦021
	秦鑫106-5	陕审麦2018002号	西安鑫丰农业科技有限公司	河南永硕种业有限公司	陕西省关中灌区种植	河南省（信阳市和南阳市南部麦区除外）旱中茬地种植	（豫）引种[2020]麦022
	西农911	陕审麦2020004号	西北农林科技大学农学院	河南永硕种业有限公司	陕西省关中灌区水地种植	河南省（信阳市和南阳市南部麦区除外）旱中茬地种植	（豫）引种[2020]麦023
	西农38	陕审麦2020011号	西北农林科技大学农学院	河南永硕种业有限公司	陕西省关中灌区水地种植	河南省（信阳市和南阳市南部麦区除外）旱中茬地种植	（豫）引种[2020]麦024

（续）

时间	品种名称	审定编号	育种单位	引种单位	原审定适宜种植区域	引种区域	引种备案号
2020	西农537	陕审麦2020005号	西北农林科技大学农学院	河南永硕种业有限公司	陕西省关中灌区水地种植	河南省（信阳市南部麦区除外）旱中茬地种植	（豫）引种麦[2020]025
	西途555	冀审麦2018021	河北西途种业科技有限公司、河北众信种业科技有限公司	河北众人信农业科技有限公司	河北省黑龙港流域冬麦区种植	河南省（信阳市南部麦区除外）旱地种植	（豫）引种麦[2020]026
	伟隆123	陕审麦2018017号	杨凌伟隆农业科技有限公司	河南喜农种业有限公司	陕西省渭北旱塬种植	河南省（信阳市南部麦区除外）旱地种植	（豫）引种麦[2020]027
	陕道198	陕审麦2020013号	陕西聚丰种业有限公司	陕西聚丰种业有限公司	陕西省关中灌区水地种植	河南省（信阳市南部麦区除外）旱中茬地种植	（豫）引种麦[2020]028
2021	大地532	陕审麦20210007号	西安大地种苗有限公司	河南省科育种业有限公司	陕西省关中灌区种植	河南省（信阳市和南阳市南部麦区除外）旱中茬地种植	（豫）引种麦[2021]001
	淮麦39	苏审麦201507	江苏徐淮地区淮阴农业科学研究所、江苏天丰种业有限公司	河南驰鼎种业有限公司	江苏省沿淮淮北麦区晚茬口种植	河南省（信阳市和南阳市中茬地种植	（豫）引种麦[2021]002
	农麦188	苏审麦20200028	江苏神农大丰种业科技有限公司	江苏神农大丰种业科技有限公司	江苏省淮北麦区种植	河南省（信阳市和南阳市南部麦区除外）旱中茬地种植	（豫）引种麦[2021]003
	淮麦55	皖审麦20210005	江苏徐淮地区淮阴农业科学研究所	安徽鲁研种业有限公司	安徽淮河以北及沿淮半冬性麦区推广种植	河南省（信阳市和南阳市南部麦区除外）旱中茬地种植	（豫）引种麦[2021]004

（续）

时间	品种名称	审定编号	育种单位	引种单位	原审定适宜种植区域	引种区域	引种备案号
2021	西农 579	陕审麦 20210012 号	西北农林科技大学	河南福丰种业有限公司	陕西省关中灌区种植	河南省（信阳市和南阳市南部麦区除外）早中茬地种植	（豫）引种 [2021] 麦 005
	咸麦 519	陕审麦 2020010 号	咸阳市农业科学研究院	陕西高农种业有限公司	陕西省关中灌区水地种植	河南省（信阳市和南阳市南部麦区除外）早中茬地种植	（豫）引种 [2021] 麦 006
	恒麦 168	皖审麦 2017007	安徽恒进农业发展有限公司	河南金粒种业有限公司	安徽沿淮、淮北地区推广种植	河南省（信阳市和南阳市南部麦区除外）早中茬地种植	（豫）引种 [2021] 麦 007
	西农 6151	陕审麦 2018008 号	西北农林科技大学农学院	河南省丰收天下农业科技有限公司	陕西省关中灌区种植	河南省（信阳市和南阳市南部麦区除外）早中茬地种植	（豫）引种 [2021] 麦 008
	涡麦 103	皖审麦 20210018	亳州市农业科学研究院	河南凌旗种业有限公司	安徽淮河以北及沿淮半冬性麦区推广种植	河南省（信阳市和南阳市南部麦区除外）早中茬地种植	（豫）引种 [2021] 麦 009
	郑麦 136	鄂审麦 20200011	河南省农业科学院小麦研究所	河南省农业科学院小麦研究所	湖北省北部小麦产区种植	河南省区域种植南部	（豫）引种 [2021] 麦 010
	淮麦 608	苏审麦 20200012	江苏徐淮地区淮阴农业科学研究所	河南喜多收种业有限公司	江苏省淮北区种植	河南省（信阳市和南阳市南部麦区除外）早中茬地种植	（豫）引种 [2021] 麦 011
	阜航麦 1 号	皖审麦 20210019	阜阳市农业科学院	温县金地种业有限公司	安徽淮河以北及沿淮半冬性麦区推广种植	河南省（信阳市和南阳市南部麦区除外）早中茬地种植	（豫）引种 [2021] 麦 012

（续）

时间	品种名称	审定编号	育种单位	引种单位	原审定适宜种植区域	引种区域	引种备案号
	巨良 8079	陕审麦 2020009 号	陕西巨良种业有限公司	西华县秋丰种业有限责任公司	陕西省关中灌区水地种植	河南省（信阳市和南阳市南部麦区除外）早中茬地种种植	（豫）引种〔2021〕麦 013
	西铭 318	鄂审麦 20200009	宜城市润禾作物科研所、湖北科利园农业科技有限公司	河南先耕农业科技有限公司	湖北省北部小麦产区种植	河南省信阳市和南阳市南部区域种植	（豫）引种〔2021〕麦 014
	楚襄 1 号	鄂审麦 20200006	湖北扶轮农业科技开发有限公司	湖北扶轮农业科技开发有限公司	湖北省小麦产区种植	河南省信阳市和南阳市南部区域种植	（豫）引种〔2021〕麦 015
	楚襄 18	鄂审麦 20200003	湖北扶轮农业科技开发有限公司	湖北扶轮农业科技开发有限公司	湖北省小麦产区种植	河南省信阳市和南阳市南部区域种植	（豫）引种〔2021〕麦 016
2021	谷神 28	皖审麦 20200004	安徽谷神种业有限公司	安徽谷神种业有限公司	安徽淮河以北及沿淮地区种植	河南省（信阳市和南阳市南部麦区除外）早中茬地种植	（豫）引种〔2021〕麦 017
	伟隆 169	鄂审麦 20210010	陕西杨凌伟隆农业科技有限公司、湖北腾龙种业有限公司	新乡市金苑邦达富农业科技有限公司	湖北省襄阳市小麦产区种植	河南省信阳市和南阳市南部区域种植	（豫）引种〔2021〕麦 018
	荣华 188	陕审麦 2020015 号	陕西荣华农业科技有限公司	河南省天宁种业有限公司	陕西省关中灌区水地种植	河南省（信阳市和南阳市南部麦区除外）早中茬地种植	（豫）引种〔2021〕麦 019
	西农 868	陕审麦 2020002 号	西北农林科技大学农学院	河南省南海种子有限公司	陕西省关中灌区水地种植	河南省（信阳市和南阳市南部麦区除外）早中茬地种植	（豫）引种〔2021〕麦 020

资料来源：《河南省农业农村厅公告〔2019〕3 号》《河南省农业农村厅公告〔2020〕41 号》《河南省农业农村厅公告〔2021〕第 86 号》。

4. 河南省主要小麦品种及种植面积情况

2019 年河南省小麦品种种植面积在 5 000 亩以上的品种有 189 个，繁种面积 1 000 亩以上的品种有 264 个。其中，种植面积在 1 000 万亩以上的品种仅有百农 207，500 万亩以上的品种有百农 4199、中麦 895、郑麦 379，100 万亩以上的品种有西农 979、新麦 26、郑麦 583、郑麦 101、丰德存麦 5 号、西农 511、郑麦 0943、百农 AK58、周麦 27、泛麦 8 号、郑麦 7698。种植面积在 50 万亩以上的优质强筋、中强筋品种有郑麦 379、新麦 26、西农 979、郑麦 583、丰德存麦 5 号、西农 511、郑麦 101、郑麦 7698、周麦 36 号、郑麦 369、郑麦 366。优质弱筋品种主要有扬麦 15、扬麦 13（表 4-8）。

表 4-8 2019 年河南省小麦品种及种植面积

单位：万亩

种植面积	超过 1 000	大于等于 500 小于 1 000	大于等于 100 小于 500	大于等于 50 小于 100
小麦品种	百农 207	中麦 985、百农 4199、郑麦 379	西农 979、新麦 26、郑麦 583、郑麦 101、丰德存麦 5 号、西农 511、郑麦 0943、百农 AK58、周麦 27、泛麦 8 号、郑麦 7698	优质强筋、中强筋品种：郑麦 379、新麦 26、西农 979、郑麦 583、丰德存麦 5 号、西农 511、郑麦 101、郑麦 7698、周麦 36 号、郑麦 369、郑麦 366；优质弱筋品种：扬麦 15、扬麦 13

资料来源：河南省种子管理站豫种〔2019〕52 号文件，http：// www. hnzzxh. com/channel-news-4526. html。

五、河南省各市（县）小麦生产分布状况

河南省是全国重要的小麦主产区，但河南省各地级市（县）小麦播种面积、总产量和单位面积产量均存在较大差异（表 4-9）。

各地市总产量方面，2020 年驻马店、周口、南阳和商丘四地市小麦产量超过 360 万吨，合计 1 710.26 万吨，占全省总产量的 45.57%，总产量与 2019 年基本相当，但同比占比下降 0.96%；其中，驻马店、周口的产量均高于 400 万吨，分别为 482.70 万吨、480.00 万吨，远高于其他地市，但驻马店同比下降 3.98%。三门峡、济源、鹤壁、郑州和漯河的总产量均低于 100 万吨，五地市合计占比仅 6.07%；其中，三门峡和济源的产量相对较低，仅 28.82 万吨、

12.87 万吨，占比较小。

各县（市）产量方面，2020 年共有 21 个县的小麦产量高于 50 万吨，其中，唐河县、滑县的小麦产量高达 96.75 万吨、94.17 万吨，远高于其他县（市）；同比，唐河县小麦产量有所下滑，而滑县的有所提升。形成鲜明对比的是中牟县、巩义市、登封市、栾川县、嵩县、汝阳县、舞钢市、林州市、卢氏县、义马市、南召县、西峡县、桐柏县、光山县、新县、商城县 16 县（市）的小麦产量低于 10 万吨，其中，商城县、新县的产量仅 0.35 万吨、0.42 万吨，产量相对较低。

各地市总播种面积方面，2020 年驻马店、周口、南阳、商丘、新乡和开封的小麦播种面积超过 500 万亩，合计占河南省总播种面积的 57.24%。其中，驻马店、周口、南阳的播种面积分别为 1 112.13 万亩、961.77 万亩、958.13 万亩，占比分别为 13.07%、11.30%、11.26%，是河南省小麦播种较大地市；同比，受全省种植面积增加影响，三个地级市的占比呈下降趋势，分别下降 1.67%、1.40%、1.43%。三门峡和济源的播种面积均低于 100 万亩，其中济源市播种面积仅 31.86 万亩。

各县（市）播种面积方面，2020 年滑县、封丘县、濮阳县、方城县、唐河县、邓州市、民权县、虞城县、夏邑县、永城市、息县、西华县、商水县、沈丘县、郸城县、太康县、鹿邑县、项城市、西平县、上蔡县、平舆县、正阳县、泌阳县、汝南县、新蔡县 25 个县（市）的小麦播种面积超过 100 万亩，其中，唐河、邓州的播种面积高达 213.33 万亩、207.96 万亩，与 2019 年基本持平，是河南省小麦种植大县（市）。栾川县、义马市、新县、商城县等的小麦播种面积均低于 3 万亩，其中，商城县、义马市的播种面积仅 1.32 万亩、1.53 万亩。

各地市单位面积产量方面，2020 年安阳、鹤壁、新乡、焦作、濮阳、许昌、漯河、商丘、周口 9 个地市的小麦单位产量超过全省均值；其中，焦作、鹤壁、漯河的单位产量均超过 500 千克/亩，分别为 531.64 千克/亩、522.44 千克/亩、505.16 千克/亩，均高于 2019 年单位产量，鹤壁同比增长 4.18%。三门峡、郑州、洛阳、信阳的单位产量低于 350 千克/亩，其中，三门峡市的单位产量最低，仅 319.57 千克/亩。与 2019 年比较，开封、漯河、南阳、周口和驻马店的单位产量出现下滑，其中开封、驻马店同比分别下降 6.24%、4.08%；其余 13 个地级市的单位产量呈现增长趋势，其中洛阳的增幅达 12.56%。

各县（市）单位面积产量方面，2020 年滑县、浚县、淇县、长垣市、新乡县、修武县、博爱县、武陟县、温县、沁阳市、孟州市、清丰县、南乐县、鄢陵县、襄城县、长葛市、临颍县、柘城县、夏邑县、永城市、商水县、沈丘县、郸城县 23 县（市）的小麦单位产量超过 500 千克/亩，其中，温县、武陟县的单位产量分别高达 548.31 千克/亩、533.59 千克/亩，均高于 2019 年同期水平。新县、西峡县、登封市的单位产量相对较低，均低于 250 千克/亩，分别仅为 221.00 千克/亩、223.50 千克/亩、230.63 千克/亩，远低于全省平均水平。

表 4-9   2019—2020 年河南省各县（市）小麦播种面积、总产量、单位产量

单位：万亩、万吨、千克/亩

地市	县（市）	2019 年			2020 年		
		播种面积	产量	单位产量	播种面积	产量	单位产量
郑州	中牟县	18.70	7.75	414.27	17.79	7.62	428.27
	巩义市	34.00	8.37	246.20	28.28	8.08	285.65
	荥阳市	40.67	15.40	378.75	34.23	14.37	419.85
	新密市	41.39	11.71	282.83	39.90	11.35	284.41
	新郑市	36.88	13.95	378.29	32.75	12.99	396.55
	登封市	37.34	8.53	228.34	36.34	8.38	230.63
	小计	**208.99**	**65.71**	**314.41**	**189.29**	**62.78**	**331.68**
开封	杞县	97.77	41.96	429.16	97.77	42.96	439.36
	通许县	59.39	25.77	433.92	59.23	26.28	443.67
	尉氏县	98.41	41.56	422.27	98.31	42.35	430.81
	兰考县	89.00	35.42	398.00	89.00	35.72	401.40
	小计	**344.57**	**144.71**	**419.96**	**533.59**	**210.09**	**393.74**
洛阳	孟津县	39.86	13.18	330.61	39.72	14.43	363.15
	新安县	32.21	9.77	303.33	32.14	11.17	347.65
	栾川县	3.93	1.05	267.63	2.33	0.68	290.64
	嵩县	30.17	8.01	265.52	29.59	8.80	297.32
	汝阳县	29.83	7.89	264.59	29.77	8.55	287.15
	宜阳县	64.45	18.32	284.28	62.59	19.45	310.70
	洛宁县	45.49	13.00	285.71	44.69	13.99	313.15
	伊川县	58.21	18.63	320.05	58.10	22.58	388.67
	偃师市	32.25	12.56	389.55	31.82	13.70	430.54
	小计	**336.41**	**102.42**	**304.45**	**330.74**	**113.34**	**342.69**

（续）

地市	县（市）	2019 年			2020 年		
		播种面积	产量	单位产量	播种面积	产量	单位产量
平顶山	宝丰县	39.83	15.45	387.97	40.02	15.76	393.72
	叶县	88.52	35.23	397.98	89.01	35.68	400.88
	鲁山县	46.19	12.10	262.01	45.83	12.12	264.51
	郏县	46.28	18.28	394.96	46.45	18.64	401.23
	舞钢市	24.39	9.44	387.00	24.42	9.45	386.73
	汝州市	71.90	24.68	343.20	72.11	25.09	347.90
	小计	**317.11**	**115.18**	**363.21**	**317.85**	**116.73**	**367.26**
安阳	安阳县	47.34	21.70	458.33	45.71	22.61	494.74
	汤阴县	57.08	24.55	430.06	53.89	25.64	475.71
	滑县	181.20	93.42	515.55	181.09	94.17	520.00
	内黄县	94.61	41.57	439.36	89.62	42.57	474.97
	林州市	26.34	7.88	299.00	25.39	7.95	313.29
	小计	**406.57**	**189.10**	**465.12**	**395.70**	**192.94**	**487.59**
鹤壁	浚县	83.13	42.08	506.14	83.34	43.92	526.95
	淇县	30.82	15.07	488.97	30.63	15.62	510.18
	小计	**113.95**	**57.15**	**501.50**	**113.97**	**59.54**	**522.44**
新乡	新乡县	30.99	15.36	495.80	30.16	15.14	502.00
	获嘉县	40.09	19.18	478.30	40.47	19.73	487.63
	原阳县	106.71	47.10	441.40	80.34	37.00	460.50
	延津县	83.06	38.42	462.50	83.09	39.53	475.75
	封丘县	98.16	48.11	490.10	100.91	49.72	492.76
	长垣市	83.99	43.18	514.03	84.95	44.15	519.80
	卫辉市	49.06	22.57	460.10	47.96	22.68	472.93
	辉县市	72.97	32.80	449.50	69.92	32.83	469.52
	小计	**565.03**	**266.71**	**472.03**	**537.80**	**260.79**	**484.93**
焦作	修武县	22.77	11.39	500.06	22.23	11.39	512.38
	博爱县	20.25	10.65	526.18	20.25	10.73	529.85
	武陟县	56.82	30.25	532.45	58.40	31.16	533.59
	温县	32.97	18.05	547.48	33.23	18.22	548.31
	沁阳市	34.58	17.98	520.03	34.20	18.00	526.28
	孟州市	33.42	17.05	510.19	32.11	17.05	531.03
	小计	**200.81**	**105.38**	**524.77**	**200.41**	**106.55**	**531.64**

（续）

地市	县（市）	2019 年			2020 年		
		播种面积	产量	单位产量	播种面积	产量	单位产量
濮阳	清丰县	125.29	57.48	458.72	74.14	38.14	514.49
	南乐县	76.45	38.14	498.80	53.88	28.71	532.96
	范县	54.40	28.33	520.80	43.90	20.35	463.40
	台前县	44.22	19.95	451.10	28.24	13.35	472.78
	濮阳县	28.30	13.02	460.00	125.76	59.48	472.94
	小计	**328.68**	**156.91**	**477.40**	**325.92**	**160.03**	**491.01**
许昌	鄢陵县	64.00	33.46	522.81	64.04	33.56	524.00
	襄城县	67.63	33.92	501.61	67.64	34.07	503.68
	禹州市	71.78	29.38	409.30	71.80	30.22	420.88
	长葛市	60.46	31.44	520.07	60.32	31.53	522.70
	小计	**263.87**	**128.21**	**485.87**	**263.79**	**129.37**	**490.43**
漯河	舞阳县	63.06	31.56	500.52	63.24	31.57	499.20
	临颍县	61.83	31.60	511.08	62.70	32.05	511.17
	小计	**124.89**	**63.16**	**505.75**	**125.94**	**63.62**	**505.16**
三门峡	渑池县	32.03	9.15	285.74	31.94	10.18	318.75
	卢氏县	20.55	5.57	270.83	19.96	6.08	304.36
	义马市	1.49	0.43	291.01	1.53	0.48	313.29
	灵宝市	37.22	11.27	302.83	36.77	12.09	328.79
	小计	**91.29**	**26.42**	**289.44**	**90.20**	**28.82**	**319.57**
南阳	南召县	12.54	3.63	289.76	12.55	3.60	286.69
	方城县	123.55	40.39	326.90	123.78	39.80	321.57
	西峡县	16.28	3.66	224.61	16.32	3.65	223.50
	镇平县	78.84	28.44	360.78	79.02	28.51	360.73
	内乡县	52.17	19.91	381.57	52.37	19.99	381.70
	淅川县	51.85	16.15	311.53	52.38	16.23	309.80
	社旗县	95.99	30.98	322.78	96.37	30.68	318.32
	唐河县	213.87	98.17	459.04	213.33	96.75	453.51
	新野县	79.43	37.16	467.87	80.35	37.21	463.06
	桐柏县	24.82	7.13	287.27	23.69	6.75	284.80
	邓州市	207.27	82.85	399.72	207.96	83.29	400.53
	小计	**956.61**	**368.48**	**385.20**	**958.13**	**366.45**	**382.46**

（续）

地市	县（市）	2019 年			2020 年		
		播种面积	产量	单位产量	播种面积	产量	单位产量
商丘	民权县	102.00	49.07	481.05	102.06	49.65	486.50
	睢县	86.07	41.57	483.00	86.11	42.08	488.65
	宁陵县	72.20	35.02	485.00	72.30	35.45	490.31
	柘城县	98.98	49.19	497.00	99.38	49.81	501.21
	虞城县	115.70	56.81	491.04	115.75	57.50	496.78
	夏邑县	122.82	60.85	495.47	123.04	61.64	500.97
	永城市	168.00	83.16	495.00	168.96	84.98	502.93
	小计	**765.77**	**375.68**	**490.59**	**767.61**	**381.11**	**496.49**
信阳	罗山县	42.59	11.81	277.30	42.60	11.84	278.00
	光山县	21.71	6.00	276.40	15.00	4.16	277.00
	新县	1.89	0.42	221.01	1.90	0.42	221.00
	商城县	12.61	3.33	264.00	1.32	0.35	264.00
	固始县	56.00	17.11	305.62	54.00	16.52	306.00
	潢川县	55.58	15.88	285.64	56.00	16.02	286.00
	淮滨县	83.10	28.17	338.94	84.00	28.48	339.00
	息县	139.29	49.55	355.71	158.96	56.59	356.00
	小计	**412.77**	**132.26**	**320.42**	**413.78**	**134.37**	**324.74**
周口	扶沟县	97.26	48.78	501.56	97.72	48.68	498.15
	西华县	110.59	55.60	502.73	111.67	55.62	498.10
	商水县	120.07	60.36	502.73	120.14	60.12	500.42
	沈丘县	109.28	54.79	501.33	109.90	55.07	501.06
	郸城县	133.59	67.16	502.74	133.80	66.97	500.48
	太康县	163.96	82.41	502.65	165.36	82.39	498.25
	鹿邑县	109.30	54.00	494.05	109.36	54.46	498.00
	项城市	113.35	56.82	501.26	113.82	56.70	498.14
	小计	**957.40**	**479.92**	**501.27**	**961.77**	**480.00**	**499.08**
驻马店	西平县	108.23	54.11	500.00	108.44	50.97	470.00
	上蔡县	147.93	72.54	490.35	148.03	69.98	472.71
	平舆县	121.15	59.10	487.80	121.35	57.07	470.30

（续）

地市	县（市）	2019年			2020年		
		播种面积	产量	单位产量	播种面积	产量	单位产量
驻马店	正阳县	195.48	78.19	400.00	195.98	74.07	377.98
	确山县	84.63	35.56	420.23	84.78	33.59	396.14
	泌阳县	112.33	44.99	400.46	112.57	42.64	378.78
	汝南县	129.90	61.44	473.00	130.23	59.94	460.29
	遂平县	81.18	38.80	478.00	81.43	37.22	457.10
	新蔡县	130.20	57.98	445.30	129.32	57.22	442.48
	小计	**1 111.04**	**502.72**	**452.47**	**1 112.13**	**482.70**	**434.03**
济源	小计	**32.10**	**12.21**	**380.37**	**31.86**	**12.87**	**404.05**
合计/平均		7 537.85	3 292.32	436.77	8 510.51	3 753.13	441.00

数据来源：2020—2021年《河南统计年鉴》。

第五章
河南省小麦生产主体构成与经营管理

一、河南省小麦生产主体结构特征

李乐玉（2018）在调研河南省小麦供给侧结构性改革试点县优质专用小麦生产经营情况时，选取了延津、滑县、永城、濮阳、淮滨、息县 6 县进行了调研，共对 6 县 14 个村庄农户进行了调查，发放并回收 150 份问卷，其中有效份数为 128 份，其选取的都是优质专用小麦试点县，因此在所调查的农户中，有94 户种植优质强筋小麦，种植优质弱筋小麦有 31 户，96.18％农户生产优质专用小麦，说明试点县农户对优质专用小麦保持较高的热情。但其中有 19 户为防控风险，在种植优质专用小麦基础上有一部分地块生产产量较高的中筋小麦。另外 3 户则并没有种植优质强筋或弱筋小麦，由于农户兼业化或对土地进行了流转等原因，他们种植中筋小麦或者是杂麦。该调查的小麦生产主体构成显示（表 5-1），一般农户 111 个，占比 86.72％，普通农户依旧是主要的农户类型。种养大户 11 个，占比 8.59％，新型农业经营主体——家庭农场或合作社企业负责人 6 个，占比 4.69％。

表 5-1 河南省优质专用小麦生产主体构成

单位：个、％

生产主体	一般农户	种植大户	家庭农场或合作社
数量	111	11	6
占比	86.72	8.59	4.69

数据来源：李乐玉（2019）调研数据。

从户主的年龄及文化程度来看（表 5-2），年龄在 31～40 岁有 13 户，占比 10.16％，41～50 岁有 28 户，占比 21.88％，51～60 岁有 47 人，占比 36.72％，60 岁以上的有 40 人，占比 31.25％。从数据可以看出 50 岁以上户主占到了 75％以上，而文化程度是小学、初中、高中的占比在 90％以上，呈现两头低中间高的状态，农业生产以中老年、中低文化层次生产者为主，年轻化、文化水平高的生产者较少。

表 5-2 河南省优质专用小麦生产户主年龄、受教育程度构成

单位：个、％

年龄范围	30 岁以下	30～40 岁	41～50 岁	51～60 岁	61～70 岁	70 岁以上
数量	0	13	28	47	39	1
占比	0	10.16	21.88	36.72	30.47	0.78
受教育程度	文盲	小学	初中	高中（含中专）	大专及以上	
数量	8	23	70	24	3	
占比	6.25	17.97	54.69	18.75	2.34	

数据来源：李乐玉（2019）调研数据。

从农户劳动力状态及农户家庭收入来看，其调研数据显示，农户家庭劳动力以 2～3 个居多。但有 30％的家庭中 60 岁以上的劳动力仍从事农业活动，农业活动有"老龄化"的现象。随着城镇化及农民兼业化的发展，农民不再时刻禁锢在土地上，调研的农户中有不少外出务工人员，其中 63.28％的农户家庭中有外出务工 6 个月以上的，外出务工但农忙时回家的占比42.18％。农户家庭收入来源多样化，被调研农户农业收入比重占家庭收入50％以上的有 35 户，这些农户有的家庭耕种土地较多，进行了土地承包，或者是只从农业生产中获取收益。外出务工收入比重超过 50％的有 79 户。数量的对比也可以看出，农户外出获取非农收入比重较大，从而对优质专用小麦生产会有所影响。

二、河南省优质专用小麦生产经营管理现状

朱丽娟（2021）课题组 2017 年 6—7 月对河南省 6 个县进行的"河南省小麦产区农户情况"专题调研，调研采用典型代表和分层抽样相结合的方法。第一批调研选取小麦播种面积大且处于典型中原地貌的正阳县作为代表，按照村人均纯收入等指标抽取 10 个镇、每个镇抽取 5 个村；第二批调研根据地理位置、农村居民人均可支配收入和小麦播种面积等指标，抽取安阳县、上蔡县、新安县、杞县和舞阳县作为代表，按照经济发展发展水平每个县抽取 5 个镇、每个镇抽取 2 个村，两次共获取 3 914 个样本数据。根据研究需要，删除没有

种植小麦及变量有缺失值的样本后，最终得到 3 305 份有效样本，其中正阳县 1 712 份、安阳县 349 份、上蔡县 333 份、新安县 323 份、杞县 238 份、舞阳县 350 份。

从服务外包类型看（表 5-3），以耕种收关键环节外包为主，占比将近 60%；所有生产环节无外包或全外包比例较低，还不到 4%。这一特征与当前我国粮食生产机械化水平及农户自身资源禀赋特征是一致的。具体到生产环节（表 5-4），收割、整地和播种外包的比例最高。其中，收割占比 93.62%，而施肥和打药环节外包程度比较低。

表 5-3   河南省农户小麦生产不同生产服务外包分类及现状

单位：个、%

生产服务外包类型	农户数量	占比
无外包	105	3.18
单多环节外包	1 195	36.16
关键环节外包	1 963	59.39
全生产环节外包	42	1.27
合计	3 305	100.00

数据来源：朱丽娟（2021）调查数据。

表 5-4   不同生产环节服务外包情况

单位：个、%

指标	整地	播种	施肥	打药	收割
户数	2 800	2 108	848	58	3 094
占比	84.72	63.78	25.66	1.75	93.62

数据来源：朱丽娟（2021）调查数据。

服务外包契约选择方面（表 5-5），以外包环节最多的耕种收为例，契约形式以没有任何约定的空合同和第三方无法证实的口头合同等非正式契约为主，占比超过 90%。契约对象关系度既是契约选择的一个层面，又是解释非正式契约为主的原因。在服务外包中，农户更多的选择本镇范围的服务供给方，占比高达 80% 以上，选择外省供给方为 0。数据显示，乡土社会背景下，农户更愿意相信和选择"熟人关系"，契约对象关系呈现出依地缘而依次下降的差序格局，也反映出农机跨区作业面临问题与挑战。

表5－5 服务外包中契约形式和契约对象关系距离

单位：%

变量	指标	整地占比	播种占比	收割占比
契约形式	书面合同	0.11	0.09	0.13
	口头合同	27.86	30.31	28.05
	空合同	72.03	69.60	71.82
契约对象关系	本镇	86.28	89.33	82.91
	本县镇外	8.86	7.16	10.76
	本省县外	4.86	3.51	6.33
	省外	0.00	0.00	0.00

数据来源：朱丽娟（2021）调查数据。

第六章
河南省小麦生产成本与种植收益

河南省统计局根据 2021 年河南省地方经济社会调查队对全省 40 个县（市、区）120 个乡镇 600 个农户小麦生产成本收益进行调查，通过数据分析可知，2021 年全省小麦生产成本略微上涨，亩产增加，价格上升，种植收益有较大幅度提高，具体如下。

一、河南省小麦生产成本分析

如表 6-1 所示，2021 年全省小麦生产亩均生产成本略微上涨，亩均生产成本 531.34 元，较上年增加 5.82 元，上升 1.11%。其中，各构成因素具体情况如下。

（1）物质费用增加 4.35%。调查显示，小麦每亩物质费用 260.99 元，较上年增长 10.88 元，上升 4.35%。其中，种子亩均费用 70.37 元，较上年增长 4.79 元，上升 7.30%；化肥亩均费用 151.93 元，较上年增长 0.23 元，上升 0.15%；农药费用 35.69 元，较上年增长 2.97 元，上升 9.08%。物质费用上涨主要是由于种子费用和农药费用上涨。种子费用上涨一方面是因为在选购种子时，被调查户选择价格偏高的优质麦种，另一方面亩均小麦播种量增长，每亩播种量由上年的 15.03 千克增加到 15.58 千克，每亩增加 0.55 千克。化肥费用略有上涨是化肥价格上涨所致。据统计资料显示，2021 年 1—6 月，国产尿素均价 2.17 元/千克，较上年同期上涨 7.15%；国产复合肥均价 2.55 元/千克，较上年同期上涨 1.03%。令人可喜的是，虽然化肥费用呈上升态势，但调查结果显示，亩均化肥使用量则呈下降趋势，2021 年亩均化肥使用量为 60.81 千克，比上年减少 0.06 千克，说明《到 2020 年化肥使用量零增长行动方案》落实成效显著。农药费用增长主要是 2021 年小麦病虫害较上年严重，价格上涨所致。

(2) 生产服务费用下降 1.67%。调查显示，每亩生产服务投入 161.05 元，较上年减少 2.73 元，下降 1.67%。其中，每亩机耕费用 64.60 元，较上年增长 2.01%；每亩机播费用 22.04 元，较上年增长 0.27%；每亩机收费用 52.37 元，较上年增加 2.05%；每亩排灌费用 21.03 元，较上年下降 12.16%。生产服务费用上涨是机耕、机播、机收费用共同上涨的结果，主要是受国际市场影响，柴油价格上涨所致。2021 年 1—6 月农用柴油平均价格为 5.18 元/升，较上年同期上涨 2.86%。2021 年排灌费用下降主要是小麦生长期间降雨较为充沛，为小麦生长提供及时充足的水分。

(3) 人工成本下降 2.08%。调查显示，每亩人工成本 109.31 元，较上年减少 2.32 元，下降 2.08%。其中，每亩标准用工天数 1.35 天，较上年下降 18.67%；劳动日工价 84.72 元，较上年上涨 2.97%。主要是随着机械化水平的不断提高，劳动力投入呈下降趋势。

表 6-1　2021 年河南省小麦亩均生产成本数据

单位：元、天、%

	2021 年	2020 年	2021 年比 2020 年增长数量	2021 年比 2020 年增长百分比
生产成本	531.34	525.52	5.82	1.11
1. 物质费用	260.99	250.11	10.88	4.35
种子	70.37	65.58	4.79	7.30
化肥	151.93	151.70	0.23	0.15
农药	35.69	32.72	2.97	9.08
2. 生产服务	161.05	163.78	−2.73	−1.67
机耕	64.60	63.33	1.27	2.01
机播	22.04	21.98	0.06	0.27
机收	52.37	51.32	1.05	2.05
排灌	21.03	23.94	−2.91	−12.16
3. 人工成本	109.31	111.63	−2.32	−2.08
标准用工天数	1.35	1.66	−0.31	−18.67
劳动日工价	84.72	82.28	2.44	2.97

数据来源：河南省统计局，http://www.ha.stats.gov.cn/2021/08-05/2196183.html。

二、河南省小麦种植效益分析

如表 6-2 所示，2021 年河南省小麦单位面积产量较上年有所增长，且受小麦单价上涨影响，每亩生产受益大幅提高。

（1）小麦单产增长。2021 年全省夏粮喜获丰收，小麦平均亩产 445.43 千克，较上年增长 4.43 千克，比上年增长 1.00%。夏粮丰收，除了有政府政策的大力支持、防治病虫害动手早、机收减损效果好等措施之外，良好的气候条件、光温配合好等因素也使得 2021 年小麦麦粒重、质量高、收成好。

（2）种粮收益大幅提高。2021 年小麦亩均产值 1 118.03 元，较上年增长 12.18%；扣除亩均生产成本 531.34 元，加上亩均补贴 50.08 元，亩均生产收益 636.77 元，较上年增长 117.13 元，增长 22.54%，小麦种植收益大幅提高。

表 6-2　2021 年小麦成本收益

单位：千克、元/千克、元、%

指标	2021 年	2020 年	2021 年比 2020 年增加数量	2021 年比 2020 年增长百分比
亩产量	445.43	441.00	4.43	1.00
市场收购价格	2.51	2.26	0.25	11.06
亩产值	1 118.03	996.66	121.37	12.18
亩生产成本	531.34	525.52	5.82	1.11
亩均补贴	50.08	48.50	1.58	3.26
亩生产收益	636.77	519.64	117.13	22.54

数据来源：河南省统计局，http://www.ha.stats.gov.cn/2021/08-05/2196183.html；表中市场收购价格来源于省粮食局全省主要粮食品种价格当年 7 月初周报。

三、对夏粮生产的启示

（1）完善农业补贴政策，提高种粮积极性。一是加大农业补贴力度，继续增加粮食直补、良种补贴、农资补贴等优惠政策，并研究实行有机肥补贴政策，减少化肥投入量。二是进一步研究改进惠农政策补贴方式。种粮补贴资金要与是否种粮挂钩，确实将资金补贴到种粮农户手中，做到不种不补，少种少补，多种多补。三是继续研究新的土地惠农政策，激发更多种植大户的积极性，推动我国农村土地规模化、产业化、机械化种植。

（2）稳定农资价格，有效控制生产成本。从夏粮种植成本构成来看，物质费用仍是夏粮生产成本的主要支出，所占比重接近50%。农资价格的高低直接关系着农民的种植成本收益。因此，建议相关部门加大农资市场的监测、监管力度，特别是对化肥、种子、农药价格和质量的监督和检查，保障农资市场价格平稳，防止农资价格无序上涨和劣质农资坑农事件发生，保障农民的利益。

（3）加大科技投入，提高种植产量。一是持续推进优质种粮工程，推行高产、抗病虫、优质的小麦新品种。二是制定优惠政策，吸引人才壮大农技推广队伍，组织下乡开展农业生产技能培训，让农民更多地了解市场的行情和动态。通过培训，提高农民的种植技术、种植技巧和田间管理水平。三是加强气象预报和对病虫害的监测与防治。做好测土配方工作，合理投入化肥数量，引导农民科学合理施肥，推行测土配方施肥，引导农民增加有机肥、绿肥的投入，在减轻农民减轻负担的同时，提高土壤有机质，提高土壤肥力，提高种植产量。

（4）健全农业保险保障体系，提高农民抗灾防灾能力。小麦生长过程中会面临干旱、洪涝、大风等各种灾害性天气和病虫害等风险因素，直接影响着小麦的收成。农业生产保险能有效弥补农民因意外灾害造成的损失。一是健全农业保险保障体系。在现有小麦种植保险、试点的小麦制种保险、完全成本保险之外，制定多样化的农业保险产品供给，例如产量保险、收入保险。二是应引导农民，尤其是种粮大户积极参加农业保险，提高保险覆盖率，使农民遇到灾年减产不减收。

（5）深化最低保护价制度，解决农民的后顾之忧。以2021年小麦产量测算，小麦每千克收购价格提高或降低0.1元，那么每亩收益就增加或减少44.54元。从长远考虑，要持续深化小麦最低保护价制度，稳步提高主要粮食品种最低收购价，切实保护广大种粮农民的实际利益，让农民大胆地、放心地发展粮食生产。

第七章
2021—2022 年河南省小麦生产品种布局利用意见

小麦品种合理布局利用是实现小麦丰产增收的基础。2021 年 9 月河南省农业科学院小麦研究所发布《2021—2022 年度河南省小麦品种布局利用意见》指出，针对当前小麦生育期间气象灾害和病虫害频发、重发的态势，品种布局利用不仅要注重品种的丰产性和优质专用性，还要综合考虑其稳产性、适应性和抗逆性。根据河南省主要小麦品种的特征、特性及在不同年份的综合表现，提出 2021 年河南省小麦品种布局利用意见，指导全省小麦生产。

一、河南省主要推广小麦品种评价

依据河南省不同生态区生产条件、小麦生育期间气候特点和生物及非生物灾害发生特点和河南省小麦供给侧改革的要求，河南省农业科学院小麦研究所根据各品种小麦生长特征，及时发布了 2021—2022 年本省主要推广小麦品种，具体包括郑麦 379 等 10 种小麦品种，对农业生产管理部门、种子企业、种粮大户和一般农户选择品种具有重要的参考意义（表 7 - 1）。

表 7 - 1　河南省主要推广小麦品种及特征

编号	小麦品种	主要特征
1	郑麦 379	半冬性中强筋品种，冬季抗寒性较好，分蘖力较强，抗倒性较好，籽粒饱满，外观商品性好。生产利用应注意防治赤霉病及茎基腐病，预防倒春寒危害。
2	百农 4199	半冬性中早熟品种，冬季抗寒性好，分蘖力强，成穗率高，叶功能期长，灌浆快，落黄好，籽粒饱满。生产利用应注意防治赤霉病。
3	百农 207	半冬性稳产品种，茎秆粗壮，抗倒伏能力强，耐穗发芽，籽粒商品性好，综合性状较好。生产利用应注意防治条锈病、叶锈病、纹枯病及赤霉病。
4	西农 511	半冬性品种，分蘖力强，抗倒性好，耐倒春寒能力中等，熟相好，籽粒角质，饱满度较好。生产利用应注意防治赤霉病、叶锈病及纹枯病。

（续）

编号	小麦品种	主要特征
5	新麦26	半冬性中熟品种，强筋品质稳定，对春季低温较敏感，抗倒性一般。应以优质订单生产为主，生产利用应注意控制播量和群体，防止倒伏和预防倒春寒危害。
6	周麦36号	半冬性品种，穗层整齐，穗大，籽粒饱满，熟相较好，丰产性好，品质优，综合抗性好。生产利用应注意防治赤霉病。
7	郑麦1860	半冬性品种，分蘖力强，穗层整齐，熟相好，籽粒角质，饱满度好，抗倒性好，综合抗性好。生产利用应注意防治赤霉病。
8	中麦578	半冬性早熟品种，熟相好，适应性广，籽粒饱满度较好，强筋品质稳定，丰产稳产性好。生产利用应注意防治纹枯病和茎基腐病。
9	平安11号	半冬性品种，冬季抗寒性好，分蘖力较强，耐后期高温，较抗条锈病，生产利用应注意预防春季低温冻害，防止倒伏。
10	丰德存麦5号	半冬性品种，品质优，丰产性好，熟相好，籽粒饱满。抗倒春寒能力弱，生产利用应注意预防倒春寒危害。

资料来源：河南省农业科学院小麦研究所公开资料，http：// www.hnagri. org. cn/xiaomai/article-103391. html。

二、河南省各地区小麦品种空间布局利用建议

河南省农业科学院小麦研究所根据全省不同区域土壤环境、降雨、气温、日照等自然条件，对河南省北部、中部、东部、南部及西部旱作区小麦种植进行空间布局建议，具体如下。

1. 北部麦区

包括豫北的安阳、鹤壁、新乡、焦作、濮阳、济源等黄河以北及洛阳、三门峡水浇地。该区生产条件较好，灌溉面积大，小麦产量高，属于高产灌溉区，品种布局时尽量选用冬季抗寒性好、耐倒春寒、耐后期高温、抗倒性好以及抗白粉病、纹枯病等病害的半冬性中晚熟高产品种，晚茬种植弱春性高产品种。

早中茬以百农207、百农4199、新麦26、郑麦379、周麦36号、郑麦1860、周麦27号、周麦22号、百农AK58、郑麦583、丰德存麦5号、中麦578、西农511、平安11号、中麦895、郑麦369、囤麦127、伟隆169为主，搭配种植郑麦366、郑麦7698、丰德存麦21、百农418、豫教5号、焦麦266、

泰禾麦 2 号、郑麦 136、郑麦 103、滑育麦 1 号、西农 20、丰德存麦 1 号、安麦 1241、怀川 916、濮兴 8 号、豫农 186、百农 307、师栾 02-1、偃高 58、华育 198、存麦 11 等品种，示范推广新科麦 168、洛麦 34、百农 889、中植 0914、机麦 210、中育 1428、丰德存麦 20 号、新麦 32、郑育麦 16、锦绣 21、郑麦 618、鑫华麦 818、高麦 6 号、泉麦 890、赛德麦 1 号、民丰 3 号、郑麦 22、鹤麦 601、百麦 1811、洛麦 27、许麦 1636、囤麦 259、存麦 16、富麦 916、漯麦 163、郑麦 129、泛育麦 18、泛育麦 20、西农 99、中育 1686、秋乐 168、天麦 119、天麦 166、开麦 1502、中麦 30、平安 0602、平安 518、天民 304、云台 301、吉兴 653、冠麦 2 号等品种。

晚茬种植天民 198、郑麦 113、囤麦 128、新麦 29、平安 7 号、百农 201、淮麦 40 等弱春性品种。

2. 中南部麦区

包括郑州、许昌、漯河、驻马店、平顶山及南阳中北部水浇地。该区生产条件较好，有一定的灌溉面积和灌溉习惯，小麦产量水平相对较高，品种布局时应选用抗倒性好、耐后期高温、抗白粉病、锈病、纹枯病、根（茎）腐病等病害的半冬性中早熟高产品种，晚茬种植弱春性品种。

早中茬以百农 207、百农 4199、郑麦 379、周麦 36 号、西农 511、郑麦 1860、西农 979、周麦 27 号、郑麦 7698、周麦 22 号、丰德存麦 5 号、百农 AK58、郑麦 583、中麦 895、囤麦 127、郑麦 0943、中麦 578、泛麦 8 号、平安 11 号、郑麦 369 为主，搭配种植丰德存麦 1 号、郑麦 366、豫农 416、平安 8 号、新麦 26、洛麦 26、众麦 1 号、周麦 32、百农 418、豫麦 49-198、商麦 156、遂选 101、泛麦 803、郑农 17、驻麦 6 号、豫农 186、存麦 11、丰德存麦 22、西农 20、豫麦 158、濮兴 5 号、滑育麦 1 号、百农 307 等品种，示范推广许科 168、存麦 8 号、洛麦 34、百农 889、中植 0914、濮兴 8 号、机麦 210、中育 1428、丰德存麦 20 号、新麦 36、兆丰 3188、郑育麦 16、许科 129、郑麦 136、鹤麦 601、百麦 1811、洛麦 27、许麦 1636、囤麦 259、存麦 16、富麦 916、漯麦 163、郑麦 129、泛育麦 18、泛育麦 20、西农 99、中育 1686、秋乐 168、天麦 119、天麦 166、开麦 1502、中麦 30、平安 0602、平安 518、天民 304、云台 301、吉兴 653、冠麦 2 号等品种。

晚茬种植天民 198、郑麦 113、郑麦 101、怀川 916、漯麦 18、偃高 21、新麦 29、新麦 21、百农 201、囤麦 257、西农 585、众麦 7 号、驻麦 305 等弱春性品种。

3. 东部麦区

包括商丘、周口和开封，该区生产水平较高，但春季倒春寒发生频率较高，品种利用时尽量以春季发育相对平稳、耐倒春寒、抗倒性较好以及抗白粉病、锈病、根（茎）腐病等病害的半冬性品种为主，晚茬种植弱春性品种。

早中茬以百农 207、周麦 36 号、百农 4199、郑麦 379、郑麦 1860、周麦 27 号、郑麦 583、周麦 22 号、百农 AK58、泛麦 8 号、西农 511、中麦 895 为主，搭配种植周麦 28 号、豫农 416、开麦 22、商麦 156、周麦 30 号、平安 11 号、冠麦 1 号、郑麦 3596、郑麦 618、百农 418、百农 307、众麦 1 号、天民 304 等品种，示范推广高麦 6 号、新麦 36、泉麦 890、存麦 8 号、豫农 186、洛麦 34、百农 889、中植 0914、濮兴 8 号、机麦 210、中育 1428、泛麦 536、丰德存麦 20 号、豫农 804、商麦 167、郑麦 22、郑麦 136、鹤麦 601、百麦 1811、洛麦 27、许麦 1636、囤麦 259、存麦 16、富麦 916、漯麦 163、郑麦 129、泛育麦 18、泛育麦 20、西农 99、中育 1686、秋乐 168、天麦 119、天麦 166、开麦 1502、中麦 30、平安 0602、平安 518、云台 301、吉兴 653、冠麦 2 号等品种。

晚茬种植天民 198、郑麦 113、郑麦 101、怀川 916、漯麦 18、偃高 21、百农 201 等。

4. 南部麦区

包括信阳全部与南阳南部。该区降水量较大，田间湿度大，病害发生危害重，品种布局时应以耐湿、耐渍、赤霉病轻、抗条锈病、抗干热风、耐穗发芽、熟期较早的品种为主。

信阳北部的罗山、息县、淮滨等地种植西农 979、郑麦 113、百农 207、郑麦 9023、偃展 4110 等品种；信阳南部种植扬麦 15、扬麦 13、扬麦 30、扬麦 20、郑麦 9023、天宁 38 号、偃展 4110、先麦 12、信豫 69、豫信 11、豫农 98、郑麦 119、宛麦 98 等品种，示范推广方裕麦 66、信麦 1168、扬麦 24 等品种；南阳南部种植先麦 8 号、天宁 38 号、先麦 12、郑麦 9023、偃展 4110、宛麦 18、宛 1643、宛麦 98、宛麦 21、宛麦 19、方裕麦 66 等品种。

5. 旱作麦区

包括豫西南旱地、中西部旱地和北部旱地，该区灌溉条件差，小麦生长靠自然降水维持，生产上适宜种植耐旱性好、冬季抗寒性好、抗黄矮病的品种，保证旱作区小麦的稳定发展。

旱肥地以洛旱 6 号、中麦 175、洛旱 7 号、洛旱 19、豫麦 49-198、洛旱 22、百旱 207 为主，搭配新麦 28、洛旱 11、洛旱 10、农大 5181、新麦 39、商麦 1 号等品种，示范推广安麦 1132、偃亳 1886 等品种。

旱薄地种植洛旱 9 号、洛旱 13、洛旱 15、西农 928 等品种，示范推广中麦 36、品育 8161、长 6990、临旱 8 号等品种。

三、河南省各地区优质专用小麦品种适宜种植区域与麦播布局意见

1. 北部强筋麦区

可种植新麦 26、郑麦 369、周麦 36 号、中麦 578、丰德存麦 5 号、西农 511、郑麦 366、西农 20、丰德存麦 21、藁优 5218、泛育麦 17、安科 1405、郑麦 158、伟隆 169、师栾 02-1 等品种，示范推广万丰 269、华伟 305、郑品优 9 号、周麦 33 号、安科 157、艾麦 24、西农 364、淮麦 43、大平原 1 号、安科 1303、科兴 3302、稷麦 209、豫农 908、郑麦 816、智优 105、新选 979、轮选 49、怀川 709、科大 1026、荣华 116、山农 116、西农 235、德宏福麦 11、安科 1701、西农 629 等品种。

2. 中南部强筋、中强筋麦区

可种植新麦 26、周麦 36 号、丰德存麦 5 号、中麦 578、丰德存麦 21、郑麦 366、郑麦 379、西农 511、西农 979、郑麦 583、郑麦 7698、郑麦 369、伟隆 169、周麦 32、周麦 30 号、丰德存麦 1 号、郑麦 3596、锦绣 21、囤麦 257、西农 20、泛育麦 17、安科 1405、藁优 5218、郑麦 158、天宁 38 号等品种，示范推广万丰 269、华伟 305、郑品优 9 号、周麦 33 号、安科 157、艾麦 24、西农 364、淮麦 43、大平原 1 号、安科 1303、科兴 3302、稷麦 209、豫农 908、郑麦 816、智优 105、新选 979、轮选 49、中麦 255、怀川 709、科大 1026、荣华 116、山农 116、西农 235、德宏福麦 11、安科 1701、西农 629 等品种。

3. 豫南沿淮弱筋麦区

主要推广扬麦 15、扬麦 13 等品种，示范推广绵麦 51、光明麦 1311、农麦 126、皖西麦 0638、扬麦 36、扬麦 32 等品种。

（本篇由河南工业大学粮食经济研究中心何宇鹏主笔）

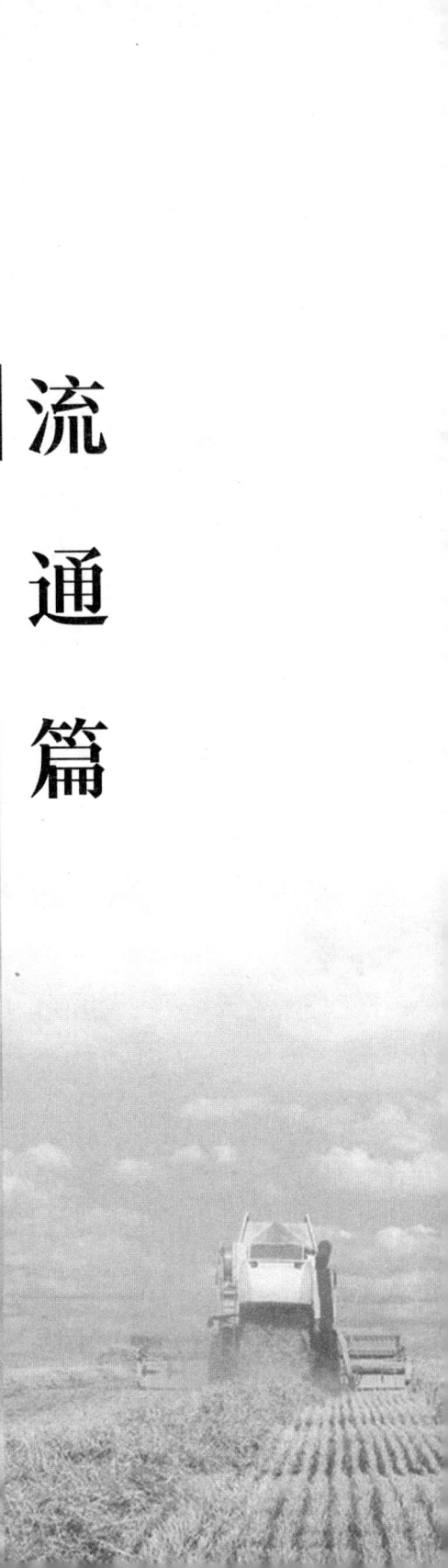

流

通

篇

粮食的流通过程一头连着生产，一头连着消费，广义上包括粮食收购、储存、运输、加工和销售等多个环节。其中，粮食的收购、储存和运输是保障国家粮食安全的重要基础性工作。本篇内容就粮食的收储和物流问题进行具体探讨。

粮食的收储是粮食安全的重要基石。"十三五"时期，我国粮食和物资储备系统深入实施国家粮食安全战略，为国民经济健康发展奠定了雄厚的物质基础。"十四五"规划再次提出要"保障粮、棉、油、糖、肉等重要农产品供给安全，提升收储调控能力"，进一步强调了粮食收储的重要性。粮食物流是社会商品物流的重要组成部分，不仅有利于引导粮食生产，调整粮食供求关系，减少粮食价格波动，更是保障粮食安全的关键环节。

综上所述，粮食安全问题一直是政府关心的重中之重，因此，为了确保粮食丰产丰收，保护粮食生产者的积极性，必须要切实做好当前粮食的收购、储存以及流通等管理工作。作为粮食的生产、加工、消费和储备大省，河南省是保障国家粮食安全的重要基地，近年，河南省委、省政府坚决贯彻习近平总书记重要指示精神，始终扛牢粮食安全的政治责任，为推动全省粮食行业高质量发展和经济社会改革发展稳定做出积极贡献。河南省是全国最大的粮食生产基地，更是小麦主产区，小麦产量约占全国总产量的四分之一，已经成为河南省的一大优势。因此，小麦的收储与物流状况是河南省关注的重点粮食问题之一。

第八章
小麦收购概况

粮食收购是指出于销售、加工或者作为饲料、工业原料等目的直接向种粮农民或者其他粮食生产者批量购买粮食的行为。我国目前实行的是粮食收购许可制度，即向粮食生产者直接收购粮食之前，必须取得粮食行政管理部门的许可，才能取得粮食收购资格。为了便于粮食收购，激发市场主体活力，从而解决部分粮食品种可能出现的阶段性结构性过剩问题，2021年2月，第三次修订后的《粮食流通管理条例》中指出，要取消粮食收购资格行政许可，加强事中、事后监管，建立粮食经营者信用档案，明确和完善监管部门的监督检查措施，意味着我国的粮食收购将逐步由政策性收购为主转向市场化收购为主。这一规定是贯彻落实"放管服"改革精神的重要举措，进而能够顺应粮食购销形势新变化、确保粮食市场平稳运行、不断增强粮食市场活力，但同时也对市场备案管理和监测预警机制提出了更加严格的要求。

一、我国小麦整体收购状况

我国小麦实行的是粮食市场收购价与最低收购价（托市收购）相结合的收购政策。其中，粮食最低收购价政策是政府为了保护农民利益、保障粮食市场供应而实施的价格调控政策，也是为了解决"工农"问题，实施工业反哺农业而采取的重要手段。一般情况下，粮食的收购价格受到市场供求的影响，国家会在充分发挥市场机制作用的基础上对收购进行宏观调控，国务院在必要时将对短缺的重点粮食品种在粮食主产区实行最低收购价格。当市场粮价低于国家确定的最低收购价时，国家将委托符合一定资质条件的粮食企业，按照最低收购价来收购农民的粮食。下面，从收购数量和收购价格两个方面对全国以及河南省的收购情况进行分析。

（一）收购数量

表8-1显示了2018—2021年我国小麦的累计收购量以及最低价收购量。2018年，我国主产区小麦累计收购5 015.2万吨，同比减少了2 000余万吨，托市收购量为235万吨左右。小麦收购呈现出"减—活—稳"三大特点。首先，小麦收购数量"减"，主要是由于随着粮食收储制度深度改革，农民售粮行为更趋于均衡，从而导致收购期拉长，此外由于目前小麦的收储逐渐向市场化收购转变，购销渠道出现新变化，另外本年度全国小麦产量为12 835万吨，减幅2.4%，部分农户将小麦用于自家或周边家庭养殖，因此，部分小麦并没有进入流通市场。其次，小麦购销方式"活"。各地积极落实粮食收储制度改革各项措施，鼓励和引导多元主体开展市场化购销，协调落实解决收购资金，搭建农企对接平台，进一步强化产销合作，推动由政策性收储为主向政府引导下市场化收购为主转变，并且取得了积极效果。2021年小麦最低收购价执行预案启动的范围缩小，收购呈现市场化为主、托市收购为辅的局面。据统计，市场化收购比重超过九成，比上年提高了30%以上。再次，小麦收购价格"稳"。从整个旺季收购期看，小麦的收购价格较为平稳，没有出现大幅波动。同时，不同品质的小麦形成了合理的品质价差，优质小麦销路很好，价格也比普通小麦高出10%以上，优质优价在本年度得到了较好的体现。

表8-1　2018—2021年我国小麦收购数量

单位：万吨

年份	累计	最低价收购量
2021	5 791.0	—
2020	5 484.6	615.1
2019	7 076.2	2 227.0
2018	5 015.2	235.0

数据来源：国家粮食和物资储备局以及相关网站，余同。

2019年，小麦喜获丰收，农户售粮行为比较积极。主产区小麦累计收购达到7 076.2万吨，同比增长了2 061万吨。其中，托市收购量超过2 000万吨，主要集中在江苏、安徽及河南等地。该年度小麦呈现"产量增、质量好"的特点。国家统计局公布的数据显示，2019年国内小麦播种面积为3.45亿亩，较上年下降1.8%，但由于小麦的种植结构、区域布局以及品种结构都得到进一步优化，进而该年度夏收小麦的产量高达13 106万吨，较2018年增长2.1%。

另外，优质小麦的占比提高，尤其是一等小麦和三等以上小麦的比例较上年明显上升，很大程度上缓解了小麦市场的结构性矛盾，政策性小麦库存数量也趋增。国家粮食和物资储备局发布的 8 省 2019 年新收获小麦质量调查情况的报告显示，河南、山东、安徽和陕西 4 省小麦的整体质量为近年最好，而河北、江苏、湖北和山西 4 省的小麦整体质量为正常年景水平。

2020 年，全国主产区各类粮食企业累计收购小麦 5 484.6 万吨，较上一年度减少了 1 591.6 万吨，其中，最低收购价收购 615.1 万吨。实际上，该年度小麦产量 13 168 万吨，比 2019 年增产 62 万吨，但收购量却同比减少了千万吨。尽管 2020 年国内全力抗击新冠肺炎疫情，加上小麦主产区连续多次遭遇不利天气，但是各产区加强自身田间管理，不仅小麦产出量再次获得大丰收，小麦质量也达到近年的最优记录。根据 2020 年新收获小麦质量调查情况的报告的数据显示，9 个主产省份在该年度新收获的小麦容重平均值为 795 克/升，同比增长 2 克/升；三等以上小麦占比 96.2%，同比增长 0.2 个百分点；千粒重平均值 44.4 克，同比增长 1.3 克；不完善粒率平均值 3.0%，同比降低 0.9 个百分点；降落数值平均值 356 秒，同比增长 17 秒。但是，同样由于农户对新冠肺炎疫情存在顾虑，惜售心理严重，增加了自留粮的数量，导致小麦的商品率有所下降，因此虽然该年度小麦产量更高，但收购的实际进度较为缓慢，收购量甚至不及 2019 年。

截至 2021 年 9 月 30 日，我国夏粮旺季收购圆满结束，市场秩序良好。就小麦而言，全国产量达到 13 434 万吨，同比增长了 2.0%。主产区累计收购 5 791.0 万吨，较上一年度实现了 306.4 万吨的增长。2021 年小麦收购的市场形势主要表现为以下三个方面：第一，伴随着第三次修订后的《粮食流通管理条例》，粮食收购资格行政许可全面取消，2021 年的市场主体更加多样、更加活跃；第二，小麦的价格高企，因此托市收购未能启动；第三，小麦的饲用替代创历史最高纪录，这主要是由于玉米价格不断上涨，使得小麦用于饲料加工的优势增加。

综上所述，2018—2021 年全国小麦收购累计量虽然在部分年份有所波动，但整体呈现上升趋势，这与小麦实现连续增产有密切联系。但另一方面，由于受到生产成本、市场供求、国内外市场价格以及一些不可抗因素的多重影响，小麦的最低价收购量变动趋势则较为复杂。

表 8-2 显示了 2018—2021 年我国六大小麦主产区的收购数量。数据显示，

近年，河南的小麦收购数量始终处于全国第一位，由此可见，河南省小麦的产量和市场走势对全国的影响重大。

表 8-2　2018—2021 年我国小麦主产区收购数量

单位：万吨

年份	累计	河南	江苏	山东	安徽	河北	湖北
2021	5 791.0	1 473.7	1 051.2	1 007.5	693.6	659.8	133.5
2020	5 484.6	—	—	—	—	—	—
2019	7 076.2	2 027.3	1 243.8	1 130.1	1 069.9	739.7	161.7
2018	5 015.2	1 206.5	1 020.7	927.4	532.5	469.8	91.6

注：历年小麦旺季收购截至当年 9 月 30 日。

（二）收购价格

小麦的收购价格可能同时受到生产成本、产量、替代品价格、消费者收入水平和偏好、进出口情况、政府相关政策等多重因素的影响（卢峰和谢亚，2008；贾甫，2010；邓宏亮和黄太洋，2013）。一般而言，小麦生产成本越低，会促使农户产量越多，当需求处于相对平稳的状态时，供过于求就会导致当年价格下降，即产出量与价格呈负相关关系（贾甫，2010）。

表 8-3 显示了 2021 年 2—11 月全国小麦收购价格的变动情况。第一季度小麦收购价格呈现先上升后下降的趋势。具体来看，前期小麦收购价格较为稳定，平均价格为每吨 2 501 元。但到 3 月份之后，小麦收购价格明显上升，根据 3 月 8 日的市场监测，小麦收购价格在每吨 2 240～2 850 元，平均价格为每吨 2 534 元，并且达到该季度的波峰值，但在第一季度后期价格又有所下降。就第二季度而言，整体来看小麦收购价格基本稳定，仅有小幅度波动。但在 5 月开始出现下降趋势，5 月 10 日小麦收购价格跌破至每吨 2 500 元以下。到 5 月末之后小麦收购价格继续下降，根据 6 月 7 日的市场监测显示，小麦收购价格区间为每吨 2 260～2 850 元，平均价格仅为每吨 2 464 元，也处于整个年度的价格波谷值。到 6 月末小麦价格反弹上升趋势明显，6 月 28 日平均收购价格达到每吨 2 515 元。

从第三季度开始，小麦收购平均价格始终在每吨 2 500 元之上，并呈现平稳上升趋势。但是 7 月初，国内小麦主产区的购销热情较 6 月末而言有所降温，市场价格较新麦上市初期有所回落。至 7 月末，华北地区对二等及以上品质普麦的收购价格多在每吨 2 520~2 570 元，黄淮及江淮地区小麦收购价格多在每吨 2 500~2 540 元，相比 6 月下旬每吨收购价格下滑约 40~60 元。另外，优质小麦价格也随着普通小麦价格的走低而出现不同程度下跌，一类优质强筋小麦市场价格在每吨 2 760~2 800 元，二类强筋小麦价格在每吨 2 660~2 700 元，三类强筋小麦价格在每吨 2 580~2 600 元。行情走低的原因主要是饲用级小麦供应较为充裕，因此在一定程度上降低了饲养类企业高价收购的动力，并且同一时期的玉米价格下跌、政策性投放消息传到市场等利空因素也改变了小麦价格的市场预期。进入 8 月之后，小麦行情出现明显回升，根据 8 月 2 日的市场检测显示，小麦收购价格在每吨 2 000~2 900 元，平均价格达到每吨 2 520 元，环比增长了 0.60%。到 8 月末，小麦收购价格区间为每吨 2 000~2 891 元，平均价格达到每吨 2 542 元。另外，市场对标准品质小麦的主流收购价格集中在每吨 2 540~2 610 元，较上月同期每吨增加了 30~60 元。主要原因可能有以下几点：第一，由于当年 7 月下旬，河南省多地市遭遇极端天气，导致小麦因灾受损，并且物流运输不畅；第二，当年 8 月以来全国多地相继出现疫情反复现象，疫情防控升级的同时引发市民及相关机构加大对食品及生活物资的储备，制粉企业扩大生产并加大对原粮的采购力度，从而引致小麦价格的上升。进入 9 月后，小麦收购价格表现坚挺有增，该月表现具有一定特殊性。首先，多地收购虽然总量有限，但是依旧满足了市场预期；其次，前期由于疫情反复，防控力度较大，直至 8 月末才逐步恢复，导致市场消费有所延后；最后，中秋和国庆双假期的来临，使得企业备货积极性提升，从而提振了市场行情。到第四季度，由于天气转冷后面粉需求有所回升，在需求的支撑下，小麦收购价格持续走高，并且在 11 月初两次分别突破每吨 2 600 元和 2 700 元。

总体而言，2021 年全国夏收期间小麦价格高涨，托市收购政策由于不具备启动条件而未执行。主要原因可能有以下几点：第一，玉米价格较高，导致小麦需求量增长，从而支撑了小麦价格的上升走势，并且饲料养殖企业对小麦的需求量不减，采购动力依旧持续上涨；第二，由于《粮食流通管理条例》的再次修订，2021 年各类企业入市收购积极性极高，烘托了市场氛围；第三，农户及基层粮点均存在较强的惜售心态；第四，粮食主管部门执行更为严格，加大了对违规违法行为的处罚力度。这些综合因素推升了小麦的市场价格，导致托市收购政策无法启动。

表 8-3   **2021 年全国小麦收购价格的市场监测周报**

单位：元/吨、%

日期	价格区间	平均价格	环比
11 月 8 日	2 325~3 003	2 725	2.20
11 月 1 日	2 053~2 991	2 665	2.70
10 月 25 日	2 033~2 972	2 596	0.20
10 月 18 日	2 038~2 948	2 591	0.80
10 月 11 日	2 250~2 946	2 571	0.20
9 月 27 日	2 000~2 930	2 553	0.00
9 月 20 日	2 000~2 929	2 553	0.00
9 月 13 日	2 000~2 914	2 552	0.10
9 月 6 日	2 000~2 903	2 548	0.30
8 月 30 日	2 000~2 891	2 542	0.20
8 月 23 日	2 000~2 868	2 537	0.10
8 月 16 日	2 000~2 900	2 533	0.30
8 月 9 日	2 000~2 900	2 526	0.30
8 月 2 日	2 000~2 900	2 520	0.60
7 月 26 日	2 000~2 900	2 506	−0.20
7 月 19 日	2 000~2 900	2 511	0.10
7 月 12 日	2 000~2 900	2 509	0.00
7 月 5 日	2 020~2 900	2 510	−0.20
6 月 28 日	2 040~2 900	2 515	0.00
6 月 21 日	2 100~2 900	2 507	0.80
6 月 14 日	2 160~2 850	2 487	0.90
6 月 7 日	2 260~2 850	2 464	−1.30
5 月 31 日	2 200~2 860	2 497	−0.50
5 月 24 日	2 240~2 850	2 508	0.60
5 月 17 日	2 230~2 820	2 493	0.00
5 月 10 日	2 240~2 800	2 493	−0.10
4 月 26 日	2 240~2 770	2 502	0.10
4 月 19 日	2 240~2 770	2 499	−0.10

（续）

日期	价格区间	平均价格	环比
4 月 12 日	2 240～2 840	2 502	−0.20
4 月 5 日	2 240～2 850	2 507	−0.20
3 月 29 日	2 240～2 940	2 511	−0.30
3 月 22 日	2 240～2 850	2 519	−0.60
3 月 15 日	2 240～2 840	2 533	0.00
3 月 8 日	2 240～2 850	2 534	1.30
3 月 1 日	2 240～2 820	2 503	0.10
2 月 22 日	2 240～2 820	2 501	−0.30
2 月 1 日	2 240～2 820	2 501	−0.10

　　表 8-4 是 2021 年 6—10 月全国主产区小麦的平均收购价格，其中涉及我国 11 个小麦主产区，具体包括华北地区（河北、山西）、华东地区（安徽、江苏、山东）、华中地区（湖北、河南）、西南地区（四川）、西北地区（陕西、甘肃、新疆）。整体来看，不同地区的小麦收购价格也存在明显差异。从表 8-4 中可以看出，河南、江苏、安徽等小麦主产大省的平均收购价格略低，而同样作为主产大省的山东、河北的小麦收购价格则明显高于其他主产区。另外，处于西南地区的四川，其小麦收购价格明显高于其他地区，2021 年 6 月至 9 月末，价格均达到每吨 2 700 元之上。处于西北地区的陕西和甘肃的收购价格明显高于新疆。

　　主要原因可能有以下几点：第一，由于气候环境差异，小麦的品质有所不同。比如，对比湖北省和河北省的小麦，湖北省小麦收割时间相对更早，但收购价格却不及河北。大多时候，同样的小麦品种，由于气候环境的差异引起的小麦品质差异，会直接体现在收购价格上。另外，气候环境差异还会对小麦的产量、发病率有直接影响，从而改变区域内小麦的供求关系，进而影响小麦价格。第二，产业布局、消费群体等存在差异。不同地区小麦的产业布局存在差异，如河南省小麦总产量明显高于湖北省和安徽省，并且普通小麦和优质小麦的播种面积和收获产量等方面也存在较大差异。一方面是由于小麦需求不同，河南省常住人口远高于湖北省和安徽省，当人均食用需求不同时，也会影响小麦的价格。另一方面，小麦相关加工企业数量也存在差异，有的地区小麦加工企业较多，那么当地小麦价格可能就会相对坚挺。第三，各地区粮食成本和运输成本也存在较大差异，农民的售粮心理和售粮行为也不同。总之，小麦收购价格不仅仅与产量相关，还受到地区经济发展水平、地区气候环境、粮食消费结构、粮食生产用途等多种因素的影响。

表 8 - 4　2021 年 6—9 日全国主产区小麦平均收购价格

单位：元/吨

日期	河南	河北	山西	安徽	江苏	山东	湖北	四川	陕西	甘肃	新疆
6 月 14 日	2 471	2 537	2 450	2 418	2 462	2 539	2 518	2 738	2 533	2 560	2 424
6 月 21 日	2 490	2 552	2 470	2 440	2 500	2 568	2 537	2 747	2 553	2 561	2 424
6 月 28 日	2 513	2 556	2 490	2 445	2 499	2 545	2 541	2 743	2 568	2 565	2 416
平均	2 491	2 548	2 470	2 434	2 487	2 551	2 532	2 743	2 551	2 562	2 421
7 月 5 日	2 519	2 563	2 490	2 443	2 498	2 543	2 549	2 742	2 585	2 570	2 416
7 月 12 日	2 521	2 562	2 493	2 441	2 494	2 541	2 548	2 740	2 588	2 589	2 428
7 月 19 日	2 520	2 562	2 497	2 440	2 494	2 541	2 543	2 746	2 601	2 590	2 446
7 月 26 日	2 514	2 553	2 500	2 437	2 487	2 534	2 528	2 750	2 595	2 597	2 458
平均	2 519	2 560	2 495	2 440	2 493	2 540	2 542	2 745	2 592	2 587	2 437
8 月 2 日	2 513	2 553	2 557	2 435	2 491	2 535	2 535	2 743	2 597	2 596	2 492
8 月 9 日	2 519	2 559	2 573	2 441	2 488	2 552	2 535	2 739	2 598	2 565	2 500
8 月 16 日	2 528	2 568	2 573	2 450	2 497	2 558	2 539	2 735	2 600	2 567	2 496
8 月 23 日	2 536	2 567	2 588	2 457	2 496	2 557	2 531	2 725	2 613	2 569	2 493
8 月 30 日	2 546	2 567	2 609	2 462	2 501	2 561	2 531	2 720	2 619	2 575	2 492
平均	2 528	2 563	2 580	2 449	2 495	2 553	2 534	2 732	2 605	2 574	2 495
9 月 6 日	2 551	2 565	2 619	2 466	2 505	2 565	2 537	2 722	2 620	2 548	2 491
9 月 13 日	2 559	2 569	2 629	2 471	2 512	2 565	2 554	2 729	2 628	2 554	2 482
9 月 20 日	2 557	2 571	2 643	2 471	2 515	2 564	2 543	2 734	2 631	2 560	2 482
9 月 27 日	2 559	2 572	2 644	2 474	2 510	2 566	2 544	2 737	2 631	2 561	2 466
平均	2 557	2 569	2 634	2 471	2 511	2 565	2 545	2 731	2 628	2 556	2 480

二、河南省小麦收购数量与价格状况

（一）收购数量

表 8-5 显示了 2018—2021 年河南省小麦的收购数量。2018 年，小麦最低收

购价尚未启动，截至 2018 年 9 月 25 日，全省累计按市场价收购小麦 93.71 亿千克，其中，优质小麦约 8.86 亿千克。2019 年，是小麦的丰收大年，小麦产量、质量均为近 10 年之最。河南省小麦最低收购价政策执行到 2019 年 9 月 30 日结束。截至 2019 年 9 月 30 日，全省累计收购小麦 189.31 亿千克。其中，最低收购价收购小麦 90.05 亿千克，按市场价收购小麦 99.26 亿千克。2020 年，河南省小麦产量较上年虽有减产，新麦品质也略有下降，但总体可以达到一般年景的平均水平，并且优质小麦稳中有增。小麦最低收购价政策执行到 2020 年 9 月 30 日结束，全省累计收购小麦 120.42 亿千克。其中，最低收购价收购 2.43 亿千克，按市场价收购 117.99 亿千克。2021 年，河南省本年度夏粮小麦收购在 2021 年 9 月 30 日圆满结束，河南省小麦呈现产量增、价格高、购销旺的态势，加上收到外部因素的影响，小麦价格始终高位运行，并未启动小麦最低收购价收购政策。具体来看，全省按市场价累计收购小麦 127.04 亿千克。

表 8-5　2018—2021 年河南省小麦收购数量

单位：亿千克

年份	累计	市场价收购	最低收购价
2021	127.04	127.04	—
2020	120.42	117.99	2.43
2019	189.31	99.26	90.05
2018	93.71	93.71	—

注：2018 年截至 9 月 25 日，其余年份截至 9 月 30 日。

（二）收购价格

河南省的小麦价格在全国粮食价格体系中占有重要地位。表 8-6 是 2021 年 1—11 月河南省及部分地级市小麦市场均价的变动情况。从表 8-6 中可以看出，整体而言，2021 年河南省小麦市场价格整体呈现波动上升趋势，到 11 月底之后市场均价已经达到每吨 2 700 元以上。首先，第一季度，小麦价格稳定上升，但在第二季度，小麦价格稍有回落，3 月平均价格为每吨 2 522 元，4 月降至每吨 2 505元，5 月小麦价格进一步下降每吨仅 2 495 元，到 6 月小麦月平均价格降至每吨 2 485 元，这种现象直到 7 月才有所缓解。这是由于当时收割期结束，市场粮源增加，小麦的供应基本可以满足市场要求，因此小麦价格暂时没有上涨。7 月中下旬至 8 月，由于河南省普降暴雨，很多农户和基层粮点多为露天或简易仓存放，储存条件较差，因此库存小麦发生泡水，市场预期高品质小麦相对不足，拉高了小麦的价格重心。另一方面，新冠肺炎疫情反复，面粉采购、面粉生产需求旺盛，推动麦价上涨。8 月份新麦后熟期结束，小麦阶段性采购需求增加，麦价进一步进入上行通道。另外，分地区来看，不同地级市小麦的市场均价之间存在明显的差异性，并且其时间变动趋势也不尽相同。

表 8-6　2021 年 1—12 月河南省及部分地级市小麦市场均价

单位：元/吨

日期	河南	郑州	漯河	安阳	商丘	周口	南阳	信阳	洛阳
1 月 4 日	2 440	2 450	2 470	2 460	2 470	2 460	2 390	2 470	—
1 月 11 日	2 460	2 440	2 480	2 580	2 490	2 470	2 430	2 480	2 490
1 月 18 日	2 530	2 440	2 530	2 600	2 520	2 520	2 540	2 480	2 660
1 月 25 日	2 540	2 480	2 590	2 580	2 520	2 530	2 570	2 480	2 640
平均	2 493	2 453	2 518	2 555	2 500	2 495	2 483	2 478	2 597
2 月 1 日	2 530	2 440	2 580	2 580	2 520	2 530	2 530	2 480	2 640
2 月 8 日	2 530	2 440	2 540	2 580	2 510	2 530	2 530	2 480	2 630
2 月 22 日	2 530	2 440	2 520	2 520	2 520	2 520	2 480	2 500	2 600
平均	2 530	2 440	2 547	2 560	2 517	2 527	2 513	2 487	2 62 3
3 月 1 日	2 530	2 420	2 520	2 540	2 520	2 510	2 490	2 500	2 570
3 月 8 日	2 520	2 560	2 510	2 560	2 500	2 520	2 480	2 500	2 600
3 月 15 日	2 530	2 560	2 530	2 560	2 500	2 510	2 500	2 500	2 590
3 月 22 日	2 520	2 560	2 520	2 560	2 520	2 510	2 500	2 500	2 590
3 月 29 日	2 510	2 550	2 560	2 560	2 520	2 500	2 440	2 480	2 560
平均	2 522	2 530	2 528	2 556	2 512	2 510	2 482	2 496	2 582
4 月 6 日	2 510	2 490	2 560	2 530	2 520	2 490	2 420	2 490	2 550
4 月 12 日	2 510	2 500	2 510	2 530	2 520	2 490	2 400	2 490	2 540
4 月 19 日	2 500	2 540	2 520	2 520	2 520	2 490	2 400	2 500	2 540
4 月 26 日	2 500	2 550	2 520	2 520	2 520	2 490	2 400	2 490	2 530
平均	2 505	2 520	2 528	2 525	2 520	2 490	2 405	2 493	2 540
5 月 10 日	2 490	2 550	2 520	2 520	2 510	2 470	2 400	2 500	2 530
5 月 17 日	2 490	2 550	2 520	2 520	2 500	2 460	2 390	2 500	2 520
5 月 24 日	2 500	2 580	2 530	2 520	2 510	2 500	2 380	2 500	2 510
5 月 31 日	2 500	2 600	2 530	2 580	2 510	2 500	2 370	2 530	2 490
平均	2 495	2 570	2 525	2 535	2 508	2 483	2 385	2 508	2 513

（续）

日期	河南	郑州	漯河	安阳	商丘	周口	南阳	信阳	洛阳
6月7日	2 450	2 600	2 490	2 460	2 370	2 460	2 360	2 530	2 500
6月15日	2 480	2 550	2 520	2 520	2 450	2 470	2 400	2 500	2 530
6月21日	2 500	2 550	2 530	2 500	2 480	2 510	2 430	2 490	2 530
6月28日	2 510	2 590	2 530	2 540	2 500	2 510	2 470	2 500	2 540
平均	2 485	2 573	2 518	2 505	2 450	2 488	2 415	2 505	2 52 5
7月5日	2 510	2 580	2 550	2 540	2 510	2 500	2 480	2 500	2 540
7月12日	2 510	2 560	2 550	2 540	2 510	2 490	2 490	2 500	2 540
7月19日	2 510	2 560	2 560	2 540	2 520	2 500	2 480	2 500	2 540
7月26日	2 510	2 560	2 560	2 540	2 520	2 510	2 480	2 500	2 540
平均	2 510	2 565	2 555	2 540	2 515	2 500	2 483	2 500	2 540
8月2日	2 510	2 630	2 560	2 540	2 520	2 510	2 480	2 460	2 540
8月9日	2 530	2 630	2 570	2 560	2 520	2 520	2 490	2 460	2 540
8月16日	2 530	2 630	2 590	2 560	2 520	2 520	2 490	2 460	2 560
8月23日	2 530	2 630	2 600	2 560	2 520	2 520	2 490	2 440	2 570
8月30日	2 540	2 650	2 600	2 560	2 520	2 530	2 500	2 440	2 610
平均	2 528	2 634	2 584	2 556	2 520	2 520	2 490	2 452	2 564
9月6日	2 550	2 640	2 600	2 560	2 540	2 560	2 560	2 440	2 600
9月13日	2 550	2 640	2 600	2 560	2 540	2 560	2 560	2 440	2 600
9月22日	2 560	2 650	2 610	2 540	2 570	2 560	2 560	2 530	2 620
9月27日	2 560	2 660	2 610	2 560	2 530	2 570	2 560	2 530	2 620
平均	2 555	2 648	2 605	2 555	2 545	2 563	2 560	2 485	2 610
10月11日	2 540	2 620	2 560	2 510	2 550	2 570	2 450	2 420	2 600
10月18日	2 560	2 660	2 580	2 520	2 590	2 580	2 460	2 440	2 600
10月25日	2 560	2 660	2 590	2 530	2 600	2 590	2 460	2 460	2 600
平均	2 553	2 647	2 577	2 520	2 580	2 580	2 457	2 440	2 600
11月8日	2 640	2 740	2 630	2 680	2 730	2 610	2 510	2 700	2 720
11月15日	2 680	2 760	2 670	2 710	2 740	2 680	2 560	2 720	2 660
11月29日	2 710	2 760	2 680	2 720	2 770	2 700	2 600	2 760	2 700
平均	2 677	2 753	2 660	2 703	2 747	2 663	2 557	2 72 7	2 693

（续）

日期	河南	郑州	漯河	安阳	商丘	周口	南阳	信阳	洛阳
12月6日	2 720	2 710	2 710	2 650	2 640	2 730	2 660	2 510	2 700
12月13日	2 740	2 780	2 730	2 730	2 790	2 740	2 630	2 760	2 700
12月20日	2 740	2 800	2 740	2 730	2 790	2 760	2 630	2 800	2 690
12月27日	2 750	2 820	2 750	2 740	2 790	2 760	2 640	2 800	2 700
平均	2 738	2 778	2 733	2 713	2 753	2 748	2 640	2 718	2 698

数据来源：河南省粮食和物资储备局。

三、河南省小麦收购市场的三大特点

目前，河南省小麦收购市场凸显出以下三个特点。

第一，收购市场愈发活跃，呈现出"主体多、资金多、空仓多"等特点，开始逐渐由买方市场向卖方市场转变。"主体多"是指小麦收购主体增加，由于随着国家对粮食收储制度不断深化和改革，尤其是2021年2月新修订的《粮食流通管理条例》，取消了粮食收购资格许可证的办理，减少行政流程。这一顺应粮食购销形势的新变化，积极地鼓励和引导各类市场主体参与市场化收购，进一步促使粮食市场收购主体更加多元化，市场更加活跃。具体发现，2021年除了传统小麦产业链上的储备企业、贸易企业、面粉加工企业入市收购的积极性高涨外，饲料和养殖企业也开始逐渐加入小麦收购队伍中，甚至还出现了金控、电商、房地产、能化等多种类型企业的身影；"资金多"主要是指目前市场上出现普遍找钱、找库、找粮源，出现"内行外行都入行"的现象。总而言之，2021年，小麦收购市场的资金明显增多，并且资金来源呈现多渠道。除自有资金、民间借贷、银行融资等传统渠道外，2021年的社会资本明显增多，一些外地企业也带资金赶赴小麦产区进行收购，甚至还有部分游资。另外，与玉米相比，小麦具有明显价格优势，因此一部分社会资金从玉米市场转战到小麦市场；"空仓多"是由于随着政策性小麦拍卖成交出库，主产区内部企业的空仓较多。

第二，收购市场后期监管力度明显增强。粮食流通监管政策的调整，对收购程序进行简化，进一步激发多元主体的收购行为，这就对市场监管提出了更高的要求。因此，河南省多地先后下发关于加强粮食流通市场管理的通知，市场监管部门要认真排查问题隐患，从严从重查处扰乱粮食市场秩序的违法行

为，严厉打击在粮食购销领域中的价格违法、价格垄断、计量违法等违反市场监管法律法规的行为，切实维护良好的粮食收购和流通秩序。

第三，小麦的价格上涨，呈现出"一路高歌"现象。在中储粮的带动下，各粮食加工企业的新小麦收购价普遍高于最低收购价。受此因素的影响，出现了农户惜售、贸易商囤粮的现象，并且加上多元市场主体的抢购，使得新麦的价格一路高开高走，收购市场也更加活跃，出现了自 2011 年以来首次夏季没有启动小麦托市收购预案。

第九章
小麦储备概况

作为粮食市场的重要蓄水池，我国的粮食储备是中央政府为了保证粮食消费需求、调节粮食供求平衡、稳定粮食市场价格、应对重大自然灾害或其他突发事件，进而起到保障粮食供给数量充足和质量安全而建立的一项物资储备制度。其主要目标主要是保护农户、保证消费、稳定市场以及粮食安全。作为世界人口大国，我国目前总人口大约占据世界总人口的18%[①]，但耕地面积却还未达到世界的10%。虽然随着科学技术的发展，我国粮食的产量一直在提高，根据《中国农业产业发展报告2020》显示，2019年三大主粮（水稻、小麦、玉米）的自给率均达到了98%以上，人均粮食占有量更是超过470千克，远高于人均400千克的国际粮食安全的标准线。但同时也要注意到，近年进口的粮食数量年均达到了1亿吨以上，另外，进口大部分均为可用作优质饲料原料的大豆，同时也反映了我国在粮食生产结构方面存在一定的问题。因此，如果没有储备粮，我国粮食供给的抗风险能力将很弱，稍微有点波动可能就会造成大面积的恐慌。例如2020年初，新冠肺炎疫情的暴发导致部分地区出现了大面积储备粮食物资的情况，正是由于我国粮库里的储备物资充足，并且能够源源不断地运往全国各地，才能解除社会恐慌，维持社会安全稳定。总之，粮食储备是粮食从生产到消费之间必不可缺的重要环节，也是粮食安全问题的关键。

古代粮食储备主要有官储和民储两种形式，其中官储主要采用常平仓、惠民仓等，民储一般使用义仓、预备仓等进行储备。近代时期（旧民主主义革命时期）的粮食储备类型在此基础上增加了官民共储的形式，对应的粮库则成为官仓、民仓和官民共办仓。到20世纪90年代统购统销制度取消后，我国专项

---

① 根据国家统计局2021年5月11日发布的《第七次全国人口普查数据》，我国总人口141 178万，占全球总人口的18%，是世界上第一人口大国。

粮食储备制度建立，国内的粮食储备格局逐渐形成。按照储备目的划分，当前粮食储备主要由战略储备、后备储备（或称为专项储备）和周转储备三部分构成[①]，呈现出计划储备与市场储备、中央储备和地方储备的"双规运行"的特点。按照储备主体划分，逐渐变成政府储备和私人储备并存的态势。

作为粮食大省，河南省不仅粮食产量高，粮仓"肚量"也很大。总体来说，河南省粮食产量连年稳产丰产，粮食产量远大于本省日常消费量，人均占有粮食水平不仅高于全国平均水平，也远高于国际粮食安全标准线。下面，从储备主体和储备技术与设施两个方面对近年河南省小麦的储备情况进行分析。

一、小麦储备主体分类

目前，我国社会粮食储备主体主要是中央政府储备、地方政府储备、私营企业储备和农户储备。其中，前两者是政府公共储备，主要负责战略储备和后备储备，后两者是私人部门储备，主要为了粮食的周转。四个储备主体之间相互联系、相辅相成。

（一）政府储备

政府进行储备的目的主要是通过调控粮食市场来实现其政策目标。一般情况下，政府可以通过储备开展公开市场操作，极端情况下甚至可以动用政府强制力来稳定市场。一方面，政府储备通常由国家直接控制，粮食的使用和调动往往会层层把关，市场反应敏感度相对较低，因此，其保护农户、稳定市场和粮食安全的实现程度较高。另一方面，政府储备具有较强的稳定性，整体上调动的灵活性比较低，不会轻易、大规模地抛售粮食，因此能够满足一些突发、应急类事件的需要。但是，我国政府储备与粮食的价格调控政策紧密相关，储备水平直接与托市价格挂钩，对市场扭曲影响会比较大。另外，政府储备的形成依赖于财政税收，也就是政府储备的规模越大，其社会成本越高，因此，政府储备必须达到一定的规模才能够起到调节市场的作用。

现阶段我国政府储备包括中央政府和地方政府两部分，从储备主体来看，中央政府储备主要由中国储备粮管理集团有限公司（简称中储粮）负责，并对中央储备粮实行垂直管理、政企分开、企业运作。中储粮加强仓储管理，建立健全储备粮轮换机制，账实相符率连续多年保持 100%，宜存率达到 95% 以

---

① 资料来源：中储粮大学微课堂（中华粮网整理）。

上，并且作为最低收购价和国家临时收储政策执行主体，较好地完成了一系列的政策性粮油收储、抛售和调运任务，有效发挥了调控主力军的作用。地方在中央的宏观调控下，按照粮食安全省长责任制，逐步建立了省、市、县多层次的储备管理制度，主要由地方国有控股或国有独资粮食企业负责管理，如国家粮食储备库等。这些主体能够对政策性粮食进行储备、经营和调动，从而在必要时对粮食市场进行调控（图9-1）。

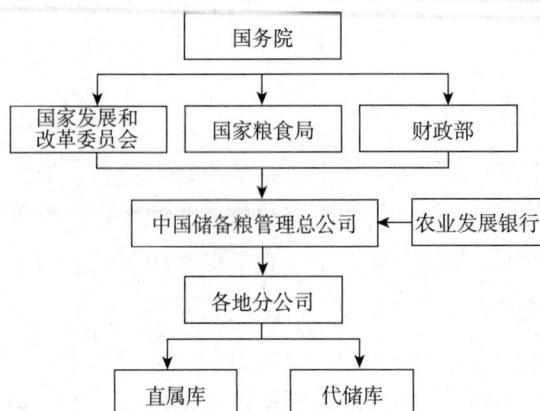

图9-1 粮食储备垂直管理体系

　　根据中国客户网在工商登记资料的基础上，本书整理并收录了截至2018年初所有注册运营的粮食企业信息，河南省粮库名录共计1 055家。其中，国有企业主要包括中储粮河南分公司各地直属库以及河南省其他粮食储备库。中储粮河南分公司是中储粮总公司的分支机构之一，负责管理河南省内的直属库及其各分库、承储库以及超过百亿斤的中央储备粮，是河南省最主要的储粮主体。表9-1列出了河南省部分直属库以及其成立时间。

表9-1　河南省部分直属库及成立时间

名称	成立时间	名称	成立时间
郑州直属库	2002年9月	三门峡直属库	1999年4月
开封直属库	1994年3月	南阳直属库	2000年11月
洛阳直属库	2010年11月	商丘直属库	1998年4月
平顶山直属库	1994年11月	信阳直属库	2009年6月
焦作直属库	2001年8月	周口直属库	1989年4月

（续）

名称	成立时间	名称	成立时间
鹤壁直属库	2000 年 10 月	驻马店直属库	2005 年 12 月
新乡直属库	1997 年 11 月	新港直属库	2012 年 6 月
安阳直属库	2001 年 8 月	潢川直属库	1998 年 7 月
濮阳直属库	2003 年 1 月	沈丘直属库	1997 年 9 月
许昌直属库	1994 年 6 月	邓州直属库	2001 年 8 月
漯河直属库	1990 年 5 月	宁陵直属库	1998 年 10 月

注：成立时间来源于天眼查。

以中储粮河南分公司新港直属库为例，新港直属库成立于 2012 年，有效仓容达到 36 万吨，是中储粮公司向社会公众开放的五大粮库之一。科技储量和智能化管理系统是新港直属库的主要特色。粮库中具有涉及各个方向的高清摄像头和数百个温度传感器，能够实时监控粮库中的情况和温度，粮库还具有智能化的在线数据监测和多途径预警系统，从而能够管控到粮仓内粮情的 24 小时即时变化。据统计，目前新港直属库的中央储备粮科技储粮覆盖率、粮食宜存率都达到 100%，综合损耗率全面控制在 1% 以内。另外，新港直属库还具有粮食集中清理中心，属于中储粮依托国家"十三五"环保入仓重点科研项目之一。由于机械化的收麦往往会导致麦子中掺杂大量的灰尘和杂质，从而引起一系列安全和质量问题，而新港直属库清理中心的建设，不仅能够直接在全密闭卸粮和清理流程中来解决卸粮清理环节的扬尘问题，还能够解决由于灰尘和杂质引起的储粮安全问题。

另外，河南省粮食储备库也是政府储备的重要主体。例如，河南郑州兴隆国家粮食储备库，作为河南省仓储智能化建设首家试点单位，其平房仓已经基本实现现代化，粮仓保管员可以通过电子设备来管理多个粮仓，通过这种智能化仓储手段，使得其粮食损耗率 4 年只有 0.5%。一般而言，普通农户存储粮食一年的损耗率高达 18%，可见智能化管理极大地实现了粮食减损。此外，还有河南新郑国家粮食储备库、河南德盛国家粮食储备管理有限公司、河南新蔡国家粮食储备库等。

（二）农户储备

农户的粮食储备是指在粮食年度末，即新粮未收获前农户手中实际拥有的，包括口粮、种子、饲料用粮和可售余粮等在内的各种原粮的总和。农户的储粮行为对国家粮食安全具有重大的意义。一方面，农民是粮食的消费者，农民的口粮安全在很大程度上就意味着国家的粮食安全；另一方面，农民是粮食的储备者，农民自古就有储粮备荒的传统。农户粮食储备具有成本较低、离市场较近、在紧急情况下能快速释放等特点，能够有效弥补国库库容小、储备能力不足、资金占用量过大、账实不符、陈粮不能及时轮换等缺陷。

在我国传统的小农体制下，广大农民的粮食生产和消费具有不可分性，农民一直沿袭通过家庭储备粮食来保证粮食安全的传统。农户粮食储备的基本动机是出于自身粮食安全的考虑，由于我国农村社会保障体系不健全以及农业生产中气候条件不稳定，农户利用储备粮食这一手段来保证自身的粮食安全。农户储备粮食的具体作用主要体现在：一是满足家庭成员基本需要，农户维持自身与全体家庭成员的口粮需要主要依赖自身储备，而非市场；二是确保家庭粮食安全需要，粮食对于农户来说是不可替代的非常重要的特殊商品，农户需要维持一定粮食储备水平以保证家庭粮食安全；三是满足生产型消费储粮需要，农户有兼业经营的传统，饲养家禽牲畜的饲料一般是靠家庭储备，这些粮食需要形成农户的生产型消费储粮需要；四是其他需要，农户一般还会额外地储藏一定数量的粮食用作其他之需，如变现、社交等。

研究发现，农户储备一方面能够满足自身消费需求，也就是具有后备保障作用，另一方面又有周转套利的作用，导致农户在其粮食经营行为上的复杂性（郑风田和普蕣喆，2016）。过去，我国主要将大部分人力、物力和财力用于政策性的粮食储备上，对农户粮食储备问题的关注度不足，从而导致我国农户储备呈现储粮损失较大、储粮结构不平衡、储粮区域分布差异化等现象。事实上，农户储备已经成为我国社会储备中的重要组成部分。但是农户储备一般呈现出储备数量不确定、储备设施较落后、储备损失较严重、储备区域分布差异明显以及储备质量保障效果欠佳等特点。此外，影响农户储备情况的因素复杂多样，如粮食的产量、市场价格及走势预期、农户的收入情况、周围农户储备数量、国家政策导向、突发事件等，都会对农户储备产生不同的影响。关于农户储备的影响因素主要有以下几个方面。

（1）粮食产量。粮食产量是农户粮食储备行为的前提和基础，一般认为粮食产量越高，农户销售和储的粮食数量都会相应增加，但是，这种相关关系是非线性的，即随着粮食产量的增加，储备数量增加的比例可能会下降。

（2）粮食的市场价格。包括现时市场粮食价格及对未来粮价的预期。价格可能是农民粮食储备行为最直接也是最重要的影响因素。但是，农户对市场供求信号的反应也具有盲目性，比如在供给趋紧、粮价上涨时，农户也可能增加存粮，即存在卖跌不卖涨的情况。

（3）农户家庭收入水平。收入对农民粮食储备行为有着不同方向的影响。一方面，一些农户尤其是部分低收入农户，在收入增长时其家庭粮食储备规模会相应增加，因为其不必在家庭开支压迫下出售粮食；另一方面，对于另外一些高收入农户来说，收入提高后会降低其粮食储备，因为其从市场上购买粮食的能力和信心会得到加强。

（4）气候和耕作制度。南方气候潮湿，稻谷保存期也远短于小麦，这些原因会造成南方水稻产区粮食储备成本高于小麦产区；南方每年收获两季，收获季节之间间隔短，农户保证家庭粮食安全需要的储备量要少于北方。因此，不同地区农户粮食储备行为之间的差异会比较明显。

（5）其他因素。调查显示，20世纪80年代以前，农户粮食储备较多，一般能够占同年粮食产量的60%左右（杨羽宇，2014）。随着农民收入多样化和膳食结构的变化，农户储备设施比较落后，储备损耗大，并且青壮年外出打工的比较多，再加上社会、经济局面稳定，农户的存粮意愿较弱。另外，粮食流通体制改革的不断深化使得国有粮食企业改革、民营粮食企业快速发展以及外资企业的扩大，使得粮食加工用粮的需求不断增长。综合以上原因，农户储备量逐年下降，甚至出现部分农户不再存粮的现象。但是，随着一些突发事件的出现，也将会对农户的储粮行为产生一定的影响。如自2020年初新冠肺炎疫情暴发后，大部分农户意识到粮食安全的重要性，风险意识也逐渐提升，储粮意愿明显增强。根据2020年国家粮食和物资储备局开展的针对农户存粮情况的专项调查结果显示，主产区的农户存粮数量较往年有所增加。此外，在如今市场化收购的大趋势下，农民的市场意识提高，售粮习惯由以前的集中出售逐步向全年均衡出售转变，售粮期也相应拉长，特别是2021年市场行情较好，农民更不急于售粮。现在农民把粮食储存起来，根据市场行情选择卖粮时机，实现种粮收益最大化。

（三）民营企业储备

新时代下，国有粮食仓储企业是我国粮食储备的主力军，是确保国家粮食安全的支柱，而民营企业储备也已经成为不可忽视的力量。截至2012年底，我国各类粮食企业收购粮食6 275亿斤，其中国有及控股粮食企业收购粮

2 628亿斤，占比41.9%；非国有粮食企业收购3 647亿斤，占比58.1%。

广义而言，民营粮食企业是除了国有独资以外的所有企业。在我国从统购统销走向市场调节的过程中，国家直接建立了中央储备粮库体系，地方政府以国有独资、国有控股等形式建立地方储备粮库体系，而其他的国有企业则通过股份制改造、国有民营等形式，逐步改革成为民营、股份制等多种所有制为主体的粮食企业。因此，民营粮食企业储备一般以周转储备为主，其主要目的是获取商业盈利，经营重点在于通过粮食储备来建设粮食深加工和粮食产业化。另外，从国内外经验上来看，企业储备的动机除了满足粮食加工需要之外，还源于市场投机活动，也就是利用粮食市场的自身波动，通过提前储备从中赚取利润。尤其在国内外市场联系较为紧密的情况下，企业粮食经营还将受到国际粮食价格的影响，企业为了获取海外利益放弃国内市场的可能性比较大，不利于国内粮食市场的稳定。但也正由于企业追求利润最大化，对市场信息比较敏感，调整的灵活性比较大，对市场规律的干扰较小，社会成本也比较低。

表9-2列示了河南省部分小麦储存企业。自我国实行粮食托市收购政策以来，衍生出一大批民营粮食储存企业，它们自行出资投资土地和库房的建设，并且与国家粮库合作，通过粮食代收代储或直接出租仓库的方式来参与国家的粮食托市收购，从中获取收益，在一定程度上解决了农民手中的库存余粮问题。就河南省而言，大部分粮食储存企业均为小微型企业。另外，新修订的《粮食流通管理条例》开始施行后，郑州市粮食和物资储备局认真落实粮食收购备案制度，切实加强宣传引导，通过电话点对点等形式告知企业政策变化，同时对全市已获得粮食收购许可的企业及时进行备案。截至2021年7月，全市各类粮食收储企业通过信函、传真、电子邮件、网上提报等方式备案达52家。

表9-2 河南省部分小麦储存企业

名称	类型	所属地级市
驻马店市大程东方粮食储备有限公司	小微企业	驻马店
长葛市鑫通粮食储备有限公司	小微企业	许昌
新野县恒杰农牧有限责任公司	小微企业	南阳
汤阴粮源贸易有限公司	小微企业	安阳
河南天宇实业有限公司	小微企业	驻马店
河南省大程粮油集团股份有限公司	企业集团	驻马店

（续）

名称	类型	所属地级市
河南美宜家食品有限公司	省级龙头企业、小微企业	漯河
新乡市润丰麦业有限公司	小微企业	封丘
南乐县红增利粮油购销有限公司	—	开封
河南金苑粮油有限公司	企业集团、小微企业	郑州
河南友利粮业股份有限公司	小微企业	潢川
息县鑫丰粮业有限公司	—	信阳
沁阳市沁南粮食购销有限责任公司	—	焦作
固始金源粮油购销有限公司	小微企业	信阳
柘城县展宏食品有限公司	小微企业	商丘
开封市金亿盛粮油购销有限公司	—	开封
虞城县福领农产品购销有限公司	—	商丘
郑州瑞阳粮食有限公司	小微企业、企业族群	郑州
尉氏开粮面业有限公司	小微企业	开封
河南省宋田香粮油有限公司	小微企业	汝州
浚县忠虎粮食收储行	小微企业	鹤壁
沈丘县力华粮贸有限公司	小微企业	周口

注：表内为天眼查、企查查中的部分存续企业。

综上分析发现，任何一类储备主体规模过大或过小都会给市场带来潜在风险和问题。目前，国内由于政府储备规模过大带来了一系列问题。为了维持市场的灵活性，充分发挥市场的自我调节作用，减轻政府财政负担，将政府储备维持在一定范围内很有必要，这也是发达国家的普遍经验，但政府储备、私人储备中农户储备和企业储备的比重还需要根据我国具体的实际情况加以调整。国内粮食市场的现实挑战和国外发展经验表明，需要合理分配不同主体的储备规模，使之互动平衡，才能保证市场良性发展和政策的可持续性。我国粮食市场有自己的特点。国内粮食需求不断增加，供给长期偏紧，粮食安全的目标不能放松。大量分散小农户在口粮供给与收入保障上对粮食种植有较大依赖，市场风险不断增加，粮食储备和市场调控仍然要把保护农户收益作为重中之重。不同储备主体因为追求的目标不同，储备行为存在差异，对粮食市场的影响也各有利弊。对粮食储备结构进行优化，就是要实现各类型储备之间优势互补、良性互动。

二、小麦储备设施、方法与技术

（一）储备设施

粮仓是最重要的粮食仓储设施。目前我国使用最广泛、最主流的粮食仓型包括高大平房仓、浅园仓和立筒仓，粮库单体仓容达到 5 000 吨甚至 30 000 吨以上。另外，粮食仓储现代化水平也得到明显提升，粮食储备能力显著增强。根据《中国的粮食安全》白皮书显示，2018 年，全国共有标准粮食仓房仓容 6.7 亿吨，简易仓容 2.4 亿吨，有效仓容总量比 1996 年增长了 30％以上。另外，现代化新粮仓在逐步替代老粮库，仓容规模增加，设施功能完善，安全储粮能力增强，总体达到了世界较先进水平。此外，为了提升私人储粮的效率，国家还为农户配置标准化储粮装具，目前，全国已推广建设约 1 000 万套储粮新装具，使用储粮装具的农户储粮损失率由 8％降至 2％以下。

根据河南省粮食和物资储备局公布数据显示，截至 2021 年底，全省粮食标准仓房仓容量已达 9 510 万吨，居全国第一位。为了确保河南省粮食库存的数量真实、质量良好以及储存安全，近 5 年，全省共投入资金 87.29 亿元，主要用于推进高标准粮仓、绿色仓储设施和储存应急能力的建设，新建成标准仓房仓容 1 227 万吨，维修改造仓房仓容 2 414 万吨。另外，河南省还注重粮食基础设施的完善和提升，加强动态远程监管和粮库在线监控。截至 2020 年底，全省气调储粮仓容达 204 万吨、低温准低温储粮仓容达 369 万吨。与此同时，建成省级智能化管理平台 1 个、智能化粮库 365 个[①]，极大地促进了各粮库与省平台之间的互联互通，有效提高了粮食应急保障能力。

（二）储备方法和技术

关于小麦的储备方法大致有以下几类。

（1）热入仓密闭方法。具体而言，是在三伏盛夏，选择晴朗、气温高的天气，通过日晒来降低小麦的含水量，一般含水量要控制在 12.5％以下。之后，趁天气炎热再将小麦入仓，散堆压紧，将整个仓库密闭管理，从而减弱小麦的呼吸强度。此后，等待粮温逐渐下降至和仓库温度平衡时，转入正常密闭储藏即可。该方法是我国传统的储麦方法，不仅能起到高温杀虫灭菌的效果，还能

---

① 相关数据来源于中研网。

促进后熟，缩短后熟期。

（2）自然缺氧储藏法。将小麦用聚氯乙烯薄膜密封起来，利用小麦和其中的害虫、微生物的呼吸作用，使麦堆内的氧气逐渐减少，最后使害虫窒息而死亡。一般经密封储藏 10 天后，氧气含量降到 1％以下，害虫死亡率可达到 100％。另外，低氧环境还可以减缓小麦的陈化速度，具有一定的保鲜作用。但是自然缺氧储藏的杀虫效果主要取决于降氧的速度，对于水分含量过低的小麦，由于呼吸强度较低，降氧速度过慢，效果可能会打折扣。因此，这种方法比较适用于含水量在 12.6％～13.5％的小麦。

（3）低温密闭储藏法。具体操作方法是将小麦在秋凉以后进行自然通风或机械通风充分散热，利用冬季天气严寒低温干燥的特点，进行翻仓、除杂、冷冻，将小麦温度降到 0℃左右，而后趁冷密闭封存，并在春暖前始终进行压盖密闭以保持低温状态。这种方法对于消灭小麦堆中的越冬害虫具有较好的效果，有利于延长种子寿命，保持小麦品质。根据研究发现，小麦在低温低氧的条件下储藏十几年后的品质变化甚微，仍能够制作出良好的面包。因此，低温储藏法是小麦长期安全储藏的基本方法，但要注意严防小麦与湿热气流接触，以免造成麦堆表层结露。

前两种方法步骤简单、成本较低，因此在大部分农户的小麦储存中较为常见，而粮库储藏小麦则通常使用低温密闭储藏法。尤其是在"十三五"期间，我国各地的低温储粮技术应用发展迅速，结合地理位置、气候条件及季节变化的自然低温技术继续推广应用。以空调、谷冷机等设施设备以及浅层地能、太阳能光伏、热管低温等新能源为基础的机械制冷低温储粮技术实践效果显著。行业内已经形成了以低温技术促绿色发展的共识，再结合机械通风、环流熏蒸、谷物冷却和粮情监测"四合一"储粮技术，并利用氮气气调技术、内环流控温技术等绿色储粮新技术以及智能化的管理手段，从而有效降低储存小麦的损失损耗。如目前通过提升储粮技术水平，国有粮食储备仓库综合损失率已经降至 1％以内。

中储粮集团公司利用绿色、高效、安全、节能的储粮技术，围绕影响储粮生态系统的温度、湿度、气体成分、杂质和微生物等因素不断探索应用各项新型储粮措施，确保粮油质量良好，为消费者提供绿色粮源。目前，该公司已经系统建立起分生态区域、分储粮品种的粮油储藏技术体系，中央储备粮科技储粮覆盖率达到 98％以上，宜存率稳定在 95％以上，综合损耗率控制在1%以内。

三、小麦储备的潜在问题与解决对策

现阶段，我国粮食储备的演变顺应了历史发展，储备使用的设备和技术也得到明显的改善和提升，从而及时、有效地将粮食的生产、加工、物流和销售等环节联系起来，在调节市场、稳定价格、应急管理等方面都取得了巨大成就，这不仅仅能够保障我国的粮食安全，也为整个社会的和谐发展以及其他关联产业的深化改革奠定了坚实的基础。我国的中央储备粮垂直管理制度，保障了中央政府对粮食储备的控制，并且明确了地方政府的粮食责任，有利于粮食储备的多元化发展和省长负责制的落实。另外，随着国内外环境的变动以及市场化程度加深，企业和农户的粮食储备也愈发壮大。完善粮食储备体系是保障国家粮食安全主要任务之一。《国家粮食安全中长期规划纲要（2008—2020年）》中也强调，"进一步完善中央战略专项储备与调节周转储备相结合、中央储备与地方储备相结合、政府储备与企业商业库存相结合的粮油储备调控体系，增强国家宏观调控能力，保障国家粮食安全。"但是，目前小麦在储备方面仍然存在一些问题和不足，直接影响小麦市场的发展。为了使得小麦流通市场更加顺利运行，应当及时采取相应措施，下面就河南省小麦在储备过程中的潜在问题以及解决对策进行分析和探讨。

（一）潜在问题

目前，河南省在小麦储备方面的潜在问题主要有以下两点。

首先，小麦库存监管存在隐患，信息化水平仍需提高。中国农业科学院发布的《中国农业产业发展报告2020》对农业现状及趋势进行分析，指出了我国农业发展面临很大的挑战。报告显示特别是2021年遭遇了极端的天气、虫灾、公共卫生事件之后，世界上很多地区的粮食产量也严重受到影响，粮食安全问题成为重中之重。河南省农业发达，被誉为"中原粮仓"，用全国1/16的耕地生产了全国1/4的小麦。此外，近年河南省各个地方的收储库点持续增多，并且委托库点储存的政策性粮食所占比重较大。虽然河南省小麦的仓储库建设已经取得较大进展，但是"大而不强"却成为河南省丰收的"苦恼"，"粮仓不优"的短腿缺陷严重制约了农业现代化的脚步，点多、面广的建仓方式不仅使得粮食的监管难度加大，而且一些地方仍然存在着危仓老库较多、安全隐患大、储粮技术落后、监管难度大等突出问题。另外，在粮食监管工作中，虽然规定中储粮、粮食部门、农发行三方监管，但在实际实施过程中，部门之间的合作并没有起到良好的监管效果。综上所述，小麦的库存监管是目前面临的工作重点和难点，也是提升粮食治理能力必须应对好的重大挑战。

其次，储备规模结构有待优化，社会储备发展缓慢。从主体结构来看，企业储备和农户储备也是国家粮食储备的重要组成部分，但是，目前河南省小麦储备仍大致呈现政府储备高企、企业和农户储备式微的现象，不仅影响市场机制发挥，还容易增加社会负担。河南省社会储备没有受到应有的重视，发展滞后，单个粮食企业的储备规模较小，难以适应粮食流通市场化改革的需要。政府储备与私人储备之间缺乏协调性和统一有效的管理，导致粮食储备不能有效、充分地发挥作用。过去，许多企业为了降低其储粮成本，不愿意多存粮，而是主要通过参加政策性粮食竞拍来获得粮源，导致企业社会责任储备很难落实到位。但是，2020年新冠肺炎疫情暴发以来，一些地方的粮食加工企业因为遭遇交通封锁一度面临无粮可用的困境，特别是随着国内外粮价的上涨，企业存粮意愿显著提升。这在某种程度上倒逼粮食加工企业加快建立社会责任储备。种种迹象显示，各地正明显加快企业社会责任储备建设步伐。比如，湖北、浙江、云南、河南等地均在建立企业社会责任储备方面做出积极探索，促进政府储备与企业储备互为补充，为应对突发事件、市场保供稳价构筑安全防线。发达国家粮食的社会储备结构调整经验表明，在保持一定政府储备的前提下维持较强的市场调控能力是可能的。因此，通过借鉴国内外的先进经验，河南省在平衡三种粮食储备类型各自利弊的基础上，结合自身情况，亟须通过进一步深化改革，适当缩减政府储备、提高农户储备能力、增加企业储备自由度来优化储备主体结构、完善粮食储备管理体制机制，同时将粮食调控政策的手段从政府储备逐渐剥离转向私人储备，从而保证政府市场调控能力不削弱。

（二）解决对策

面对目前粮食储备制度实施过程中存在的问题，要提升制度运行效率，就必须始终坚持以中央政府储备为主，并逐步加强地方储备责任，推动"米袋子"省长负责制，坚持以中储粮垂直管理为核心，以地方政府分级管理为辅助的国家粮食储备管理制度。另外，大力推进政企互补的粮食储备格局，并进一步完善粮食储备的监管。

1. 大力推进政企互补的粮食储备新格局

推动形成政府储备与企业储备有机结合、互为补充的粮食储备格局是地方政府对粮食进行调控的关键手段，也是提升粮食安全保障能力的重要途径。因此，建立企业粮食社会责任储备，是目前我国粮食储备制度改革的一项重大举措。2019年5月中央全面深化改革委员会第八次会议上审议通过《关于改革完善体制机制加强粮食储备安全管理的若干意见》，对改革完善粮食储备管理体制、健全粮食储备运行机制做出相关部署。为了进一步增强全省粮食安全保障能力，丰富市场调控和应急手段，河南省粮食和物资储备局等五部门于2021年联合印发的《关于建立粮食加工企业社会责任储备的指导意见（试行）》中，明确了市、县（市、区）规模以上粮食加工企业社会责任储备的建立、管理、应用和保障措施，按照"先试点、后展开"的原则，按"先面粉、后大米"的顺序，大力推动粮食社会责任储备的建立，形成政府储备与企业储备互为补充的粮食储备格局。另外，社会责任储备的建立还需要纳入粮食安全责任制考核。

2. 完善粮食储备的监管机制

首先，为了强化监管，减少风险事件的发生，中储粮与地方粮食行政部门、农业发展银行之间需要相互配合，推动落实地方政府属地管理责任和承储企业的主体责任，坚持人员防范、技术防范、法律防范和经济防范"四位一体"的综合管控手段。在人防方面，全面落实驻库监管。在技防方面，实现远程监控的全覆盖，实现全部环节的精准管控，全过程可追溯。在法防方面，通过公证、公示等多种形式做好粮权的确认工作，及时通报地方政府和银保监会等部门；另外，对于在储备过程中造成的粮食损失，如粮食变质、保管失职等现象和行为进行严惩。在经济防范方面，严格落实履约保证金、资产抵押、市县联保等措施，最大限度地防范粮食承储企业的违规现象。其次，指定专业的第三方机构对粮仓进行验收，并且定期进行安全评估。再次，完善小麦的验收入库标准，比如说在抽样检查增加验收指标等。最后，制定合理的收储计划，并且科学去库存。出台科学的收储奖励机制，鼓励出库，惩罚恶意压库现象，如通过超期粮食停止发放保管费用等手段来制定收储计划。

3. 提升多元主体储粮管粮的科技水平

提升储粮基础设施条件，推进现代化粮食储备库建设。充分整合利用现有资源，扩宽投融资渠道，鼓励多元主体参与到储备库的建设中，逐步解决储备基础设施落后的问题，加快推进地方储备粮库的增容扩建，不断提升粮食仓储的现代化水平；打造集粮食的收储、加工、交易、销售、运输等功能为一体的现代化粮食物流产业园，带动粮食储备企业从传统的经营模式向多元化的经营模式转变；提高储粮的信息化水平。推进全省粮食仓储信息化全覆盖，完善省级综合管理平台，打造数据管理中心，构建行业信息化网络，全面促进"智慧黔仓"建设，强化数据的分析和应用，建立省市县三级安全规范、协同运转、高效有序的粮食和物资储备信息化安全保障体系；推广大数据、物联网、区块链、人工智能等新技术在粮食和物资储备领域的落地应用。实施"现代粮仓"创新行动，继续推动粮食仓储物流设施建设和粮库智能化升级改造，持续推进数字化、智能化粮库建设，逐步实现对库存粮食的"穿透式"管理，增强粮库监管能力，确保储粮看得见、管得好。

当前保障粮食储存安全的根本途径在于科技，而提升科技水平的关键因素在于人才。因此，河南省应当充分认识到人才对粮食事业发展的极端重要性，继续实施"科技兴粮"和"人才兴粮"工程，加强和改进人才工作，建立人才机制、提供人才保障；把人才工作列入年度目标责任制考核管理，合理设置岗位，积极探索分配激励机制，鼓励多劳多得；加快人才队伍的交流和引进，实施流动培养机制，加强与人才密集地区和高等院校、科研院所的联系；强化从业技能培训，注重培养和引进各类管理人才和紧缺专业人才，尤其是加强粮油检测监管、粮食储藏等方面的粮食专业技术人才队伍建设。

4. 推进节粮减损行动

充分发挥科技对节粮减损的支撑作用，利用科研成果服务于节粮减损。通过促进科技研发，鼓励科研机构、企业开发节粮减损新技术、新工艺，推广安全储藏新技术研发计划，聚焦安全储藏技术的创新和应用，如"粮食收储保质降耗关键技术研究与装备开发""现代粮仓绿色储粮科技示范工程"以及"粮情监测监管云平台关键技术研究与装备开发"等，从而减少不必要的能源消耗和粮食损失。推广"四合一"储粮新技术，扩大低温、准低温储粮覆盖面，解决制约我国安全储粮技术问题，保证粮食在储藏过程中的质量安全；发挥信息化作用，科学智能通风散温，及时发现、治理病虫害，科技节粮减损；推进农户科学储粮设施及粮食产后服务体系建设，为农户配置科学储粮装具。开展节粮减损系列科普活动，增强公众的爱粮节粮意识。

第十章
小麦物流概况

从狭义上来看，粮食物流就是根据粮食的不同需求，选择最佳的运输路线、最廉价的运输工具而进行的粮食实物移动的活动，以期达到最佳的经济和社会效益。广义而言，粮食物流不仅仅包括了粮食从生产、收购、储存、运输、加工到销售整个过程中的商品实体运动，还涉及流通环节的一切增值活动，也就是涵盖了粮食生产布局、品种流向确定、购销粮食、粮食实体运动所必需的装卸存运及加工增值环节等整个系统。过去，我国粮食的流通方式以袋装为主，"散来包去、拆包散运"，这种方式极大地增加了粮食的物流程序和成本。目前，一些国家已经基本实现了粮食物流"四散化"，也就是散装、散卸、散运和散存，和基于信息化、自动化的粮食物流，不仅节省了大量的人力和物力，也提升了物流效率。我国在 2006 年《关于完善粮食流通体制改革政策措施的意见》中明确要求实现跨省（区、市）粮食物流的四散化以及整个流通环节的供应链管理，形成快捷高效、节约成本的现代化粮食物流体系。

近年，我国粮食物流行业总量发展速度较快。表 10-1 是 2011—2019 年我国粮食物流总量统计及预测情况。根据《中国粮食安全报告白皮书》公布的数据显示，2011—2019 年，我国粮食物流总量整体呈现上升趋势。其中，2018年我国粮食物流总量为 5.2 亿吨，较上年增长 8％。白皮书还预计 2019 年的粮食物流总量将进一步提升到 5.6 亿吨左右。但是由于我国粮食物流业起步较晚，与发达国家相比还存在明显差距，业内企业的发展水平参差不齐，大部分的物流服务商只能提供简单的传统物流服务，而提供系统化、一体化综合物流服务的现代粮食物流企业仍需增加。另外，从粮食物流行业格局来看，省内粮食物流与跨省粮食物流所占比重基本相同。

表 10 - 1　2011—2019 年我国粮食物流总量变动趋势

单位：亿吨、%

年份	粮食物流总量	变动情况	省内粮食物流总量	跨省粮食物流总量
2011	3.0	—	1.5	1.5
2012	3.2	7	1.6	1.6
2013	3.5	9	1.8	1.7
2014	3.6	3	1.9	1.7
2015	3.7	1	2.0	1.7
2016	4.0	10	2.1	1.9
2017	4.8	20	2.5	2.3
2018	5.2	8	2.7	2.5
2019	5.6	8	2.8	2.8

数据来源：《中国粮食安全报告白皮书》，2019 年数据为前瞻产业研究院预测值。

目前，我国粮食物流主要有铁路运输、公路运输和水路运输三种方式。铁路运输，主要承担从收纳库到终端库的粮食运输，运量大、连续性强，铁路粮食运输在发达国家仍占有较高的比重。公路运输，主要承担粮站库到收纳库之间的粮食运输。水路运输，主要承担由中转库向终端库集并的粮食运输和出口粮食的运输。值得注意的是，集装箱运输发展很快。集装箱运输与火车相比，优势在于装卸粮食方便，可实行"门到门"的服务，有效保护粮食品质。集中垄断的格局，由国有粮食收储企业垄断主要品种粮食的收购；粮食收购实际上形成了国有粮食收储企业中的买方垄断。因此，粮食物流很大程度上会受到国有粮食企业的影响和支配。

根据国家粮食和物资储备局公布的数据显示，我国跨省粮食物流运输方式中主要以铁路和水运为主，其中铁路占比 50%，水路占比 40%、公路占比 10%。表 10 - 2 显示了 2011—2019 年我国跨省粮食铁路和水路运输总量及占比情况。通过数据发现，整体而言，2011—2019 年，我国跨省粮食物流中铁路运输总量与水路运输总量均呈现显著的上升趋势，仅在 2015 年出现过短暂下滑。此外，跨省粮食物流运输主要还是以铁路运输为主。

表 10 - 2　2011—2019 年我国跨省粮食物流方式

单位：亿吨、%

年份	粮食物流铁路运输总量	占比	粮食物流水路运输总量	占比
2011	0.75	50	0.60	40
2012	0.78	49	0.63	39
2013	0.84	49	0.67	39
2014	0.85	50	0.68	40
2015	0.83	49	0.66	39
2016	0.94	49	0.75	39
2017	1.15	50	0.92	40
2018	1.27	51	1.02	41
2019	1.41	50	1.13	40

数据来源：《中国粮食安全报告白皮书》和国家粮食和物资储备局；2019 年为前瞻产业研究院预测值。

一、小麦物流的主要方式

当前国内跨省的小麦流动主要是由黄淮海地区流向华东、华南和西南地区，实现粮食调运的运输方式主要依靠铁路、水路以及铁水联运。省内间的小麦流动大多属于短途运输，因此主要通过公路方式。

跨省粮食运输选择铁路和水运方式的主要由于以下三个方面：一是运输成本因素。根据钟昱和亢霞（2016）的研究结果显示，相比公路汽车运输每千米 0.128 3 元/吨的价格，而铁路货运成本单价仅为每千米 0.073 5 元/吨，远远低于公路运输。另外，水路运输方式近些年的崛起也与成本因素有很大联系，驳船运输价格仅为每千米 0.041 5 元/吨。二是我国幅员辽阔，目前"北粮南运"的局面使得粮食需要较长距离的运输，而实现长距离运输，铁路和水运是最可靠、最安全、最适用的运输方式。三是我国小麦生产主要源于几大主产区，余粮区、缺粮区位置相对较为集中，并且距离较远，这种特征决定了跨省流动的小麦量在不断增大。因此，这种大批量的运输只能依赖铁路和水路。总体来看，铁路和水路运输的比重较大，而公路运输比重相对较小。对于粮食贸易方面，由于粮食政策的变动，粮食进出口波动较大，海运粮食的运输比重很小。因此，我国粮食运输主要还是以铁路为主。

对于铁路运输而言，表 10 - 3 显示了 2010—2016 年我国铁路运输粮食的情况。可以看出，自 2010 年开始，我国粮食铁路运输量逐渐上升，到 2013 年达到峰值 10 447 万吨，但在此之后，运输量却大幅度下降，2016 年运输量仅为 5 981万吨，甚至还不及 2001 年的运量。就粮食运输距离而言，近年一直趋于平稳状态。这说明，一方面，近年水路粮食运输方式实现快速发展，分担了一部分铁路运输量，但另一方面也反映出了目前我国铁路运粮的发展瓶颈。主要原因在于铁路对粮食的运输动力不足。由于粮食运输的总体量较大、运输利润较低、运输距离较远。因此，铁路部门倾向于优先运输利润比较高的商品，比如煤炭、石油等能源以及钢铁、有色金属等，尤其是煤炭运输量基本占据铁路货物运输量的一半左右。

表 10 - 3　2010—2016 年我国铁路运输粮食情况

单位：万吨、千米

年份	粮食运输量	粮食运输距离
2010	9 692	1 802
2011	9 578	1 795
2012	9 981	1 817
2013	10 447	1 792
2014	8 260	1 765
2015	5 590	1 811
2016	5 918	1 790

水路运输是我国历史悠久的货物流通方式，具有运输量大、成本低等特点，在粮食运输中也发挥着越来越重要的作用。表 10 - 4 显示了 2010—2016 年我国水路运输粮食情况。从总量来看，无论是内河港口还是沿海港口，无论是出港量还是进港量，水路粮食流通量均实现显著快速增长。具体而言，规模以上沿海港口粮食运输量由 2010 年的 12 504 万吨增长到 2016 年的 17 190 万吨，规模以上内河港口的粮食运输数量也由 2010 年的 4 357 万吨增长到 2016 年的 7 762万吨，且在此期间，水路粮食运输量一直高于铁路粮食运输量。由此可见，粮食水路调运的规模在逐渐扩大，其重要性也日益凸显。但是与此同时，水路运输的风险也应当值得注意。首先，水路运输的灵活性较差，并且容易受到自然条件尤其是天气灾害的限制；其次，我国港口基础设施还比较薄弱，这也是制约港口粮食运输的重要原因之一；最后，目前还缺乏专业的运输团队，而且船舶老化、船型结构不合理也严重制约了水路运输的发展壮大。综上分

析，水路运输优势的发挥必须与其他运输方式相结合。

表 10 - 4　2010—2016 年我国水路运输粮食情况

单位：万吨

年份	规模以上沿海港口			规模以上内河港口		
	粮食出港量	粮食进港量	总计	粮食出港量	粮食进港量	总计
2010	4 036	8 468	12 504	1 304	3 053	4 357
2011	4 258	7 918	12 176	1 324	3 142	4 466
2012	4 710	9 598	14 309	1 844	3 842	5 685
2013	5 387	10 448	15 835	2 154	4 535	6 688
2014	5 323	11 187	16 510	2 457	5 166	7 624
2015	4 651	12 686	17 336	2 513	5 282	7 794
2016	5 016	12 174	17 190	2 396	5 355	7 762

　　目前，我国粮食物流运输主要存在八大粮食通道和“两横六纵”八条粮食物流线路。我国的八大粮食通道历史悠久，有些通道可以追溯至京杭大运河时期，但大部分都是新中国成立之后建立，它们是我国粮食物流体系的主动脉，对粮食的生产、消费环节的连接发挥着重要的作用。为了打通不同物流通道的壁垒，我国进一步建设八条粮食物流线路，随着我国粮食物流四散化的不断推进，已经初步形成了“公路＋铁路＋水路多式联运”为纽带的现代粮食物流网络，进一步优化了运输方式。其中，表 10 - 5、表 10 - 6 分别是涉及小麦物流的粮食通道和物流线路。

表 10 - 5　当前我国小麦物流通道

小麦物流通道	小麦物流具体流向
黄淮海地区小麦流出通道	黄淮海地区（铁路、公路）→华东、华南、西南和西北地区
华东沿海地区粮食流入通道	东北、黄淮海和长江中下游（公路、铁路、水路）→东南沿海地区的沪、苏、浙、闽
华南沿海地区粮食流入通道	东北、黄淮海和长江中下游（公路、铁路、水路）→广东、广西
京津地区粮食流入通道	东北、黄淮海和长江中下游（公路、铁路、水路）→广东、广西
西南地区粮食流入通道	东北、黄淮海（公路、铁路）→西南地区（水路）→宜宾、泸州、重庆港
西北地区粮食流入通道	东北、黄河中下游、东南沿海（公路、铁路）→西北地区

表 10 - 6　当前我国小麦物流重点线路情况

线路	连接的通道
沿运河线路	黄淮海地区小麦流出通道、华东沿海地区粮食流入通道
沿京沪线线路	东北地区粮食流出通道、京津地区粮食流入通道、黄淮海地区小麦流出通道、华南沿海地区粮食流入通道
沿京广线线路	东北地区粮食流出通道、京津地区粮食流入通道、黄淮海地区小麦流出通道、华东沿海地区粮食流入通道
沿陇海线线路	黄淮海地区小麦流出通道、西北地区粮食流入通道
沿京昆线线路	东北地区粮食流出通道、黄淮海地区小麦流出通道、西北地区粮食流入通道、西南地区粮食流入通道、华南沿海地区粮食流入通道

　　总体来看，随着粮食产量与流动需求的扩大，粮食运输量随之呈现明显的增长，这对运输网络也提出了更高的要求。然而，当前粮食运输网络的发展速度明显无法匹配运输量的增长，运输通畅性、及时性也仍然需要改善。依据"双循环"新发展理念，保障我国的粮食应当以国内市场为主，立足内需潜力和创新驱动，畅通国内粮食市场大循环，与此同时继续扩大对外开放，进而形成国内国际粮食市场的双循环良性互动（李治，2021）。基于此，未来我国的粮食物流产业将至少面临以下两项重大挑战：一方面，粮食物流产业的建设重点将从过去注重供给转变为面向需求。如何更好更快地满足人民对于粮食的各类需求将成为最重要的研究议题，这是过去未曾经历过的。另一方面，国际市场在我国粮食安全战略中的地位将进一步凸显。由于过去我国一直强调"以我为主"的粮食安全策略，在国际粮食物流通道的搭建上有所欠缺，如何安全高效地铺设全球粮食供应链将是又一项艰巨的任务。因此，系统性研究如何构建我国现代化粮食物流体系问题显得尤为重要。

二、小麦物流存在的问题

　　当前我国粮食运输的设备、技术水平、管理模式等与发达国家相比还有一定的差距，物流基础设施较为薄弱、流通成本相对偏高，但是目前小麦物流仍然存在以下三点问题。

（一）物流系统化水平不高、物流网络并网艰难

　　粮食物流是粮食从产地收购经储存、中转、加工、配送到消费环环相扣的物流链。当前以粮食生产为导向的传统仓储物流体系已远不能适应以粮食销售

为导向的要求，导致粮食物流的仓储、运输、供应等环节之间缺乏有效的衔接和整合。目前，我国整体上粮食物流系统化水平还不高，尤其是粮食物流嵌入产业链的程度较低，反映为粮食流量流向分散无序，上下游产业之间、地区之间的物流衔接不畅，物流运营管理模式落后，无法降低物流成本、提高物流效率。

目前，我国网络设施建设已经初步覆盖全国，但作为粮食生产一线的农村还依然不能达到我国大、中型城市网络建设的平均值。农村分散的分布方式、个体的经营理念等都是制约我国粮食物流科技化进度的因素，这也直接影响了粮食物流接入网络节点的质量和效率，不能形成有效网络或仅仅能形成局域化的网络。因此，农村粮食物流水平还需要大幅度改善和提升。根据深圳新闻网的报道，我国在 2011 年注册的物流相关企业共有 2.38 万家，2019 年为 18.36 万家，实现了激增。但由于受到新冠肺炎疫情等因素的影响，2020 年共有新注册物流相关企业 17.97 万家，同比下降了 2%。此外，其中能够开展粮食物流的占比较少，部分物流网站是小微物流网点自行搭建的，数据更新速度慢、透明化程度低，数据维护周期长，这些都影响了粮食物流科技化的进度。

（二）数据获取不通畅、物流信息化水平仍有待提升

粮食利用"互联网＋"模式搭建物联网，需要采集多方面的数据，包括从生产，到储备、加工、运输，再到目的地上架销售，每个关键节点都需要大量全面的数据进行支撑。但是目前我国只有部分集群化、现代化的粮食生产基地能够实现，大量农户经济数据采集依然十分困难。具体而言，首先，农户粮食流通渠道太多，导致数据采集涉及的层级复杂。我国幅员辽阔、地大物博，但粮食生产呈现明显的区域化特征，比如产粮区、产菜区，这使得粮食物流从产品到达市场的过程都要经历层层的贸易关系，信息网数据的传递出现多个不可预估的节点，每个节点都有可能使数据复杂化和多样化，最终完成数据清洗入网后，往往很难呈现原始状态，这使得物流成本很难下降。根据王帅和赵秀梅（2019）估计，我国粮食行业的平均利润率在 3% 左右，而从粮食主产区到粮食主销区的粮食物流成本占到粮食销售价格的 20%～30%，相比发达国家高出 1 倍左右。其次，数据波动影响整体数据的准确性，粮食生产运输受自然状况影响较为明显，对于严寒、酷暑、干旱、水灾等不可预知和不可控制的情况对于粮食的终端数据采集影响显著，起伏波动的数据需要海量数据纠错，才能计算出冗余空间，这对数据的采集能力、计算能力和存储能力都提出了更高的要求。

粮食物流具有源头分散、线路繁多、运输周期长等特点，同时，物流的各个

运营和参与主体各自具有不同的管理体系和运营方式，把他们集中整合起来统一信息化管理仍然比较困难。首先是生产者，我国粮食生产者中个体生产者或粗放的农社类合作组织占比很高，这些生产者对于信息技术的了解意识与参与能力严重不足，大部分主体缺少基本的网络操作技能和操作设备，而且对于从源头融入物流网络缺少参与热情和参与能力，只能依赖于收购商。其次是农业生产企业，目前我国大部分农业生产企业依然以微型、小型为主，主要以生产和加工为主，缺乏对于物流网络化的参与热情和参与能力，仅仅关注农作物和衍生品的生产、加工和销售，对于怎样及时掌握物流进度兴趣不足。最后是物流的终端销售主体依然处于无序状态。我国的粮食物流终端集中在批发市场，批发市场的粮食销售者更关注的是粮食的质量和新鲜程度，对于收割时间、如何运输的过程信息兴趣不足，对于自身销售商品的上游追溯基本上仅处于了解程度。

实现粮食物流共享不仅能够了解全省各粮库粮食收储等信息，更是打破粮食和物资储备、市场、交通运输等部门之间信息壁垒的关键。2020 年 1 月国家粮食和物资储备局印发了《关于统筹推进粮食和物资储备信息化建设的指导意见》中指出，在完成国家平台整合优化基础上，到 2023 年应实现省级平台资源整合，全国粮食和物资储备网络全覆盖，形成一体化平台。同年 2 月，国家粮食和物资储备局印发粮食和物资储备管理平台数据互通共享和视频监控系统互联互通两个技术规范通知，较好地促进粮食行业数据标准化，以及数据共享和视频监控互通。此后，山东、安徽、浙江等地均通过各种手段促进粮食企业的信息化、数字化的转型，并且取得了良好的成效。相对于此，河南省的物流信息共享问题还有待提升和改善。

（三）新技术新装备研发能力不强、相关技术类人才欠缺

随着现代物流的发展，我国粮食物流新技术、新装备研发能力和支持力度需进一步加强。一是粮食收储环节逐步从包粮运输向散粮收购、运输社会化服务转变，但适用于农户的散粮设施尚未满足市场需求，快速中转仓型及其他新技术还需扩大应用范围。二是与集装箱运输高速发展相适应的运输工艺与装卸设备尚不完善，粮食自卸残余率高，大型智能化集装箱装卸设施和铁路敞车散粮集装化运输等问题有待进一步研究。三是成品粮大宗供应和应急供应效率较低，适于常规包装成品粮自动码盘、自动货位堆垛及发放的自动控制系统和无线粮情检测系统有待进一步开发应用。四是信息化手段在粮食物流活动中尚未得到广泛应用，大部分粮库和粮食流通企业尚未应用大数据和智能决策等信息技术来优化物流业务流程，难以实现多模式、各环节的无缝连接，信息技术对

粮食物流的支撑和引领作用尚未充分发挥。

由于粮食物流中大部分参与主体在农村或小型的乡镇，这些地点可能对于信息技术人员来说不具备吸引力。专业技术人员的缺乏，使得最难接入物流网络的生产端更加难以运行，如何吸引懂得信息技术和企业管理的基本知识，同时还掌握现代物流管理的人才是实现粮食物流信息化的一个难题。物流领域人才总量不足、年龄结构老化、高层次人才短缺等问题仍十分突出。此外，现有的应届物流管理等相关专业毕业的大学生数量与高速增长的物流行业的人才需求严重不匹配。同时，随着物流行业的高速发展，高校物流专业的教学和实践也无法与之相匹配，使得部分毕业生就业后要开始二次学习甚至重新开始学习来适配从事的物流工作。偏重于理论教学，使得实践环节占比太少，学生们的实际操作能力与现实工作有着较大偏差。

三、未来小麦物流发展的展望与建议

目前，我国小麦销售的难点已经逐渐由过去的生产加工向物流运输方面转变。小麦物流存在很多特点，如运输环节多、运输不畅容易导致粮食品质下降等。而且市场信息更迭具有复杂性、周期性和滞后性。粮食物流体系是我国总体物流系统中不可或缺的子系统，如何实现各地粮食流通部门有效协同、如何增强各地粮食流通设施衔接程度以及如何提高各地粮食流通部门沟通效率是优化我国粮食物流体系的关键。

首先，粮食物流的信息化、数字化水平得到进一步重视。提升小麦物流的信息技术水平是解决目前物流不畅问题的有效途径之一。物流信息技术化会有效提升物流效率，"互联网＋"这种新兴的经济形态立足于信息科技，以点成线，以线组网，从粮食运输源头开始，全流程接入互联网监控，使得粮食物流实现可视化、追踪化和及时化，全面提升粮食物流工作的速度和质量。粮食物流的信息化工作在很大程度上取决于政府的牵头和推动力度，这时由于基础的物流网络建设需要大量前期投入，另外对于从业人员也需要给予相应待遇补贴，这对于落后的农村地区会起到积极的推动作用。此外，还要重视物流网络的维护工作。现有部分农村地区网络设备已经完成安装及并网工作，但其网络维护工作相对于城镇而言还有很大的不足，因此，物流网络的建设和维护需要政府提升政策的扶持力度、提供一定的优惠政策和补助，确保网络设备良好运作，为粮食物流信息化提供保障。

其次，建立统一、公开的信息平台。在中央政府层面，要建立全面、公开的粮食统计信息网络，实现随时、动态采集和汇总粮食物流信息并对全社会定期公开发布。在地方政府层面，引导和支持粮食物流企业建立自成体系的信息平台，从而提高粮食物流效率，控制经营风险；加大对示范性企业物流信息系统的支持力度；推动对散户粮食物流信息的收集和处理工作。

再次，进一步推动粮食安全物流的监管和保障服务。国以民为本，民以食为天。在经济不断发展过程中，粮食作为民生的基本，粮食流通秩序会直接影响到国家经济以及社会能否稳定发展。优化粮食流通监管机制、加强粮食物流监管服务保障，才能促使粮食物流安全发展。大多数发达国家有关粮食物流的法律法规都比较完善，监督和管理都有法可依。2020 年，我国的粮食物流监管工作在依法治理、信息化监管等方面已经取得了显著的成效，但是，在运输监管、安全检测监管等方面还存在一定的问题，如污染超标、运输中粮食损耗严重、基层监管力度不足等。因此，政府各部门应进一步细化粮食流通立法工作，为粮食物流现代化建设提供相应制度保障，将监督考核并入企业年度与粮食省长责任制考核方式中，进一步压实粮食安全及其物流的监管责任。力争快速实现监管理念的现代化转变、监管机制的科学化转变、监管手段的信息化转变以及监管格局的协同化转变。

最后，重视与培养现代粮食物流与供应链升级的专业物流人才。"十四五"是我国经济社会发展进程中的重要阶段，也是粮食和物资储备"深化改革、转型发展"的关键时期。对于粮食物流而言，现代粮食物流与供应链转型升级已经成为必然。同时，国内各地区、"一带一路"沿线国家的现代粮食物流产业园、粮食通道和粮食港口建设等正在如火如荼地开展，这些都需要专业的粮食物流及供应链人才来支撑。因此，加强粮食物流人才的培养已经刻不容缓。当前，粮食物流行业对农业、物流甚至信息技术行业都具有一定了解和掌握，复合型人才十分缺乏，这需要从高校开始，加强人才的复合培养，加强粮食物流和供应链一流学科建设、交叉融合，还需要搭建教育和实践相结合的平台；打造素质优良的专业技术人才队伍和干部人才队伍，结合前沿研究方向开发粮食和物资储备干部教育培训课程等；加强对现有的物流从业人员的培训体系建设，在工作岗位上开展二次学习，及时吸收和掌握新技术，提升现有工作的质量和效率。

（本篇由河南工业大学粮食经济研究中心侯冰清主笔）

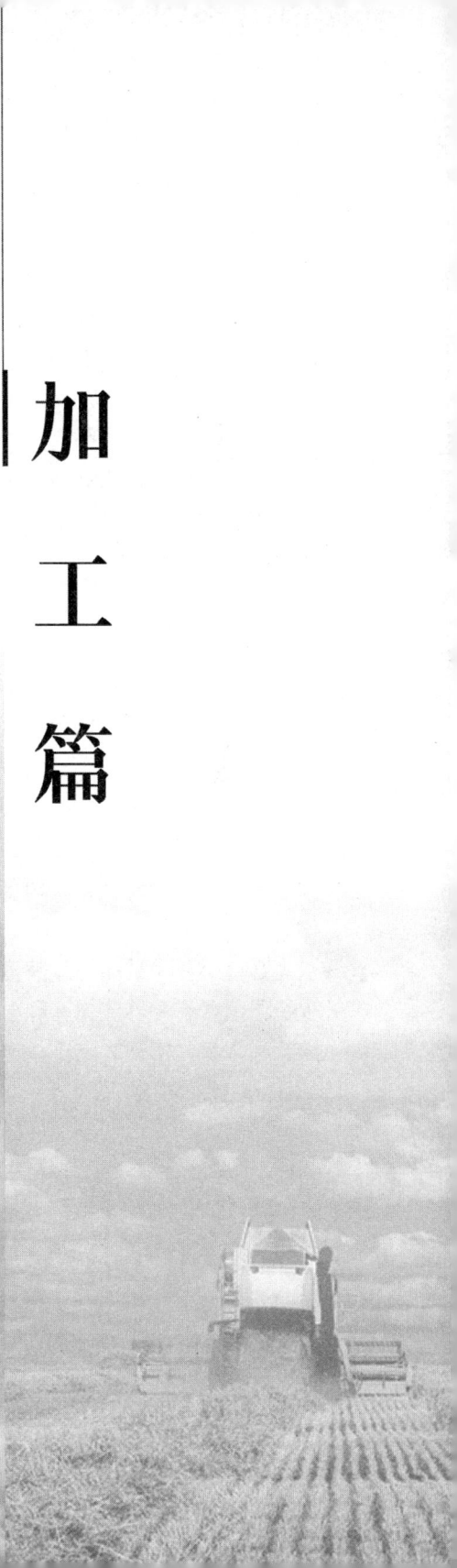

加

工

篇

小麦是我国仅次于水稻的第二大口粮作物。小麦加工作为小麦产业的重要环节之一，不仅可以满足城乡居民对小麦产品的食物消费需求，而且对提高像河南这样的小麦主产区经济发展水平，推动区域经济协调发展具有重要意义。

目前，小麦的主要加工形式是从小麦粉向面条、面包、方便面、速冻食品等主食转化。小麦产业链工业化速度加快。上游面粉规模制胜，高周转弥补低利润率；下游行业快消品属性强，更为依靠品牌建设和渠道深耕增厚回报，挂面、方便面和速冻食品企业的净资产收益率大于制粉企业。

河南省小麦加工行业集中度提升和产业链整合的动力强劲，围绕消费者品牌意识提升和消费场景细分及专业化，企业成长和价值创造机会显著。面粉工业转型升级，龙头企业发展势头强劲。家庭消费面粉品牌化、餐饮和烘焙行业发展推动细分产品市场扩容。面粉行业进入整合提速期，头部企业加速扩产提升行业集中度，在面粉各细分领域逐步建立领先优势。随着集中度上升，面粉头部企业规模效应将逐步显现。同时，由于河南省小麦加工企业掌控一手粮源，可进入深加工领域延长业务价值链。

应国家粮食局发布的《粮油加工业"十三五"发展规划》[①] 要求，河南省积极发展专用粉、全麦粉、预拌粉及各类面制主食品，形成小麦粉、面制食品及其副产物综合利用的循环经济模式；培育一批年处理小麦 50 万吨以上的大型产业化龙头企业、年处理小麦 100 万吨以上的骨干集团企业。国家粮食和物资储备局出台《关于深入推进优质粮食工程的意见》（财建〔2021〕177 号）[②]，也为河南小麦品种品质品牌建设，小麦全链条多业态融合发展，适度加工，减少资源浪费和营养流失，和小麦精深加工发展，延长产品链条，提高小麦加工综合利用率，实现"吃干榨净、循环发展"提供政策引导。

---

① 国家粮食局：《粮食局关于印发〈粮油加工业"十三五"发展规划〉的通知》，http：//www. gov. cn/xinwen/2017-01/03/content_5155835. htm。
② 国家粮食和物资储备局：《关于印发优质粮食工程"六大提升行动"方案的通知》，http：//www. lswz. gov. cn/html/zcfb/2021-11/17/content_268266. shtml。

第十一章
小麦加工产业概述

近年，小麦加工产业蓬勃发展，小麦粉加工发展迅速，方便食品和速食食品等面制品也受到了越来越多消费者的喜爱。小麦加工产业越来越以消费者需求为导向，充分利用小麦的营养，朝着多元化、健康化、标准化、专业化方向发展。这些与我国近年的经济社会发展密不可分，也成为小麦加工产业的发展趋势。本节首先从小麦加工技术、小麦粉和面制品行业的发展现状、小麦加工政策三个方面对小麦加工产业加以介绍，并在此基础上，对河南省小麦加工产业进行分析。

一、小麦加工技术情况及步骤概述

（一）小麦加工技术情况

小麦加工技术研究主要集中在两个方面：一是小麦制粉技术，二是小麦资源综合利用。

1. 小麦制粉技术

小麦制粉技术与设备以瑞士、意大利两个国家居世界领先地位，这两国近两年的制粉技术相对稳定，主要是通过研制自动化、方便性、灵活性更强的设备来提升小麦加工技术水平。同时，为适应行业加工企业规模越来越大的需求，它们也开发了一系列产量更大的设备以及在线质量控制设备，例如小麦品质在线检测技术开始应用。瑞典 Perten 公司研制了二极管阵列在线近红外分析仪，配备在瑞士布勒公司生产的制粉生产线上，在线检测小麦籽粒或小麦粉的水分、蛋白质含量、灰分等相关品质性状，为小麦配麦、配粉、专用粉生产的智能化操作奠定了基础。

随着国际先进小麦加工机械装备制造企业的进入，经过消化吸收及自主创新，我国小麦加工机械行业发展迅速。目前，国内部分设备生产厂商技术已达到国际先进水平，涌现出中粮工程装备（张家口）有限公司、江苏仙龙粮食机械有限公司、中航郑飞机械制造公司等一批骨干企业，初步形成了小麦加工技术设备研究开发、工程设计、设备制造与管理等科工贸一体化实体。国产设备与国外设备相比，性价比合理，部分设备性能已达到国外先进水平，不仅能满足国内小麦加工业发展需求，同时远销国外，在国际市场上有一定的竞争优势。

2. 小麦资源综合利用

目前，各个国家对小麦综合利用方面的研究都较为深入，如特种用途小麦加工技术、小麦胚的综合利用、小麦麸皮的综合利用等。

在小麦胚、麸皮的综合利用和营养均衡加工方面，欧美国家的研究较为深入。瑞士布勒公司在小麦糊粉层的提取工艺和利用技术方面取得进展，已开始工业化生产。美国在全麦粉生产研究方面取得较大进展，并推广全谷物食品。发达国家小麦加工主产品以各种专业粉为主。不同国家根据不同饮食习惯、不同食品制作工艺开发出了各种专用粉。

（二）小麦加工步骤及装备情况

小麦加工成为小麦粉包括三个基本步骤：小麦清理、小麦调质以及小麦制粉。其中，制粉设备是小麦加工成小麦粉的核心设备。这三个步骤会在不同程度上影响小麦加工的效率和最终产品的质量。

1. 制粉设备与工艺

从20世纪70年代至今，发达国家在小麦加工技术方面进步较慢，基本理论没有重大突破，但在设备方面却在不断改进和创新。布勒公司的工艺特点是流程清晰、分级明确、便于掌控，基本工艺仍然是4-5皮、8-9心、1-2渣和尾。意大利工艺流程渣磨分级较多，粉路较长。这些工艺流程更适宜生产烘焙类食品的小麦粉，清理工艺较为简单，对我国的小麦适合性较差，但这几年其由于对我国市场的重视，其也在不断调整工艺，以使之适应我国的市场和原料情况，尤其是布勒公司的工艺，适应性很强[1]。

以中国为代表的发展中国家，在小麦加工技术上针对本国的国情进行了改革和创新。中国小麦加工的工艺技术已经完全本土化，加工企业正在向规模

---

① 王晓曦，王修法，温纪平，郭祯祥：《世界小麦产量及加工业发展概况》，《粮食加工》，2008年第4期，第11-12，18页。

化、现代化发展，主要加工企业的技术均来自国内，加工装备虽有所发展，但核心设备仍依赖于布勒公司的独资工厂。在发展中国家的大中型小麦粉加工企业中，来自中国的制粉技术和装备以其性价比的优势占据了一定的市场份额。

在非洲、南亚等欠发达地区，由于受当地经济发展水平的制约，小麦加工技术比较落后，大中型加工企业很少或几乎没有，制粉技术和设备主要来自土耳其和中国的中低端产品，大多为采用钢架结构的小机组，规模在 200 吨以下。

2. 小麦清理

就小麦加工的利润和质量而言，小麦清理长期以来没有受到足够的重视。然而，传统的清理过程往往会使部分高质量的小麦籽粒随杂质被剔除而造成损失；而且机械清理设备往往能量消耗比较大，从而增加运行成本；小麦清理得是否彻底对小麦粉的白度和灰分含量将会产生重要影响。因此，近几年在国际上出现了类似大米的色选技术与设备。小麦清理采用的主流方法是干法清理技术，这种方法包括两个必要的过程，分别为毛麦清理过程和光麦清理过程，其中包括小麦润水、除尘等工作[①]。

3. 小麦调质

传统的小麦调质需要比较长的时间，一方面影响生产效率，另一方面为小麦自身携带的微生物提供了生长和繁殖条件，会导致小麦粉的质量安全问题。近几年，一种真空（负压）的调制技术得到了应用，大幅度缩短了调质时间，提高了效率，进一步提高了小麦粉的卫生状况。

（三）优质专用小麦生产标准及产地

1. 优质专用小麦概念

优质专用小麦这一概念指的是营养品质较优且能适应特定加工方式的小麦品种，是随着市场需求变化而产生的。营养品质是指小麦籽粒中淀粉、蛋白质含量、维生素以及微量元素等对人体有益的物质的组成成分及含量。特定加工方式即专用，是指生产不同品种的产品用到的小麦的类别不同，专产专用，强筋小麦用于生产面包，弱筋小麦用于生产饼干、蛋糕，中筋小麦用于生产馒头、面条。随着农业逐步向现代化迈进，现阶段的优质专用小麦还需是经过规模化大批量种植，并能拥有稳定的加工品质，即具备三方面的基本特征：品质优良、稳定和专

---

① 翟卫刚：《面粉加工中小麦的清理技术》，《食品界》，2021 年第 5 期，第 95 页。

门用途，达到国家级优质专用小麦品种品质两方面标准的品质优良小麦。

2. 优质专用小麦生产标准

为了适应时代的发展和推动提高我国优质专用小麦的生产标准，以达到与国际标准接轨的目标，增强我国优质专用小麦在国际市场的竞争力，我国优质专用小麦的标准也在不断更新，1999 年为了商品交易过程中提高我国优质专用小麦评级标准的市场适应性，完善了小麦品质评价标准体系，根据小麦期货交割中的小麦品质的不同，在原有的专用小麦品种品质国家标准（GB/T17320—1998）上将优质专用小麦中的强筋小麦针对粗蛋白质含量（干基）、湿面筋含量（14%水分基）、稳定时间三个标准进行了细分，分为一等强筋小麦和二等强筋小麦。2013 年国家在 1999 年颁布的标准上又修订出了专用小麦品种品质标准（GB/T17320—2013），规定了专用小麦品种品质的分类①。

2017 年，我国品种审定委员会为了满足农业供给侧结构性改革、绿色发展和农业现代化对品种提出新要求，对《主要农作物品种审定标准（国家级）》②进行了修订，将小麦按品质分为强筋、中强筋、中筋和弱筋四类，各项品质指标要求都可以满足强筋的为强筋小麦；其中任何一个指标达不到强筋的要求，但可以满足中强筋的为中强筋小麦；其中任何一个指标达不到中强筋的要求，但可以满足中筋的为中筋小麦；达不到中筋要求的为弱筋小麦。满足表 11-1各项相关指标要求的强筋、中强筋、中筋小麦和弱筋小麦即为优质品种。

表 11-1　优质品种小麦须满足的各项相关指标要求

优质品种小麦	须满足的各项相关指标要求
强筋小麦	粗蛋白质含量（干基）≥14.0%、湿面筋含量（14%水分基）≥30.5%、吸水率≥60%、稳定时间≥10.0 分钟、最大拉伸阻力 Rm. E. U.（参考值）≥450、拉伸面积≥100 厘米²，其中有一项指标不满足，但可以满足中强筋的降为中强筋小麦。
中强筋小麦	粗蛋白质含量（干基）≥13.0%、湿面筋含量（14%水分基）≥28.5%、吸水率≥58%、稳定时间≥7.0 分钟、最大拉伸阻力 Rm. E. U.（参考值）≥350、拉伸面积≥80 厘米²，其中有一项指标不满足，但可以满足中筋的降为中筋小麦。

---

① 彭宏扬：《农业供给侧结构性改革背景下河南优质专用小麦发展策略研究》，河南农业大学硕士论文，2019 年。

② 《国家农作物品种审定委员会关于印发〈主要农作物品种审定标准（国家级）〉的通知》，《种子科技》，2017 年第 10 期，第 8-13 页。

（续）

优质品种小麦	须满足的各项相关指标要求
中筋小麦	粗蛋白质含量（干基）≥12.0%、湿面筋含量（14%水分基）≥24.0%、吸水率≥55%、稳定时间≥3.0分钟、最大拉伸阻力 Rm.E.U.（参考值）≥200、拉伸面积≥50厘米^2。
弱筋小麦	粗蛋白质含量（干基）<12.0%、湿面筋含量（14%水分基）<24.0%、吸水率<55%、稳定时间<3.0分钟。

资料来源：由《主要农作物品种审定标准（国家级）》整理而成。

按照"抓两头、带中间"的思路，应重点发展优质强筋小麦和弱筋小麦，稳定发展中筋小麦，确保国内市场需求，积极争取出口。实行统一提供优质专用品种，推广保优节本标准化生产技术，加强产销衔接，改变混种、混收、混储状况，提高专用小麦质量的稳定性和一致性。

3. 优质专用小麦的品种区划发展

我国小麦总量基本能够满足国内消费需求，但小麦品质结构不合理，中间类型偏多，适宜加工面包用的强筋小麦和加工饼干、糕点用的弱筋小麦品种较少，不能满足国内食品加工业的需求。随着我国城镇居民生活水平的提高，对优质加工专用小麦的需求将逐步增长；同时，东亚和东南亚地区是世界小麦主销区之一，每年都有大量专用小麦输入。因此，专用小麦的市场需求潜力很大。近年我国专用小麦的品种开发和生产有了显著进步，有了一些与美国、加拿大小麦品质相当的品种，形成了一些产业化生产基地，有进一步加快发展的良好基础。

我国众多省份都有小麦的种植，但是由于各省份各区域地理条件不一、气候特点的多样以及种植制度和管理措施的不同，因此形成了各具特点的自然种植区域。我国自1936年即开始了小麦区划的研究，随着科学技术的不断发展和时代的进步，步入21世纪以来，我国对小麦的区划又进行了进一步科学且全面的研究，农业部制订了《专用小麦优势区域发展规划（2003—2007年）》[①]确立了重点建设黄淮海、长江下游和大兴安岭沿麓等3个专用小麦带，年产小麦占全国产量的70%以上的黄淮海产区为主，黄淮海优质强筋小麦带主要布局在包括河南省在内的7个省份的39个地市82个县市。

---

① 农业部：《优势农产品区域布局规划（2003—2007年）》，http：//www.moa.gov.cn/ztzl/ysncpqyb-jgh/200302/t20030212_54322.htm。

二、小麦加工领域发展现状

（一）小麦粉加工领域发展现状

我国是小麦生产、加工和消费大国，其小麦粉生产能力和加工能力均居世界前列。近年，随着国内小麦粉加工行业的不断转换升级，行业规模不断扩大，产能产量不断攀升，产品种类不断增加，产品质量不断改善，逐渐形成了一定规模的小麦粉生产体系，小麦粉加工行业发展势头相对平稳，行业利润有所提升。

国内国有粮食企业小麦收购量在 3 000 万～6 000 万吨波动，小麦销售量在2015 年之后稳步上升，并在 2020 年达到 8 886.7 万吨。国有粮食企业的小麦生产集中度持续提高，企业规模正日趋大型化和规模化，行业集约化生产水平不断提高，小麦销售量不断扩大（图 11 - 1）。

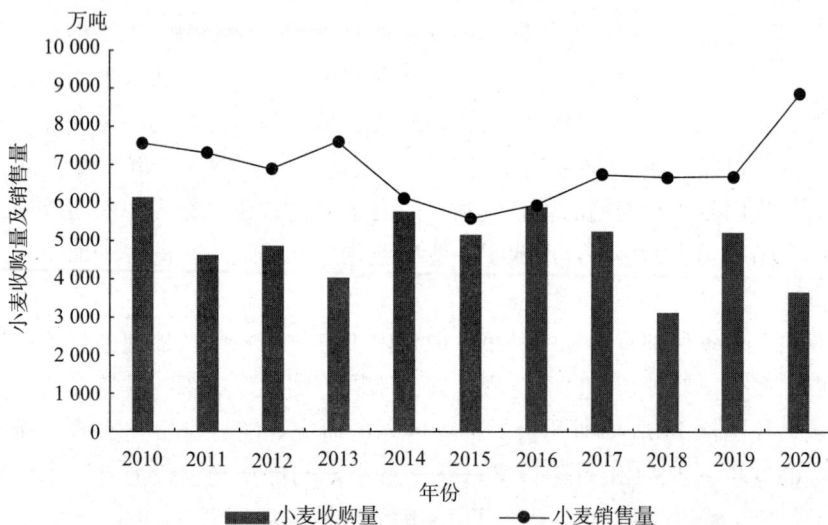

图 11 - 1　2010—2020 年全国国有粮食企业小麦收购量和销售量

数据来源：国家统计局、国家粮食和物资储备局，由 EPS 数据库整理而得。

随着小麦加工业的升级转型，2015 年以后将小麦行业深加工处理单位与小麦粉生产企业分离。因此，在 2015 年之后，小麦加工企业数量出现明显下滑，平均数量由 2010—2015 年的 3 389 家降低至 2 615 家（2016—2020 年平均值）。

小麦企业单加工能力出现显著提高，单位企业处理小麦量从 2015 年的 4.94 万吨提高到 2020 年的 7.96 万吨，年平均增长率为 10.01％；单位企业小麦粉产量从 2015 年的 1.92 万吨提高到 2020 年的 2.91 万吨，年平均增长率为 8.67％（图 11-2）。

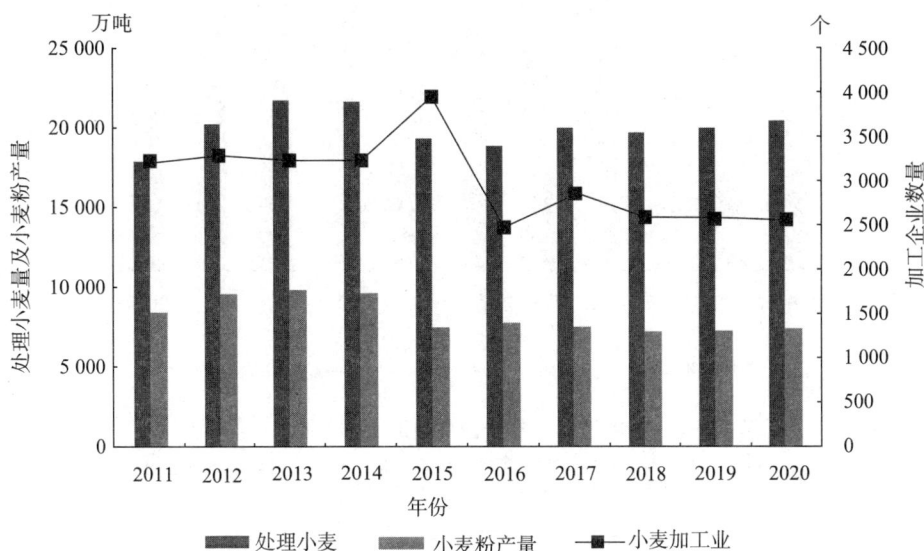

图 11-2　2011—2020 年全国小麦加工企业处理小麦量、小麦粉产量及
小麦加工企业个数

数据来源：国家统计局、国家粮食和物资储备局，由 EPS 数据库整理而得。

小麦粉加工业总体保持平稳较快发展，经济效益明显提高。全国粮油加工企业工业总产值、产品销售收入稳步增长。企业利润总额连年攀升，尤其是 2015 年之后，利润总额提升迅速，从 2015 年的 783 亿元跃升至 2020 年的 2 768.2 亿元，短短 5 年间利润总额翻了 3.54 倍，年平均增长率高达 28.73％（图 11-3）。

行业发展呈现战略转移态势，主产区集中趋势明显，涌现出一批小麦加工大型国有和民营骨干龙头企业。随着我国市场经济的发展，小麦加工业逐步实现了由大中城市向中小城市、主销区向主产区、沿海向内地的战略性转移，部分民营企业和大型国有企业迅速崛起成为小麦粉加工行业的主力军，先后涌现出中粮集团、河南粮食投资集团、河南天香面业有限公司、郑州金苑面粉有限

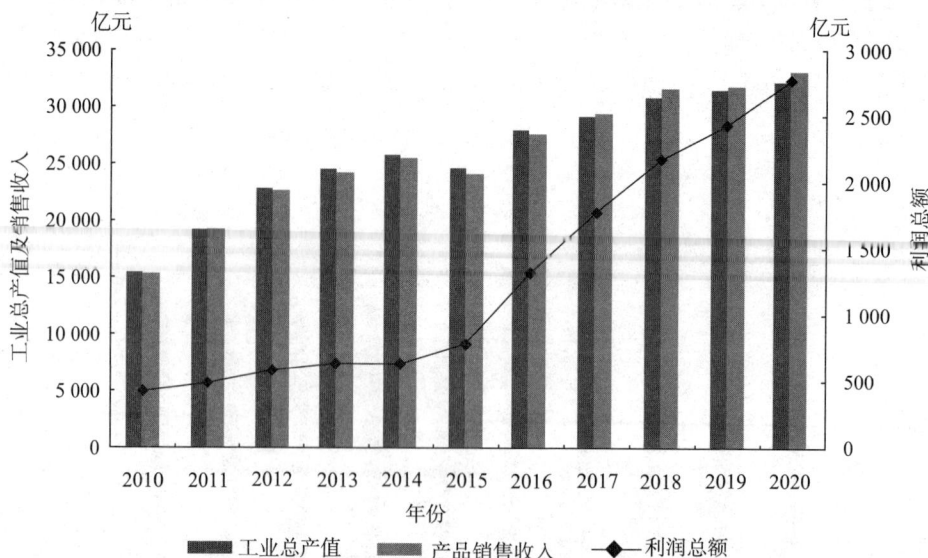

图 11-3　2010—2020 年全国粮油加工企业主要经济指标

数据来源：国家统计局、国家粮食和物资储备局，由 EPS 数据库整理而得。

公司、河南莲花面粉有限公司、白象食品股份有限公司、博大面业集团等一大批小麦粉加工行业的大型骨干龙头企业及外资企业，使小麦粉加工行业生产集中度进一步提高。

根据 2020 年 1 月 3 日至 2022 年 4 月 15 日的全国现货价格中的小包装面粉零售价格表周数据，发现我国小麦价格自 2021 年至今处于小范围波动状态，呈低速增长态势（图 11-4）。

小麦粉加工领域更加规范，产品质量安全水平进一步提高。小麦粉及其制品的质量安全关系到社会的稳定和国民的健康。近年，由于国家对食品安全的重视，小麦产品质量安全水平也得到了进一步改善。一些企业先后通过了 ISO9000 族、ISO14000 族、HACCP 认证，制订了生产过程质量管理制度和技术规范，逐步建立了安全体系，使得行业的发展更加规范。随着小麦粉、馒头粉和营养强化小麦粉等为代表的新的国家标准相继制订、修订出台，以及高效节能清洁安全小麦加工新技术在小麦粉行业的陆续推广示范及应用，对确保小麦粉及其制品产品质量安全和小麦粉加工行业的健康发展起到积极推动作用。

元/千克

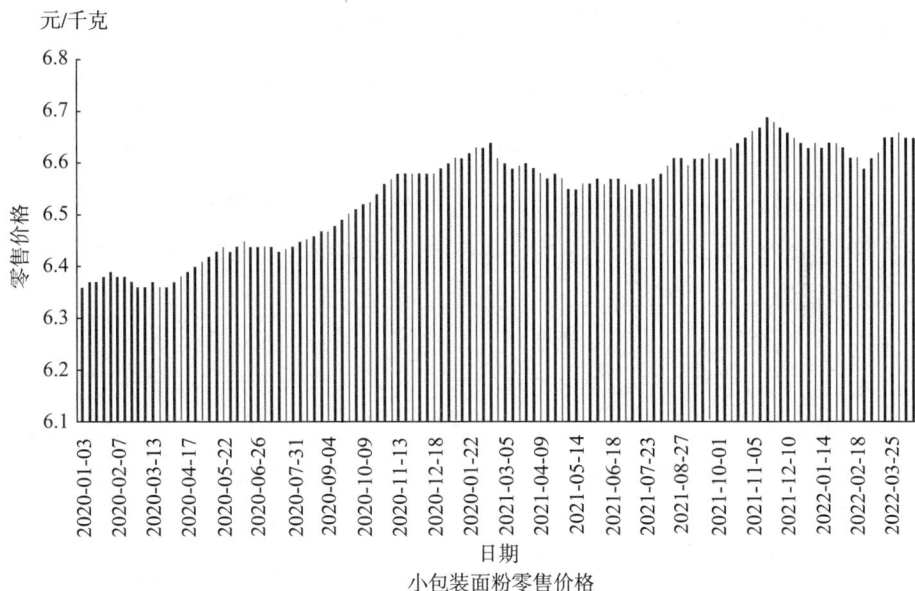

图11-4　2020年1月3日至2022年4月15日全国小包装面粉零售价格
数据来源：由CSMAR数据库整理而得。

（二）面制品行业发展现状

面制品是指以小麦粉为主要原料加工制成的各种食品，包括鲜湿面条、挂面、方便面、馒头、包子、水饺、烧饼、面包、饼干等。我国每年利用国产小麦生产的面粉为6 600万～7 000万吨（按70%出粉率计），其中绝大部分被用于制作传统主食。根据一般消费习惯，40%的小麦粉被用于制作馒头、包子等蒸烙烤制食品，40%被用于制作各种面条和水饺等煮制食品，20%被用于制作其他面制食品。在我国传统面制品行业发展进程中，挂面制造行业机械化和自动化程度最高；速冻饺子、包子开始实现了机械化和规模化；馒头行业的机械化和规模化还在探索之中。本部分重点分析我国挂面和馒头行业的发展现状。

品质便捷的消费需求催生面制品行业发展新机遇：①挂面集中度迅速提升，龙头企业占据发展先机，规模经济带来系统低成本，进入持续扩张的良性循环。②方便面市场高度集中，领先企业掌握定价权，利润水平稳定，高投资回报。未来重点机会在高端化、健康化细分品类的增长。③随着冷链物流基础设施发展，连锁餐饮的巨大需求是速冻面制品行业的新机遇，产品多元化扩容也有助于零售市场重拾增长。④烘焙市场规模大且非常分散，现阶段工业烘焙

137

可实现快速标准化复制，将率先享受市场快速增长红利。

1. 挂面行业发展现状

由于挂面具有保存期长、携带方便、经过简单的烹调即可食用等特点，深受消费者喜爱。20 世纪 80 年代，挂面作为食品加工行业的新成员，开始向工业化方向发展。由于乡镇企业的发展，挂面加工产业出现了国营、民营企业共同发展的新格局。20 世纪 90 年代，具有一定规模的挂面加工国营、民营企业迅速发展。进入 21 世纪后，由于国家产业结构调整，产业扶持政策出台，一批小麦粉、挂面加工企业进入农业产业化国家龙头企业，极大地促进了挂面产业机械化水平的提升，产品质量得到明显改善，产品市场进一步扩大，企业利润开始升级。

挂面行业的高水平竞争时代已然来临。行业正从规模竞争，向以健康为内涵的价值竞争转变。在这一转变过程中，需要用科学数据系统支撑好产品，在关注年轻消费人群的同时也对老年人群加以关注。我国挂面行业中"大而全""小而美"的产品并存且和谐共生。同时，我国挂面装备已进入自动化时代，并向差异化专业装备进发。

统计数据显示[①]，2020 年，我国挂面行业总产量为 887.50 万吨，较上年增长 5.7%。中国食品科学技术学会（CIFST）面制品分会通过对挂面行业 24 家主要挂面企业 2020 年的产量、销售额等相关数据进行的统计分析显示，24 家挂面企业 2020 年实现总产量 425.27 万吨，同比增长 7.08%，销售额 190.16 亿元，较上年增长 6.41%。从以上数据看出，我国挂面行业延续了以往态势，尤其在 2020 年新冠肺炎疫情暴发的影响下，持续快速扩张，头部企业增长步伐更为明显。

受新冠肺炎疫情和新产业结构调整格局等因素影响，我国挂面产量、销量均实现增长，疫情带来市场消费需求大增，同时也为中小企业入局带来机遇，部分低价产品死而复生，但行业总体高质量发展方向态势不变。其中，河北金沙河、克明面业、想念食品、博大面业、益海嘉里在 2020 年挂面产量排名位列前五，总产量达 286.4 万吨，占全国挂面总量的 32.2%，此次调研的 24 家企业占全国挂面总产量的 48%。这表明行业的集中度进一步提升，品牌企业对市场的占有率持续加速，市场向优质企业聚集趋势更加明显。

---

① 王薇：《我国挂面行业步入高水平竞争时代》，《中国食品报》，2021 年 5 月 19 日 004 版。

为保证特殊时期的生活需求，企业纷纷增产，企业扩张加速，特色面产品将逐渐瓜分部分市场份额。2020 年挂面行业新增产能约 210 万吨，其中 24 家挂面生产企业总计拥有 411 条生产线，较上年增加了 14 条。面制品分会在对挂面产品价格的分析中发现，行业正趋于高质量发展。面制品分会统计 24 家挂面企业平均价格显示，2020 年 24 家挂面平均价格达 5.19 元/千克，较上年增长 4.8%。继 2017 年再次突破 5 元大关，一方面在于产品生产成本有所增长，另一方面在于企业持续提升产品附加值，产品质量明显改善。由于相关企业的设备、工艺、技术和管理水平的提升，小麦收储、制粉、制面、经营一体化的实现，产品开发和质量控制手段显著改进，挂面的食用质量明显提升，消费人群扩大。

挂面生产企业的产业链条开始延伸，机械化水平大大提升。由于国家产业和税收政策的支持，在行业里处于领先地位的挂面生产企业开始向原料收储、小麦粉加工、市场营销领域延伸或扩展；面粉和方便面加工企业涉足或扩大挂面生产，以使企业利润最大化，也可稳定原料和市场供给，保证挂面产品质量。挂面生产、包装、运输基本实现了机械化。同时，由于生产卫生条件和降低人工成本的新要求，企业开始采购自动化设备，考虑开发智能化生产工艺，使得市场竞争力得到进一步提升。挂面作为一种方便、实惠、耐储藏食品，具有较强的市场竞争优势，市场占有率不断提高。

2. 方便面行业发展现状

我国是方便面生产大国。方便面最大的消费特点是方便，主要是以小麦粉等为主要原料，添加或者不添加辅料，经处理后得到的一种用热水冲泡就能食用的食品。近年，方便面行业也在不断探讨方便面的营养、健康和食品安全问题。将小麦加工成方便面，使小麦增值 5~10 倍。根据日本、韩国等国方便面消费趋势，预计我国方便面消费可能稳定在面制品总量的 10%~12%。

2016—2021 年我国方便面产量逐年下降，数据显示，2021 全年行业累计产量为 513 万吨，同比下降 6.8%；销量同比下降 4.0%，销售额同比下降 2.7%。据尼尔森数据显示，2021 年康师傅方便面销量市场占有率和销售额市场占有率仍旧双双位居行业第一：销量市场占有率 45.7%，同比增长 2%；销售额市场占有率 48%，同比上升 1.7%[①]。

---

① 新浪财经头条：《康师傅 2021 年营收突破 740 亿，方便面行业远未触及天花板！》，https://cj.sina.com.cn/articles/view/6745116791/1920a507700101dcyc? finpagefr=p_104_js。

方便面生产企业高度集中。当前，康师傅、统一和今麦郎这三家企业占据了我国接近 90% 的市场份额，而像白象这样的企业加在一起只有不到 10%，在竞争中处于弱势地位。从人均消费量来看，2020 年中国大陆人均方便面消费量为 33 份，不到韩国、越南的一半，也比泰国、尼泊尔、马来西亚、日本、印度尼西亚等亚洲国家低。从单价来看，2019 年中国大陆方便面件均单价 2.3 元，同期，日本为 6.6 元、中国台湾地区为 5.2 元，中国大陆方便面单价仅为日本的三分之一。方便面行业远未触及天花板，未来可期。

3. 馒头行业发展现状

馒头是中国人民的传统主食之一。馒头从加工方式上可分为手工馒头和机制馒头两种。据统计，馒头及蒸煮食品用粉的消费量占面粉总消费量的 40% 左右，北方地区的馒头生产占到面粉消费量的 60%。

伴随着城市化和城镇化发展，主食馒头生产经营正在逐步向产业化和市场化方向发展，当前我国主食馒头的产业化发展水平仍较低，地域发展不平衡。馒头的加工制作与销售方式在不同地域差异比较大。产业化水平总体呈现农村低、城市高的趋势。我国馒头行业发展现状主要体现在以下几个方面。

市场需求逐渐增长。随着人们生活节奏的加快，人们对方便快捷的食品需求越来越大，馒头作为一种主要的传统主食，尤其在北方，是很多家庭每日必备的食品之一。很多城市家庭由于没有时间在家里制作馒头，同时又对普通作坊生产的馒头质量存在顾虑，大多数选择到超市购买馒头，使馒头需求量逐年增长。

工业化程度较低。馒头生产过程中一般需要经历和面、发酵、成型、醒发、蒸制、冷却、包装等工序，这些工序目前还不能完全实现机械化或自动化生产，部分工序还需要人工操作，行业还没有形成成套的全自动馒头生产线。

产品质量与储运条件还有待改进。由于设备、工艺、技术水平等差异，工业化生产的馒头风味与传统手工馒头有较大差异，个性化需求得不到满足；另外，馒头的储藏、分销设备和网络还有待完善。

4. 速冻面食、烘焙食品等新兴行业发展现状

速冻面食市场随着人民生活水平的提高和冰箱冰柜的普及，速冻食品得到了快速发展，这给人们生活提供了极大的便利，现代市场速冻花样种类繁多。目前，水饺、汤圆、面点、粽子、馄饨，是速冻市场的前五强，其中水饺约占整个速冻食品销售额的 50% 以上。速冻面食市场规模不断增长也带动了面粉行业的市场规模扩张。国内人口增速放缓、人口老龄化及消费结构升级等从各个方面减缓了小麦制粉需求。我国面粉产量近年走势平稳，但零售价格却不断上涨，2022年我国小包装面粉零售价格达到每千克6.65元。

烘焙食品主要是以饼干、面包、糕点等为主，是食品制造业中占比较大的一个门类。2021年我国烘焙食品市场规模达2 600.8亿元，同比增长19.9%。随着疫情防控常态化，烘焙食品市场将保持10%左右的增长率，2023年我国烘焙食品市场规模将达3069.9亿元[①]。烘焙食品行业已进入高速发展时期，2020年我国烘焙面粉消费量为426.6万吨，烘焙食品市场规模持续扩张，对原材料面粉的需求量持续增长。

三、小麦加工领域相关政策介绍

目前，小麦加工政策主要以促进粮食加工业发展的政策为主，主要涉及销售、加工及深加工政策、加工业发展规划等。

（一）政策性销售政策

受国家发展和改革委员会、财政部、国家粮食和物资储备局等部门委托，国家粮油信息中心和安徽粮食批发交易市场组成国家政策性粮食交易中心市场，共同构建了粮食电子竞价交易系统全国统一大平台。目前，通过批发市场公开竞拍的政策性粮食品种包括最低收购价稻谷、小麦，临时储备稻谷、玉米、大豆，中央储备粳稻、玉米，临时储备进口小麦、大豆，中央储备油等。

政策性小麦拍卖已经成为加工企业获得粮源的重要渠道之一。为保障终端粮油产品市场供应，或平抑市场价格，国家适时采取政策性粮油定向销售政策，即以低于市场价格的价格向部分粮油加工企业定向销售政策性粮油。为配合国家对食用油及面粉的限价政策，国家会分批向部分粮油加工企业定向销售了最低收购价小麦、临储大豆及菜籽油等。

（二）加工和深加工政策

从2006年开始，国内外粮价全面上涨，小麦、玉米等价格相继大幅攀升，粮食"能源化"是其中主要因素。为确保国家粮食安全，我国出台措施抑制粮食能源化发展，实施了一系列适度控制粮食深加工产业发展的政策措施，明确

[①] 餐饮界：《2021年中国烘焙食品行业竞争格局与消费行为分析报告》，https://www.sohu.com/a/495169037＿111268。

提出"不与人争粮、不与粮争地"的发展战略。

为发展农产品深加工，实现转化增值，2002年6月1日，农业部发布《全国主要农产品加工业发展规划》，提出我国粮食类产品加工要从粗加工向精加工、从单一品种加工向多品种加工、从简单产品向深加工产品转化。重点是要做好稻谷、小麦、玉米和薯类的深加工和综合利用，努力提高基础原料产品质量，实现加工品种多样化、系列化、专用化，加快粮食产品向食品制造业的延伸。

面粉加工企业发展较快，大型加工企业数量不断增长，加工能力得到较快发展。2004年起，在粮食主产区实行"支持粮食转化和加工政策"，通过小额贷款、贴息补助、提供保险服务等形式，支持农民和企业发展养殖业；通过贷款贴息、投资参股、税收政策改革等措施，扶持主产区粮食加工业，尤其是精深加工业的发展，以此带动粮食生产和流通业发展。2007年在扩大对粮食工业的资助规模基础上，运行"加强农产品质量安全监管政策"，通过运行《中华人民共和国食品安全法》、农药规范使用制度、农产品质量可追溯制度和有机食品认证制度等来强化粮食工业品的生产质量，按生产关联形成对粮食生产环节的约束，以此带动粮食产业产品整体质量的提升①。鼓励农民专业合作社兴办粮食加工企业或参股龙头企业。

（三）加工业发展规划

2017年1月，国家粮食局发布《粮油加工业"十三五"发展规划》②，提出重点培育郑州等现代粮油食品加工产业集聚区。要求要培育壮大龙头企业，促进产业集聚，提出实施粮食产业集群集聚行动，支持主产区发展粮食深加工转化，形成一批优势产业集群。坚持产业升级与转移相结合，引导产销区产业合作，按照布局合理、特色鲜明、集约高效、绿色生态的原则，以全产业链为纽带，推动建设资源要素集聚的粮油加工产业园区或集群。

积极发展专用粉、全麦粉、预拌粉及各类面制主食品等。在华北、华中、华东、西北等主产区和津冀鲁、珠三角等地区，发展小麦加工产业集聚区或集群，形成小麦粉、面制食品及其副产物综合利用的循环经济模式。培

---

① 尹义坤：《中国粮食产业政策研究》，东北农业大学，2010年。

② 国家粮食局：《粮食局关于印发〈粮油加工业"十三五"发展规划〉的通知》，http：//www.gov.cn/xinwen/2017-01/03/content_5155835.htm。

育一批年处理小麦 50 万吨以上的大型产业化龙头企业、年处理小麦 100 万吨以上的骨干集团企业。在河南等省（区、市）发展小麦粉加工、面制品、焙烤食品、速冻食品等成套设备，发展米粉（米线）、方便米饭和挂面、馒头加工成套设备。

四、河南省小麦加工产业介绍

河南省是全国 13 个粮食主产区之一，占全国 1/16 的耕地面积，生产了全国 1/10 的粮食，在解决河南省 1 亿人口粮食消费的同时还肩负着保障国家粮食安全的重任。2018 年 8 月，河南省人民政府出台了《关于大力发展粮食产业经济加快建设粮食经济强省的实施意见》[①]，要求到 2025 年，初步建成适应河南省省情和粮情的现代粮食产业体系，使粮食产业发展的质量和效益明显提升，进一步促进国家粮食安全，带动农民增收。全省粮油优质品率提高 20 个百分点左右；粮食产业增加值年均增长 7.6% 左右，粮食加工转化率达到 92%，主食品工业化率提高到 65% 以上；粮食产业经济总产值达到 5 000 亿元，主营业务收入 100 亿元以上的粮食企业数量达到 10 个以上，10 亿元以上的粮食企业数量达到 100 个以上，大型粮食产业集群和龙头企业辐射带动能力持续增强；粮食产后服务中心数量达到 1 000 个以上，粮食质量监督检验机构达到 100 个以上，粮食科技创新能力和粮食质量安全保障能力全面提升。

河南省政府注重优质专用小麦的发展，河南省农业厅发布了《河南省推进优质小麦发展工作方案》[②]。在方案中根据河南省内的自然条件，将豫北规划为强筋小麦适宜生态区、豫中东规划为强筋小麦次宜生态区、豫南沿淮地区规划为优质弱筋小麦适宜生态区。对于专用小麦的生产推行单品集中连片种植，落实配套栽培技术，加强产销对接，出台了生产补贴政策等一系列措施。2016 年全省的优质小麦的种植面积在 600 万亩，2018 年增加到 1 200 万亩，逐步克服混种混收混储、产销脱节等问题，形成了专种、专收、专储、专用的规模化经营和产销一体化模式。近年，随着全省各地的气候观测站的逐步建立与完善，

---

① 河南省人民政府网站：《河南省人民政府办公厅印发〈关于大力发展粮食产业经济加快建设粮食经济强省的实施意见〉》，http://www.lswz.gov.cn/html/xinwen/2018-08/24/content_239759.shtml。

② 河南省农业农村厅：《河南省农业厅关于小麦传统制品加工技术集成基地建设项目初步设计与概算的复函》，http://nynct.henan.gov.cn/2017/10-10/866477.html。

余卫东和杨君健[1]采用 8 个气候指标来确定河南省优质小麦区划指标，结合台站经纬度和 DEM 信息，利用梯度距离反比法对各区划指标进行 1 千米网格推算，采用打分法分别确定 RCP4.5 和 RCP8.5 情景下 2030 年、2040 年和 2050 年河南省强筋、中筋和弱筋优质小麦种植区域及面积比例。河南省小麦数量充裕，但优质品种欠缺。从粮食种类方面看，小麦产量超过全国的 1/4，中筋小麦的占比高达 90%，优质专用的强筋小麦和弱筋小麦占比较低，导致省内的不少企业需要引进国外的小麦进行生产加工[2]。

我国政府引导优质专用小麦的生产逐渐向规模化、集约化、深加工和综合利用方向发展，同时与优质专用小麦生产息息相关的专业合作组织不断壮大，各地涌现出一批优质小麦协会、谷物协会、优质小麦订单专业合作社等专业合作中介服务组织，其中最具典型的即延津县金粒公司，其在当地政府的扶持下，以订单农业为核心发展了著名的"延津模式"。我国政府也连续多年举办优质专用小麦产销衔接会、中国（郑州）小麦交易会、中国小麦产业发展年会等活动，发布质量信息，搭建产需平台，促进产销衔接。2018 年秋季，由全国农业技术推广服务中心、金沙河面业集团、中国农业科学院作物科学研究所发起的全国优质专用小麦产业联盟在河南郑州正式成立，开启了做强我国优质专用小麦产业新征程（图 11-5）。

河南省作为我国小麦主产区，需要有庞大的小麦加工业予以支撑，才能将生产出来的小麦顺利转换为经济效益。目前，市面上流通的便捷食品大多产自河南省。据统计，全国有 1/3 的方便面、1/4 的馒头都产自河南省，可见河南省在小麦加工业中的重要地位。河南省国有粮食企业小麦收购量和销售量随年份不同，差别较大。2010—2020 年河南省处理小麦量占到全国的 26.93%，在全国具有举足轻重的地位，同时随着近些年小麦加工业的升级转型，2015 年以后将小麦行业深加工处理单位与小麦粉生产企业分离，故 2015 年后小麦粉产出量出现了下滑迹象，但河南省单位小麦企业加工能力上升，单位企业处理小麦量连年攀升，在 2020 年河南省单位小麦加工企业处理小麦量 9.09 万吨，单位企业小麦粉产量也接近 3 万吨（图 11-6、图 11-7）。

---

① 余卫东，杨君健：《河南省优质小麦适宜种植区及未来变化趋势》，《中国农业大学学报》，2021 年第 9 期，第 42-51 页。

② 叶丽丽：《河南省粮食生产与消费结构存在的问题及对策研究》，河南工业大学博士论文，2019 年。

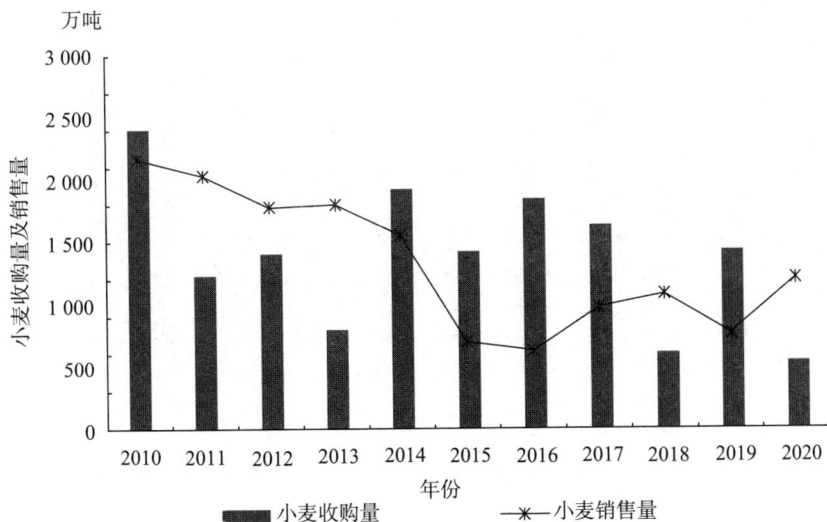

图 11-5 2010—2020 年河南省国有粮食企业小麦收购量和销售量
数据来源：国家统计局、国家粮食和物资储备局，由 EPS 数据库整理而得。

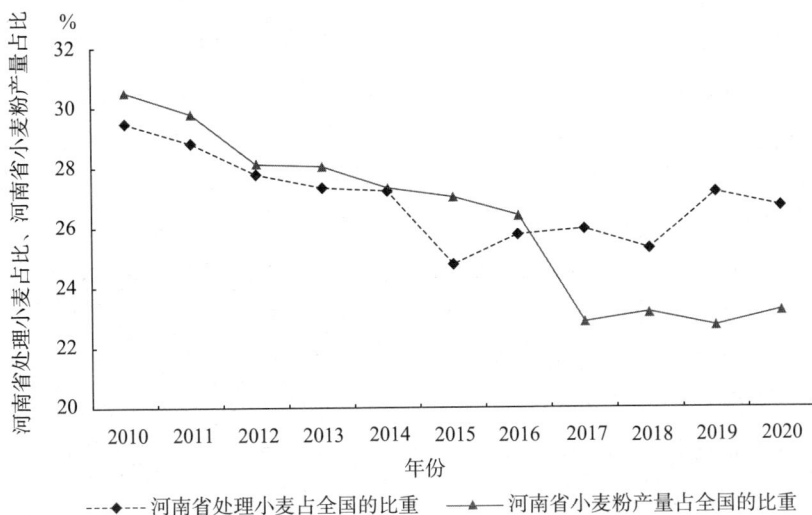

图 11-6 2010—2020 年河南省小麦加工企业处理小麦和小麦粉产量占全国的比重
数据来源：国家统计局、国家粮食和物资储备局，由 EPS 数据库整理而得。

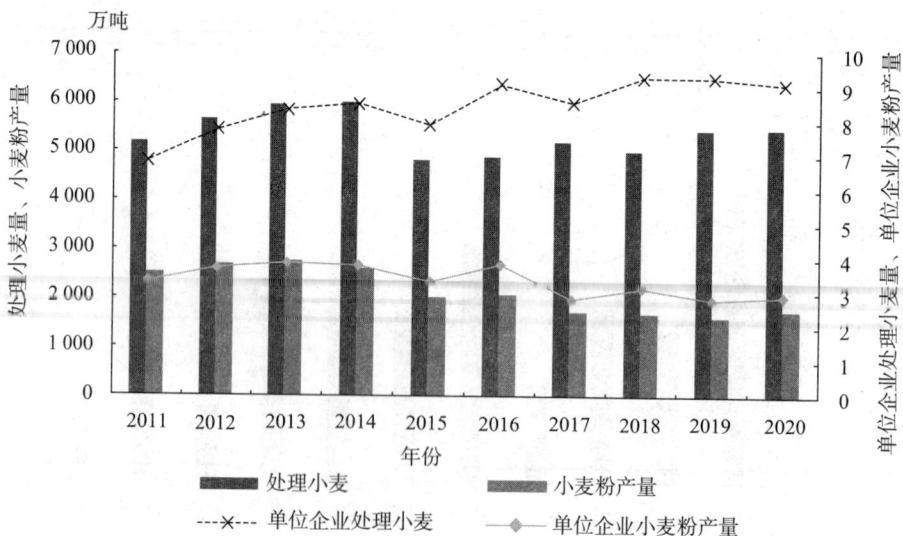

图 11-7　2011—2020 年河南省小麦加工企业处理小麦量和小麦粉产量

数据来源：国家统计局、国家粮食和物资储备局，由 EPS 数据库整理而得。

　　河南省现如今的小麦加工企业是以中型企业为主，逐步向大型加工企业靠拢的趋势，近些年，虽然中粮集团、益海嘉里、五得利三大小麦加工能力总和超过 1 800 万吨的加工集团在河南省开始布局，但是总体来看相对于美国这些拥有超大型加工企业（如 ADM、嘉吉）的国家相比，河南省小麦加工企业分布相对较散、规模与超大型加工企业相比存在差距。河南省在 2020 年 4 月成立河南粮食投资集团有限公司，其下辖的豫粮集团延津小麦产业有限公司和豫粮集团濮阳专用面粉有限公司在小麦加工领域处于全国领先地位。同时，中粮（郑州）粮油工业有限公司、河南天香面业有限公司、郑州金苑面业有限公司和河南莲花面粉有限公司在小麦粉加工方面也在全国具有竞争优势；想念食品股份有限公司、博大面业集团有限公司、白象食品股份有限公司和延津县克明面业股份有限公司等河南面制品加工企业也极具代表性。河南省粮油加工企业利润总额更是从 2016 年的 18.8 亿元蹿升至 2020 年的 194.4 亿元，年平均增长率更是高达 79.32%（图 11-8）。

　　河南省农产品品牌的建设，要立足本省特色，同时对市场进行严格把控，从消费入手，以明确的、具有针对性的小麦农产品获取市场，让消费者认可。新时期优质专用小麦的发展，应推广前期已经确立的优质专用小麦的示范县、

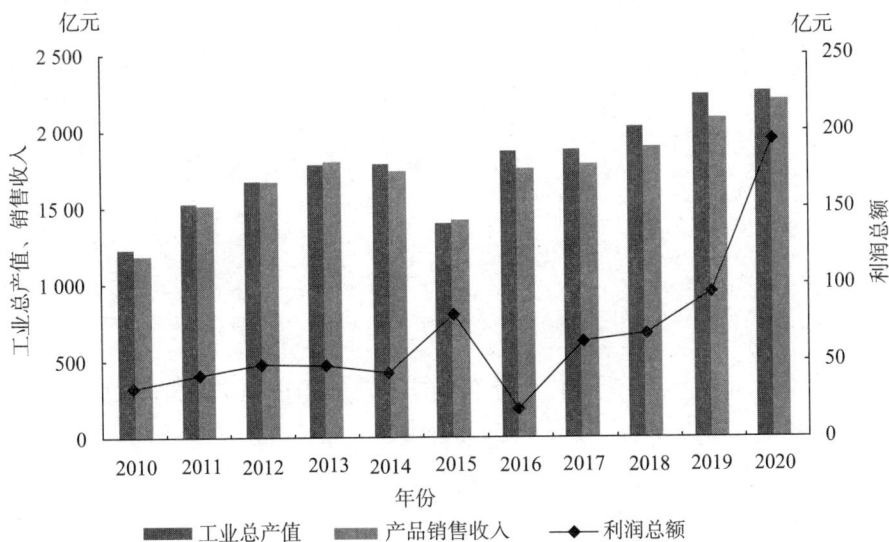

图 11-8　2010—2020 年河南省粮油加工企业主要经济指标
数据来源：国家统计局、国家粮食和物资储备局，由 EPS 数据库整理而得。

示范基地建设的先进经验（标准化生产技术和订单农业），发挥优质专用小麦示范区以点带面的引领作用，同时总结国外先进的农产品品牌（日本完善的"一村一品"体系）建设经验。注重推广像"延津小麦"这类的品牌的成功经验，加强"三品一标"和国家级农产品地理标志认证的品牌建设，农产品品牌的建设是农业发展市场化的必经之路，因为它不仅仅会让一个企业或示范基地受益，更会让一个地区的广大农民得到效益。

第十二章
河南省代表性小麦加工企业

2020 年，我国小麦粉加工企业 2 566 家，其中国有及国有控股企业 152 家、内资非国有企业 2 361 家、台港澳商及外商企业 53 家，分别占比 5.9%、92.0% 和 2.1%，小麦粉加工业总的生产能力为年处理小麦 20 423.2 万吨；当年处理小麦 10 054.8 万吨，产能利用率为 49.2%，产能利用率达到一般水平。

在中国粮食行业协会 2021 年 12 月 10 日发布《关于发布 2020 年度重点粮油企业专项调查结果的通知》（中粮协〔2021〕4 号）[①] 和农民日报社发布的《2021 中国农业企业 500 强排行榜》[②] 中河南省小麦加工企业均有上榜。与此同时，河南省粮食行业协会 2021 年 11 月 12 日发布《关于印发 2020 年度河南省粮油加工企业综合实力"50 强"名单的通知》（豫粮协〔2021〕19 号）[③]，在全省粮食企业中进行了重点企业专项调查，培育发展河南省粮油骨干企业和知名品牌。本节将结合上述三项排行名单，选取河南省有代表性的小麦加工企业进行总结和介绍，为河南省其他小麦加工企业发展提供经验和借鉴。

一、河南省小麦粉加工代表性企业

（一）河南粮食投资集团有限公司

河南粮食投资集团有限公司（以下简称河南粮投集团）成立于 2020 年 4 月 16 日，注册资本 500 000 万元，是经河南省人民政府批准成立的一家粮农一

---

① 中国粮食行业协会：《关于发布 2020 年度重点粮油企业专项调查结果的通知》，http://www.chinagrains.org.cn/wzfcms/html/chinese/tzgg_1033/20211213/3311d8b279774bf1b43e0e7c3ceebdd0.html。

② 中国农网：《2021 中国农业企业 500 强排行榜发布》，http://www.farmer.com.cn/2021/12/15/99884309.html。

③ 河南省粮食行业协会：《关于印发 2020 年度河南省粮油加工企业综合实力"50 强"名单的通知》，http://www.hnslshyxh.com/newsView.asp?news_id=989。

体化投资的综合性大型国有粮食集团，在种子繁育、土地流转、规模种植、粮食收储、粮油精深加工、餐饮及零售、粮油进出口、生猪养殖等业务领域具有较强实力。

在粮油精深加工方面，河南粮投集团拥有全资、控股及参股粮油加工企业14家，年加工能力150多万吨，"裕厨"专用面粉、"首山"绿色面粉、"凯利来"高端面包及休闲食品、"世通"豆制品、"爱厨"植物油、"豫粮一号"酱香型白酒等一批省内知名粮油品牌，深受消费者喜爱。其下所辖豫粮集团延津小麦产业有限公司和豫粮集团濮阳专用面粉有限公司在小麦加工领域处于全国领先地位。

1. 豫粮集团延津小麦产业有限公司

豫粮集团延津小麦产业有限公司于2016年12月注册成立，注册资本5 000万元，公司位于延津县产业聚集区，系河南省豫粮粮食集团全资子公司，2020年4月划转为河南粮食投资集团有限公司全资子公司。其充分利用河南省"优质粮食工程"和"五优联动"政策，结合延津县"中国第一麦"独特优势资源，把优质强筋小麦产业化经营确定为公司发展战略，积极探索"公司＋"经营方式，即公司＋科研院所＋农业合作社＋农场种植基地＋仓库流通＋粮食精深加工。2018年11月，公司与延津新良专用粉厂签订合同，租赁专用粉生产设施及设备开展小麦专用粉加工业务，年加工优质小麦20万吨左右。

豫粮集团延津小麦产业有限公司牵头，发起成立延津豫粮种植专业合作社联合社，注册资本1 000万元，其中公司认缴资本金550万元，占注册资本的55％。同时公司牵头，还发起成立了新乡市豫粮农业种植专业合作社，大力推广优质强筋小麦订单种植。目前全社发展优质强筋小麦订单面积5万亩，涉及延津38个村，在订单面积内，开展统一供种、统一供肥、统一播种、统一管理、统一收购社会化服务，并初见成效。

2. 豫粮集团濮阳专用面粉有限公司

豫粮集团濮阳专用面粉有限公司是一家以食品专用面粉为特色，以食品企业、连锁饼房为市场主体，以烘焙食品技术研发服务为一体的企业。公司成立于2014年2月18日，位于濮阳市高新技术开发区豫粮集团濮阳粮食产业园内，地处小麦主产区，被评为"河南放心粮油（主食）"和濮阳市农业产业化市重点龙头企业。

公司主要从事中高档专用面粉的研发、生产和销售业务，并提供烘焙食品技术和研发服务，主要产品包括"予良"工业面包专用粉（精制面包粉1号、精制面包粉2号、精制面包粉3号、汉堡1号、汉堡2号、汉堡3号、面包粉9000、面包粉8000、面包粉6000），"予良"工业蛋糕专用粉（高级蛋糕粉、蛋糕粉、沙琪玛粉、低筋小麦粉），小包装烘焙系列，"裕厨"小包装蒸煮系列，小包装预拌粉系列。同时，将产业链条延伸至小麦订单种植与技术服务、农产品仓储物流与贸易等经营领域。

（二）中粮（郑州）粮油工业有限公司

中粮（郑州）粮油工业有限公司成立于2010年12月24日，注册资本31 300万元，位于河南省郑州经济技术开发区，是中粮集团旗下的一家集面粉加工、食品生产、仓储物流为一体的大型现代化综合性企业，占地304亩，是中粮小麦加工业务在华中地区的区域管理平台及核心企业。公司年小麦加工能力60万吨，面条加工能力3.6万吨，小麦仓储能力20万吨。

公司主导产品为"福临门""香雪""神象"牌高品质面粉、挂面，受到消费者的青睐，并与"康师傅""统一""白象""三全""思念"等全国知名食品企业建立良好稳定的合作关系。公司荣获"粮油食品安全诚信道德模范企业""河南省粮油企业50强""全国放心粮油示范工程示范加工企业""第二批河南省好粮油""放心粮油（主食）加工企业""河南省农业产业化经营——重点龙头企业"荣誉称号。

（三）河南天香面业有限公司

河南天香面业有限公司成立于2005年，注册资本3 741万元，是以面粉生产及挂面生产加工为核心，组建的集科、工、贸一体化的农业产业化国家重点龙头企业，现日处理小麦1 800吨，挂面年产能达到6万吨，拥有先进的生产设备和雄厚的科技力量[①]。公司多项经济技术指标连续多年居全国面粉加工行业前茅。

天香公司地处中原腹地、黄河北岸的全国小麦产区——河南温县，主导产品有"麦乡"系列和"黄河麦场"系列面粉、挂面等20多个品类。凭借小麦产区的地理优势和"绿色健康、口感爽滑"的小麦品质，2005年以来，公司客户网络不断扩展形成了强势的区域性品牌，拥有了稳定忠实的"麦乡"消费群

---

① 贾红梅：《天香面业：铸就中国放心粮油品牌》，《粮油市场报》，2013年8月20日B03版。

体,产品销售实现河南省内无空白地市,覆盖山西、陕西、青海、甘肃、四川、贵州、广东、广西、福建、内蒙古等全国20多个省(区、市),产品深受消费者欢迎。

经过几年的快速滚动发展,河南天香面业有限公司取得了令人瞩目的成绩。2005年,顺利通过ISO9001国际质量管理体系认证。2009年,获得"中国绿色食品"认证,并先后荣获"农业产业化重点龙头企业""中国百佳粮油企业""河南省AA产品"等荣誉称号。2012年,公司被河南省科技厅认定为"河南省全谷物强化营养面制品工程技术研究中心"。同年,公司又被《粮油市场报》、中国粮油榜组委会评为"中国十佳面粉企业"。2013年,公司被中国粮食行业协会、中国粮油学会、中国粮食经济学会授予了"2013年度小麦粉加工企业50强"。2014年"麦乡"商标被国家商标总局评为"中国AA商标"。2014年12月被评为河南省质量诚信(AA)工业企业。同月,麦乡牌小麦粉、挂面被评为"2014年河南省AA产品"。2015年被评为河南省工业质量标杆企业。2016年荣获了国家工商行政管理总局2014—2015年度"守合同重信用"企业资格。2017年顺利通过ISO22000食品安全管理体系认证。2019年被河南省粮食和物资储备局、河南省财政厅评为"中国好粮油行动计划省级示范企业"。

(四)郑州金苑面业有限公司

郑州金苑面业有限公司(原郑州金苑面粉厂)是以生产面粉为主导产品的特大型民营股份制粮食加工企业,创建于1992年10月,注册资金2 000万元,分别在郑州宋砦工贸苑区和郑州高新技术开发区建有两个生产基地,拥有包括世界上规模最大、高度自动化的全八辊磨粉机制粉车间在内的四条面粉生产线、10条大型自动化油炸方便面生产线和3条挂面生产线,年加工小麦105万吨,年产方便面12万吨、挂面30 000吨。

金苑产品作为中国面粉市场的主流品牌,均采用国产上等小麦、配以进口优质小麦作原料,各项质量技术指标均优于国家标准,产品覆盖全国30多个省(区、市),连年经国家技术监督部门抽检合格率均为100%,被国家、省、市政府认定为"放心面"生产基地、省重点保护企业、省重点保护产品、省安全食品企业、河南名牌产品、河南著名商标和全国名优产品等[①]。2002年10

① 王海旺、郭跃武:《勇立潮头 独领风骚——记河南郑州金苑面业有限公司》,《中国食品质量报》,2013年4月15日003版。

月，金苑系列面粉获得了全国免检证书；10 月通过 ISO9001 认证。2003 年 3 月领取了全国工业产品生产许可证书，是河南省食品行业获得生产许可证的第一家。2003 年 7 月被评为河南食品工业第一品牌，达到了全国一流水平。

现在的郑州金苑面业有限公司，已具备年加工小麦 70 万吨、油炸方便面 45 000 吨、挂面 10 000 吨的生产规模，成为河南省重要的粮食转化基地和重点扶持企业，无论是生产规模、加工总量还是品质标准，均居全国同行业首位，成为全国最大的面粉加工企业。

（五）河南莲花面粉有限公司

河南莲花面粉有限公司成立于 2001 年，注册资本 11 720 万元，是一家大型小麦加工企业，荣获"中国粮油加工 50 强企业""全国放心粮油示范加工企业"。公司地处中原小麦主产区河南省项城市，自然条件得天独厚，原料资源十分丰富，拥有两条日处理小麦 500 吨的等级面粉生产线，具有年产等级面粉 30 万吨的生产能力。

公司引进了瑞士布勒公司制粉设备和德国布拉本德、瑞典波通的先进检测设备，采用世界先进的 PLC 自动控制系统，可生产各种等级面粉、食品粉。公司是国内面粉行业首批通过 ISO9001 质量管理体系、ISO14001 环境管理体系、ISO22000 食品安全管理体系三项认证的企业。

公司先后研制开发出十大系列的"莲花六月春"牌系列产品，包括馒头粉系列、面条粉系列、休闲食品粉系列、低筋粉系列、出口烘焙粉系列、军供面粉系列、家装小包装系列、预拌粉系列等，被认定为绿色产品 A 级产品，并出口德国、荷兰、新加坡、韩国、朝鲜、越南、菲律宾等 18 个国家。

二、河南省面制品加工代表性企业

（一）想念食品股份有限公司

想念食品股份有限公司成立于 2008 年，注册资本 10 726.2 万元，是"想念"品牌引领下农业全产业链一体化中外合资企业。公司总部位于全国优良小麦核心生产区，南水北调中线渠首，世界地质公园——河南省南阳市。

公司的"想念"品牌面粉享誉全国，目前拥有 3 条面粉生产线和 24 条挂面生产线，实现年加工面粉 43.8 万吨，年加工挂面 38.6 万吨；2020 年实现营业收入 19.5 亿元、净利润 1.88 亿元。公司先后荣获"全国放心粮油示范工程示范加工企业""全国主食加工业示范企业""中国挂面加工企业10强""中国好粮油行动计划省级示范企业""2020年度中国食品企业社会责任百强企业""河南省扶贫龙头企业"。通过质量管理体系、食品安全管理体系、环境管理体系、职业健康安全管理体系、HACCP体系、两化融合管理体系认证。

(二)博大面业集团有限公司

博大面业集团有限公司成立于1993年,注册资本5000万元,集团总部位于河南郑州荥阳市,是一家以生产、销售挂面、面粉为主的农产品加工企业。目前共有3个生产基地,包括挂面生产基地、面粉生产基地、安阳生产基地。

公司目前拥有国内先进的自动化生产线21条,其中挂面生产线18条,异形面生产线1条,年生产能力达17万吨;面粉生产线2条,日加工小麦500吨,年加工小麦8万吨。公司荣获"中国名牌""国家级守合同重信用企业""农业产业化国家重点龙头企业"等,顺利通过ISO9001—2015国际质量体系认证、HACCP管理体系认证、ISO22000食品安全管理体系认证。

(三)白象食品股份有限公司

白象食品股份有限公司于1997年创立在河南省郑州市,注册资本35000万元,是一家以方便面生产、销售为主营业务,横跨面粉、挂面、粉丝、主食、饮料和种植等多个领域的全国大型综合性食品企业。至今已在河南、河北、山东、山西、湖南、江苏、四川、陕西、吉林等省份布局10个方便面生产基地、2个面粉生产基地、1个挂面车间和2家调味料公司。白象先后被评为"农业产业化国家重点龙头企业""河南省粮食深加工和食品生产龙头企业""全省粮食深加工十家重点保护企业"和"中国面制品业最具活力的企业之一"①。

公司现拥有国际一流方便面生产线97条,年产方便面近100亿包。年产业消化面粉已超过90万吨,实现小麦转化120万吨,全国300多万户农民因此受益。与此同时,白象产业还直接带动面粉厂、造纸厂、机械制造、调味料、运输等上下游相关企业3000多家,全国超过50万人从事于白象的相关工作。国际权威调查机构AC尼尔森数据显示,2003年至今,白象方便面始终保持18%左右的市场占有率,一直稳居全国方便面行业前三。随着白象的快速发

---

① 郑州市粮食和物资储备局:《白象食品集团简介》,http://lsj.zhengzhou.gov.cn/qyzs/3302141.jhtml。

展，"白象"品牌先后荣获"亚洲品牌500强""中国驰名商标""国家免检产品""中国知名品牌认知百强""河南省著名商标"等诸多荣誉。白象致力于打造从小麦种植，到面粉加工，方便面、挂面、面点加工，面点专卖店的全产业链，正努力为河南及全国的粮食深加工转化、农业产业化做出自己的贡献。

（四）延津县克明面业股份有限公司

克明面业成立于1984年，经过30多年的奋力拼搏现已发展成为一家民营食品高科技企业，并于2012年3月成功在深圳证券交易所A股上市（股票代码002661），成为中国挂面行业第一股。克明面业在河南投资的延津生产基地是全国最大的挂面生产基地。

延津克明面业有限公司成立于2008年，注册资本20 000万元，占地面积315亩，总投资10亿元，年生产挂面20万吨、乌冬面2.5万吨，年产值25亿元。克明面业股份有限公司始终专注于中高端挂面的研发、生产及销售，以其"柔韧、细腻、口感好，易熟、耐煮、不糊汤"的独特品质，赢得了广大消费者的好评。克明面业三期及五谷道场项目规划占地面积约600亩，计划在延津新增投资20亿元，新上6条非油炸方便面生产线，建立五谷道场生产基地、研发中心、创新工厂等，年新增挂面制品40万吨，达到年产挂面60万吨，年新增生鲜面生产能力2万吨，年新增乌冬面生产能力2.5万吨。

第十三章
河南省小麦加工产业发展战略研究

一、河南省小麦加工产业市场发展环境分析

（一）政治和法律环境分析

1. 供给侧改革与双循环新格局

2017年农业部下发《农业部关于推进农业供给侧结构性改革的实施意见》中强调要大力发展农产品加工业，积极落实农产品加工业的优惠政策和措施，实施质量和品牌提升，推动农产品产业转型升级，同时加快优质原料基地建设和加工专用品种生产，并组织实施加工技术集成基地和关键技术装备研发和推广。农业供给侧改革的提出，不仅提升了质量和效率，也使供给数量、质量和品种等更适合市场的要求。对于目前产能过剩的面粉行业来讲，供给侧改革指明了目前行业发展的主要方向，即集中化、低成本，高质量，有创新、有特色的产业调整[①]。

面制品是整个食品行业的重要门类，长期以来，面制品在改善人民生活、满足市场需求、助力"三农"等方面都做出了重要贡献。在"双循环"新发展格局下，希望面制品行业在原有基础上能够更多地通过新产品、新工艺让消费者消费更多的面制品。同时，在整个工业系统数字化转型过程中，方便食品在智能化、数字化、绿色化方面还有潜力可挖。"三品"战略的实施中，面制品行业还要有所延伸，如实现多组合开发富含膳食纤维产品、加大老年食品开发等。

2. 相关法律法规和行业规范不断完善

近年，我国关于粮油加工受到各级政府的高度重视和国家产业政策的重点

---

① 武会斌：《农产品加工企业市场营销策略研究——以 H 面粉集团为例》，天津大学硕士论文，2019 年。

支持。国家陆续出台了多项政策，鼓励粮油加工，如《中华人民共和国食品安全法》《国家粮食和物资储备局关于公布规范性文件清理结果的公告》《食品安全国家标准植物油》等产业政策为粮油加工行业的发展提供了明确、广阔的市场前景，为企业提供了良好的生产经营环境。

《中华人民共和国粮食安全保障法》列入十三届全国人大常委会立法规划一类项目，该保障法第一次起草小组会议在 2018 年 11 月 8 日召开，会议认为《中华人民共和国粮食安全保障法》条件成熟、任期内拟提请审议。2019 年中央 1 号文件提到要加快推进粮食安全保障立法进程。同时《农产品质量安全法》《农村土地承包法》《粮食储备管理条例》《植物新品种保护条例》等都在制订或修订进程，在国家机构改革中，还专门新组建粮食和物资储备部门，保障粮食安全等。

卫健委等机构也积极顺应行业需求，做好标准制定，不断提升标准的科学性、严谨性和实用性，提升标准服务水平，持续优化新食品原料、食品添加剂新产品和食品相关产品新产品等"三新食品"的审批管理，以更大力度支持方便食品行业的供给侧结构性改革和高质量发展[①]。

（二）经济环境分析

1. 国内总体经济受疫情影响，对面制品需求增加

受新冠肺炎疫情等因素影响，2021 年限额以上单位商品零售额中，粮油、食品类零售额比上年增长 10.8%。河南省挂面等面制品产量、销量均实现增长，疫情带来市场消费需求大增，同时也为中小企业入局带来机遇，部分低价产品死而复生，但行业总体高质量发展方向态势不变，行业的集中度进一步提升，品牌企业对市场的占有率持续加速，市场向优质企业聚集趋势更加鲜明。

在消费升级的大趋势下，电商消费渠道不容忽视。2021 年实物商品网上零售额 108 042 亿元，按可比口径计算，比上年增长 12.0%，占社会消费品零售总额的比重为 24.5%。食品行业逐渐开始解锁电商新渠道，创新模式充分迎合"宅经济"的扩大发展，精准对接消费需求，催生出一大批直播带货网红和网销热门产品，给面粉和面制品产业的发展带来很大的机遇。

2. 居民收入及消费情况

据国家统计局发布的《中华人民共和国 2021 年国民经济和社会发展统计

---

① 中国工业新闻网：《重视食品安全与营养健康　方便食品加快迭代升级》，http://www.cinn.cn/xfpgy/202009/t20200903_232894.html。

《公报》①，2021 年全国居民人均可支配收入 35 128 元，比上年增长 9.1%，扣除价格因素，实际增长 8.1%。全国居民人均可支配收入中位数 29 975 元，增长 8.8%。城镇居民人均可支配收入 47 412 元，比上年增长 8.2%；农村居民人均可支配收入 18 931 元，比上年增长 10.5%。无论是从人均可支配收入还是从人均可支配中位数来看，居民收入情况都在不断增长，为面粉和面制品市场带来良好的销售机遇。从全国居民人均可支配收入、全国居民人均消费支出和恩格尔系数来看，我国经济正在高质量稳定发展，乡村振兴、城镇化建设的效果正在凸显，农村居民的收入和消费能力正在快速增长，且同时期内高于城镇，会激发面粉的市场活力，也为面粉产业的发展提出了更高的要求。

3. 原粮市场情况

国家统计局发布的《中华人民共和国 2021 年国民经济和社会发展统计公报》，2021 年全年粮食种植面积 11 763 万公顷，比上年增加 86 万公顷。其中，小麦种植面积 2 357 万公顷，增加 19 万公顷。全年粮食产量 68 285 万吨，比上年增加 1 336 万吨，增产 2.0%。其中，小麦产量 13 695 万吨，增产 2.0%。在小麦进出口方面，由于面粉产业产能过剩，开工率不足，竞争加剧，面粉企业多数将发展方向投向了专用粉和高端产品方面，势必对小麦的质量提出了更高的要求，国内的小麦价格受到政策保护，特别是优质小麦价格常常居高不下，这就导致了小麦进口局面的持续旺盛。

随着我国经济水平的不断发展，国民生活水平的不断提高，作为主食之一的面粉的需求热度有所减低，面粉销售情况不断下滑，经销商和厂家都受到不同的影响，规模以上面粉企业的市场占有量占绝对优势，一些小型面粉加工企业无法进行充分的扩大产能，仅以周边需求为主。同时，专用粉和高端粉的市场需求不断升温，在这种市场环境的推进下，面粉产业将不断进行整合，规模化、专业化、特色化的产业特征将越来越明显，面粉和面制品行业将面临机遇与挑战并存的局面。

（三）社会环境分析

目前，国内的面粉产业产能利用率和发达国家还有一定的差距，经过产业的整合，国内面粉市场潜在市场空间将被挖掘。需要在结构升级的同时，进一

---

① 国家统计局：《中华人民共和国 2021 年国民经济和社会发展统计公报》，《中国信息报》，2022 年 3 月 1 日 001 版。

步扩大规模。同时，城镇人口不断上升，也给产业的发展提供了潜在的机遇，流通领域市场的绝对优势将会推动专用粉、高端粉的增长。

在实现高质量发展的过程中，面粉及面制品行业的消费升级在艰难推进中，企业积极以机械化等手段化解成本上升压力，同时在产品创新、提质等方面发力。在未来迎接机遇与挑战的过程中，行业还需持续提升产品附加值，向中高端市场转型。目前，小麦加工行业的创新已十分活跃，亦由此形成了各具优势的差异化竞争格局。特色产品、健康需求、小众多元、追求时尚、跨界交叉，已成为近年面制品行业的亮点。

新冠肺炎疫情暴发以来，"宅经济""云经济"等新商业模式加速催化，线上消费迎来爆发式增长，方便食品的消费大幅增长。在方便食品迎来新契机的同时也要看到，人们对方便食品的消费需求，不仅要求色香味美，对食品安全和营养健康也更加关注。如何满足这些需求，是行业发展面临的共同挑战。另外，要以营养健康引领方便食品的创新发展。加快食品加工的营养化转型，方便食品行业大有可为。目前，我国"三高"人群普遍存在营养失衡。希望方便食品产业界和科学界联手，主动适应消费者在营养健康方面的个性化、差异化需求，应用新配方、新技术、新工艺，开发更多符合"三减"要求的方便食品产品。

（四）技术环境分析

面粉加工和面制品企业，特别是一些中小企业要想在市场中立足，需要时刻注意技术环境变化。

1. 制粉设备和制粉工艺紧跟国际先进水平

据统计，目前国内外1万多条生产线中，有200多条生产线引进国际先进水平的制粉设备，98条生产线来自制粉设备高端技术代表的瑞士布勒公司，100多条生产线来自佐竹公司（日本）、哈普勒公司（德国）以及意大利境内的奥克利姆、高尔菲特、圣加蒂、贝尔加公司等。国内中粮集团引进了瑞士布勒公司、日本佐竹公司的制粉设备，五得利面粉集团更是全套使用了世界上最先进的布勒设备和磨粉工艺。另外，国内大型面粉加工企业都相继设立开放产品技术研究中心，特别是专用粉和高端粉的研发投入更大。

2. 管理实现现代化、智能化

精益管理、信息化管理、ERP等现代化企业管理技术及手段在面粉加工业企业中越来越多的得到应用和拓展。积极顺应行业需求，做好标准制定，不断提升标准的科学性、严谨性和实用性，提升标准服务水平，持续优化新食品原料、食品添加剂新产品和食品相关产品新产品等"三新食品"的审批管理，以更大力度支持方便食品行业的供给侧结构性改革和高质量发展。要加强小麦加工行业装备的智能化发展。目前，在我国小麦加工装备企业的努力下，装备国产化已达到较高水平，自动化水平发展到可与世界比肩的程度。但面对日益增长的人工成本和市场对高质量产品的持续需求，河南省小麦加工产业亟待在装备方面继续升级，需要从自动化向智能化水平过渡，真正建立智能化生产线。

二、河南省小麦加工发展面临的问题

（一）河南省面粉加工领域的主要问题

从河南省小麦粉加工行业发展现状来看，小麦粉加工业在改革开放中得到了快速发展，小麦粉生产的整体加工技术水平有了较大提高。但是，河南小麦粉加工企业多数规模较小，小麦粉加工产品较为单一，专用粉产品较少，产品同质化较为严重，缺乏特色产品；小麦深加工水平比较落后，产业链较短，能源消耗高，关键设备制造技术过多依赖外资企业。同时，由于小麦加工行业缺少整体性的规划和发展目标，企业盲目扩张，工厂重复建设，企业格局分散，导致小麦加工行业产能过剩、行业利润率较低、产品市场竞争力不强等诸多问题。

1. 产业布局不尽合理，小麦优质品种欠缺

小麦加工业布局不尽合理，缺乏总体的统筹规划和协调发展。缺乏产业总体发展规划和重大项目科学论证，盲目招商，盲目发展，导致产能的迅速扩张，存在资源浪费、低水平重复建设等问题。小麦产区加工能力过剩，销区小麦加工企业较少，缺乏必要的应对突发事件、稳定面粉市场、保障区域性安全稳定措施，应急加工体系不完善。

河南省小麦生产较为突出的现象是"硬麦不硬、软麦不软"。优质、专用小麦的自给率仅10%左右。中筋小麦占据着绝大部分，强筋和弱筋小麦产量占比不超过总产量的20%，供给不了企业需要的优质专用小麦。同时普通小麦和优质小麦存在严重混收混储的现象，进一步加剧了优质小麦的紧缺程度[①]。

---

① 叶丽丽：《河南省粮食生产与消费结构存在的问题及对策研究》，河南工业大学硕士论文，2019年。

目前，河南省虽然也有诸如河南粮食投资集团有限公司和中粮（郑州）粮油工业有限公司等在管理和生产上处于较高水平的小麦粉加工企业，但总体来看，河南省小麦加工企业规模仍然较小，生产集中度较低，处于粗放式经营状态，组织化程度低。中小企业技术装备水平较低，经营分散、规模小、管理简单粗放。受生产规模小、加工设备较为落后、经营方式较为粗放等不利因素的制约，小麦粉加工企业生产的产品多以普通民用粉为主，产品档次低、种类少。加工产品类型单一、出品率低、产品缺乏特色、粮食资源利用率低、产品附加值和利润率较低、产品市场竞争力不强等因素已经成为制约河南省小麦粉行业发展关键因素。

2. 加工技术力量较为薄弱，对小麦粉产品营养重视不足

近年，国内小麦加工行业的技术总体水平有了明显提高，但与发达国家相比，仍有较大差距，主要体现在：小麦加工的技术研究平台少，企业研发设施落后，研发人员缺乏，与高等院校、科研院所结合不够紧密，缺乏高水平技术创新的联盟团队，企业自主研发能力较差。小麦加工技术还有差距，深加工水平较为落后，小麦加工和深加工技术及装备主要依赖消化吸收国外技术，自主创新能力较低。

过度加工现象普遍存在，对小麦粉产品营养重视不足。目前，国内小麦加工行业片面追求精度，产品越来越精细、越来越白，但其营养组分含量越来越低，导致不得不进行营养强化，不仅增加企业的生产成本，还造成了资源浪费。

3. 产品质量安全保障体系尚不完善

尽管我国已建立了小麦加工业的产品质量标准体系、检验监测体系、食品安全体系及质量认证体系，小麦粉、馒头粉和营养强化小麦粉等新的国家标准相继制定、修订出台，但整个行业偏重对最终产品的检测，忽视制定和实行生产过程质量管理制度和技术规范。在产品质量全过程管理方面还很落后，大多数企业还没有进行质量管理体系和食品安全管理体系认证，有些即使有了认证，但监管力度不够，形同虚设，很难保障产品质量安全。

（二）河南省面制品行业的主要问题

河南省挂面产业经过近 30 年的快速发展，取得了前所未有的进步。但和现代化的其他食品工业（如方便面工业）相比，还有一定差距。馒头加工业无论产业规模、装备水平、营销方式都与挂面行业存在较大差距。

1. 小麦原料专用化水平不高，专用粉生产数量不足

由于我国农户的小规模经营，14亿人口粮食保障的压力，小麦生产以高产为首要前提；我国的小麦收储以容重定级，粮库小麦混合储藏。目前的产业体系很难为面制品企业提供大批量的专用原料。这一现象将在长时间内限制河南省制粉工业及面制品产业向高端发展。由于专用小麦生产供给受到限制，面粉加工企业很难规模化生产面制品专用粉。另外，对小麦品种的食品制作特性、不同面制品专用面粉质量特性的研究还不够深入，对有些问题的研究结论还不尽一致。

2. 加工设备自动化水平较低，设备制造企业技术集成和创新能力欠缺

制造挂面、馒头等加工设备的设备制造企业规模较小，其设计和制造水平不能满足产业发展对高度自动化的要求，更谈不上自主研发和涉足智能化设备制造或加工工艺创新。挂面、馒头等加工设备制造企业从国内研究开发机构可得到的技术支持十分有限，自身技术转移和技术集成能力不强，设计和制造水平落后于其他设备制造行业。挂面、馒头等传统面制品加工企业技术人才不足或缺少，人才结构不尽合理，企业自身培养人才的能力也较弱或十分不足。技术开发、质量管理、市场分析人力资源明显不足。

3. 相关行业标准有待完善

中国食品科学技术学会（CIFST）面制品分会指出，挂面等面制品标准仍需进一步制定与完善。我国挂面等面制品标准体系尚不完善，目前我国并无专门的挂面等面制品的食品安全国家标准，缺少高质量并具有创新属性的推荐性标准或团体标准，在一定程度上限制了产品创新及产品等级划分。加快新标准的制定工作一方面有利于规范市场，提升产品质量；另一方面可助推挂面产业的健康发展。

三、河南省小麦加工领域做大做强的政策和措施建议

（一）河南省面粉加工领域政策建议

1. 建设优质专用小麦生产基地，调整产业布局

小麦加工行业作为粮食利用的重要中间环节，在保障国家粮食安全方面扮演重要角色。在制定产业政策时，应该像重视农业一样给予较大力度的扶持。要积极推进结构调整，加快转变发展方式，加快企业组织结构调整，培育壮大龙头企业，引导企业通过兼并重组，适度提高产业集中度，发展拥有知名品牌和核心竞争力的大型企业，改造提升中小型企业发展的质量和水平，形成大中

小企业分工协作、协调发展的格局。鼓励和支持企业改造升级，提高产品质量，增强市场竞争能力。强化环保、卫生、能耗、出品率、安全等指标的约束作用，加大对技术水平低、卫生质量和安全环保不达标、高能耗、高污染等落后产能的淘汰力度。与此同时，要妥善处理好规模扩张与质量提高、总量平衡与结构优化、初加工与精深加工比例、产区与销区协调发展等方面的关系，以引导小麦加工业的健康发展，促进企业布局更加合理①。

确保小麦加工业发展的原料需求。积极探索土地流转、连片种植、企业—农户等联合经营种植新模式，大力推进产业化经营的速度，提升优质小麦基地建设规模化和标准化水平，逐步实现加工原料的专用化、规模化和标准化。加强农业、加工业、食品行业的紧密结合。由政府部门出面组织协调，强化农业、加工业、食品行业的联系，从育种与种植、储藏、加工到食品，形成一条密切联系、相互配合、相互通气的产业链条，形成上游为下游服务、为终端用户服务、最终满足终端产品需求的理念。

2. 倡导适度加工理念，形成合理的产品结构，延长产业链

食品安全、首本要求，把"优质、营养、健康、方便"作为发展方向；大力倡导适度加工，提高纯度，提高出品率，合理控制加工精度，避免过度加工。要增加全谷物营养健康食品的比重，树立健康消费观念，加强合理消费引导（取消增白剂后的引导），改变片面追求"精""细""白"的过度消费倾向。为将这一理念变为现实，小麦粉加工企业要积极配合，积极调整产品结构，加大新产品开发力度，增加花色品种，提高优、新、特产品的比例。要扩大专用粉的品种和产量，提高蒸煮、烘焙、速冻等面制食品专用粉、营养强化粉、全麦粉、多谷物混合粉等所占比例。尽快建设安全、营养、优质、高效、绿色、生态的加工体系。

加快培育加工龙头企业，提高产业集中度，促进产业集聚，鼓励和支持粮油加工产业园区建设，充分利用现有资源和区位优势，推进企业适度集聚发展。鼓励和支持大型产业化龙头企业创建粮油加工产业园区，延伸产业链，向产、加、销一体化、专业化、规模化、集约化方向发展。打造一批科技含量高、综合利用全、带动能力强的粮油加工产业园区，并引导加工企业向粮油加

---

① 王瑞元：《在"2011 中国小麦和面粉产业年会"上的开幕词（节选）》，《粮食与食品工业》，2011 年第 2 期，第 1-3 页。

工园区集聚，促进上、下游关联企业专业化协作配套，使之成为粮油产业化发展的新型载体，形成集粮油收购、储备、仓储、加工、配送、运输、质检、信息等为一体的粮油产业集群，以推进粮油加工业的集约化经营、规模化发展。

3. 加大在小麦加工技术研究方面的投入，提升行业总体技术水平

要加大对小麦加工企业技术改造扶持力度，鼓励和支持加工企业加大投入，采用先进实用、高效低耗、节能环保、安全加工技术，开发新产品，降低成本，提高工效，增强企业自主创新能力。同时要加大对小麦基础与利用研究方面的投入，要在小麦粉加工领域推广适度加工先进实用技术装备、综合利用和质量安全技术，应用清洁生产技术，实施节能减排与产业升级；要推进全谷物食品、高效低耗节能加工、深度开发转化增值和副产品综合利用等新技术的研发及产业化；要发展小麦粉加工、面制品、焙烤食品、速冻食品等成套设备；要推进小麦深加工关键技术创新与装备产业化，提高关键装备的智能化；鼓励构建产业技术创新战略联盟，加快全谷物食品、面制主食品工业化、粮油食品安全开发等工程实验室和工程技术研究中心建设。

装备是面制品行业发展的助推器。面制品装备的未来趋势：一是提升装备的稳定性；二是开发关键装备组合件；三是在新能源、清洁能源方面下功夫，加大杂粮面挂面装备的研发力度。整线配套交钥匙工程，将加速设备自动化，提升远程管理水平，人性化管控配套设备，加强信息管理模块。

4. 完善小麦加工业食品安全保障体系，加强食品安全检测能力建设

健全食品安全保障体系，提高小麦产品的安全水平，要进一步完善小麦加工标准体系建设，加快制定、修订符合我国国情和特色饮食要求的小麦加工新产品标准，最大程度保存小麦原料中的固有营养成分，防止过度加工，科学提升我国小麦加工产品标准水平；要完善小麦产品的质量安全检测体系建设，推进加工企业 HACCP（危害分析和质量控制点）、ISO22000（质量管理体系）、GMP（良好操作规程）等质量管理体系认证；要强化对农药残留、重金属、污染物等指标的检测；要让小麦加工企业树立小麦粉是终端产品的理念，要建立小麦加工企业的诚信管理体系，积极开展"放心粮油"示范工程，以确保小麦产品的安全。

（二）河南省面制品行业建议

1. 加大对优质小麦的培养力度，行业集中度加剧

小麦育种工作者在选育高产品种的同时，应兼顾优质水平的提升，特别要注意小麦品种品质性状的协调性，如蛋白质含量、湿面筋含量和稳定时间的协调性；关注小麦品种的食品加工特性和适用性，重视小麦品种加工面条、饺子等传统食品的适用性，以及消费者对面粉及面粉制品白度的特殊偏好；培育适合食品工业需求的小麦品种。重视高产优质小麦品种的选育与推广，建设符合现代食品工业需求的小麦收贮模式，落实优质优价政策，推动河南省小麦生产和食品工业的可持续发展。

优质小麦品种评价的基本原理是其制作食品特性的适用性，一批适合制作某一种食品的小麦品种的品质性状及水平是制定和评估标准的理论依据。标准水平的取值范围既要尊重现实，又要考虑食品工业的需求。我国现行的《优质小麦—强筋小麦》标准中的稳定时间、湿面筋含量和蛋白质含量取值水平是否适合我国目前小麦品种的品质水平，是否适应面粉和食品加工业的需求，是否有充分的理论依据，还值得磋商和进一步研究①。

近年，随着国家对食品安全监管的加强，消费者对食品安全的重视程度不断提高，一批产能落后、技术含量不高、产品质量不稳定的小规模制造企业正在被加速淘汰，面制品行业的集中度不断增强。小麦粉作为面制品的主要原材料，其价格变动对挂面等面制品生产企业的利润水平有较大影响。河南省面制品企业需要向上游产业链延伸，布局面粉生产能够有效实现对原材料的把控。通过产业延伸一方面有利于把控原材料质量，为公司原材料采购的品质和稳定性提供有效保障。

2. 面制品市场消费需求多元化，面制品企业走特色、差异化路线

我国食品消费正在由基础型消费模式向健康型、享受型消费模式转型升级，由满足温饱向多样化需求转变。挂面等面制品是工业化程度很高的、面广量大的主食。现在每个人吃主食的量都很有限，可能会追求它的营养密度。因此，营养健康是未来挂面行业的重要主题。供给侧从总量保障转向提供个性化、功能化和时尚化产品的方向发展。同时，由于现代生活节奏的加快和部分消费者烹饪技能的缺乏，既营养又简便快捷的挂面产品成为更多消费者的选择，"懒人经济"和"宅经济"成为当前消费的主流趋势。产品的创新并不是将"面"和"料"的简单拼凑，而是对企业研发、工艺、标准等综合实力的考

---

① 魏益民，张波，关二旗，张国权，张影全，宋哲民：《中国冬小麦品质改良研究进展》，《中国农业科学》，2013年第20期，第4189-4196页。

验，企业持续进行产品、工艺的研发投入才能够获得竞争优势。

随着我国面制品装备整体水平的提升，全行业产能进一步扩大，中小企业在特色面上发力，增速显著。差异化、特色面正成为河南省中小面制品加工企业的新机会。面制品行业的竞争将会更加激烈，同时也会促使行业更好地发展。挂面行业中，大企业在实现品牌价值化，中小企业在打造品牌。差异化正在成为面制品行业的一大方向。例如，挂面这种面制品产能快速增长、过剩，将是未来发展的一个必然趋势，但差异化产品并不会过剩。差异化、高品质及高性价比，是产品研发成功的三大要求。河南省面制品加工企业在发展的同时，也要做好食品科学与文化这篇大文章，让消费者了解河南饮食文化，在实现差异化方面，进行协同创新。

同时，新冠肺炎疫情有效拉动了电商业务提升，定制化需求促进企业转变业务模式。河南省面制品企业调整产品战略布局，增加了中高档面产品，更加注重健康方向发展趋势，比如杂粮面、发酵面、鲜湿面和半干面等产品的开发，同时更加注重消费者的消费体验，让消费者在家吃到各地特色风味挂面。

3. 构思常态化疫情防控下产业发展方向

新冠肺炎疫情影响了人们的生活，但给挂面和方便面企业带来了难得机遇。在新冠肺炎疫情防控措施压力下，居家自我隔离，迫使消费者的部分食品消费行为发生了明显的变化。同时，食品消费的计划性明显增强。疫情的特殊影响，导致非接触式消费得到了发展和提升。家庭食品制作抬升了面制品原料的市场需求。在这种背景下，消费行为变化对产业发展产生了潜在影响。面制品消费数量及结构变化也发生了明显的变化。面制品是稳定食品市场的基本食品种类。挂面，作为经济实惠的耐储藏食品，通常情况下，春节期间挂面消费都是不温不火。但在新冠肺炎疫情防控期，其地位发生了变化。挂面产品销量明显上升。面制品企业能否推出除了挂面单一品种以外的诸如面伴侣产品，让口味能更多一些。再比如不同地方口味的产品，凉拌炸酱面、麻酱面、热干面等。倘若不同口味的配料能够及时供应上，就能推动挂面市场再往前发展。

后疫情时代，方便食品行业整体平稳且愈发活跃。企业越来越多的多元化创新，不断扩充了方便食品类，而各具地域风味特色的创新产品，也能够让消费者时刻品尝到家乡的味道。方便食品正朝着"方便食品主食化，主食食品便捷化"的方向发展。

河南省面制品企业需要分析和思考在疫情防控常态化背景下的消费变化和

市场需求。一是面制品消费市场上哪些消费行为将会固化，哪些将会消失，还值得行业及市场分析人员考虑。二是把控在疫情防控常态化背景下面制品企业遇到的危机。重要的是企业家应审视产品类型，调整产品结构。三是要构思在疫情防控常态化背景下的产业发展方向。下一步，面制品企业如何生存、如何发展，面制品消费市场还会有哪些变化，还会遇到哪些问题，都值得继续关注和研究[①]。

4. 传统面制品行业要主动拥抱互联网

传统挂面产品需要主动拥抱新兴的互联网营销。互联网营销是消费品行业发展的方向，符合传统面制品行业的发展变化。得益于新媒体的兴起与大数据技术的成熟，互联网营销能够满足挂面行业"品牌＋营销"的要求，且符合当前消费者年轻化、全民互联、线上渠道高速发展的趋势，能够真正实现行业所需求的精准营销。互联网营销能够催生挂面行业规模再一次高速增长。互联网营销不仅能够推动高端挂面产品的发展，同时能够真正有效推动挂面产品由早餐、间餐走向正餐化，提高消费者的平均食用频率。

面制品的消费者越来越年轻、受教育程度越来越高，河南省的面制品企业应该由"产品＋渠道"的营销方式向"品牌＋营销"的方式转变；在"全民互联"的时代，传统的面制品企业应重视直播等品牌的传播方式，积极布局线上零售，使得销售渠道更加多元化。

（本篇由河南工业大学粮食研究中心牛晓迪主笔）

---

① 王薇：《挂面行业：疫情之下，在责任与担当中如何乘势而为》，《中国食品报》，2020年4月22日004版。

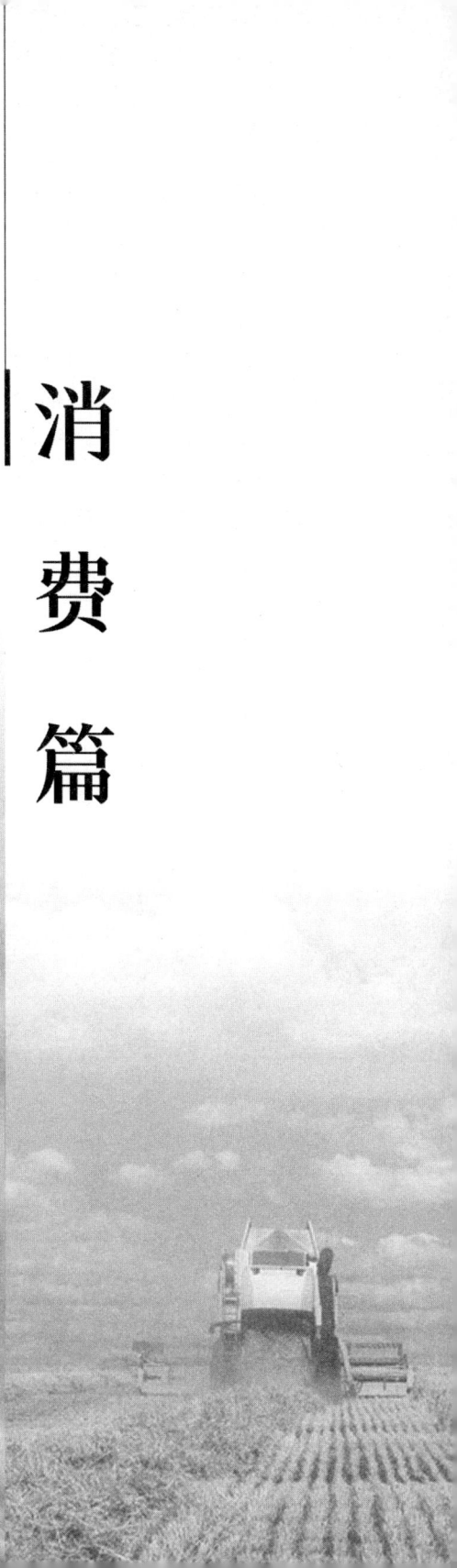

消费篇

小麦是人类生存最基本的生活消费品。近年，随着工业化和城镇化的快速推进，一方面，小麦育种和生产加工技术的进步促进了小麦产品的多样化；另一方面，人口不断迁移流动，居民对膳食结构和膳食营养的不断重视加快了小麦产品消费结构和地区消费结构的变化。当前，受全球极端气候变化、新冠肺炎疫情反复等因素影响，小麦供需矛盾紧张，粮食安全遭遇重大挑战；"节粮减损""光盘行动"等文明新风已成为消费新理念，深刻影响着小麦产品的消费结构和消费趋势。因此，对小麦的供需及其消费形势进行全面分析，不仅有利于确保我国小麦的供需平衡，而且对保障国家粮食安全和国家经济正常运行及稳定发展也具有重要意义。

第十四章
小麦供需分析

一、小麦产消差距不断扩大

我国小麦在 2006 年以前产不抵消，自 2006 年以来由于国家出台了种粮直补、良种补贴、农机具购置补贴等政策，我国小麦产量持续增长，出现了产量大于消费的情况；2010 年由于部分小麦主产区遭遇低温冰冻灾害等影响，我国小麦减产，产销差再次出现负值；2019 年之后由于新冠肺炎疫情和部分小麦主产区极端天气频发，导致小麦生产下降，产消差增大，缺口达到 1 575 万吨，占国内小麦消费总量的 10.5％，其生产供给与消费需求之间的结构性错位扩大（表 14 - 1）。

表 14 - 1　2001—2020 年我国小麦产消差及占比

单位：万吨、%

年份	2001	2002	2003	2004	2005	2006	2007	2008	2009	2010
产消差	−1 487	−1 491	−1 801	−1 005	−405	647	349	740	730	459
占消费比	−13.7	−14.2	−17.2	−9.9	−4.0	6.3	3.3	7.0	6.7	4.1
年份	2011	2012	2013	2014	2015	2016	2017	2018	2019	2020
产消差	−493	−352	614	1 024	1 506	1 419	1 324	644	760	−1 575
占消费比	−4.0	−2.8	5.2	8.7	12.8	11.9	10.9	5.2	6.0	−10.5

数据来源：美国农业部 Foreign Agricultural Service。

二、小麦进口量波动上升

由于小麦是我国三大消费口粮之一，在产不抵消的情况下，往往需要依靠进口来满足小麦消费需求。从进口情况来看，我国小麦进口量在波动中呈现先下降后增长的趋势，与小麦产消差距变化趋势相对应。至 2007 年我国小麦进口量下降到最低，当年进口量仅为 4.9 万吨，占全球小麦进口量的 0.04%，这一方面是由于我国对"三农"问题关注，出台了一系列利农惠农政策，提高了我国小麦产量；另一方面是由于 2007 年国际粮食价格高位运行，明显高于国内价，抑制了我国对进口小麦的需求。2009 年受美国金融危机和全球经济形势影响，小麦需求疲软，价格下降，我国对小麦的进口量有所提高。自 2010 年以来，受国内极端气候灾害、全球小麦价格下跌和主要小麦出口国竞争加剧等因素影响，我国小麦进口量大幅提升，至 2020 年，随着全球新冠肺炎疫情有所控制，部分国家对粮食出口采取的控制力度逐步下降，我国对小麦的进口达到了 1 061.8 万吨，占全球小麦进口量的 5.47%，达到近二十年我国小麦进口占全球进口比重的第二高（表 14 - 2）。

表 14 - 2　2001—2020 年我国小麦进口量及占全球进口比重

单位：万吨、%

年份	2001	2002	2003	2004	2005	2006	2007	2008	2009	2010
中国	109.2	41.8	374.9	674.7	112.9	38.8	4.9	48.1	139.4	92.7
全球	10 816	10 781	10 215	10 990	11 015	11 402	11 345	13 693	13 364	13 194
比重	1.01	0.39	3.67	6.14	1.02	0.34	0.04	0.35	1.04	0.70
年份	2011	2012	2013	2014	2015	2016	2017	2018	2019	2020
中国	293.3	296.0	677.3	192.6	347.6	441.0	393.7	314.5	537.6	1 061.8
全球	14 932	14 529	15 835	15 907	17 019	17 917	18 104	17 127	18 739	19 408
比重	1.96	2.04	4.28	1.21	2.04	2.46	2.17	1.84	2.87	5.47

数据来源：美国农业部 Foreign Agricultural Service。

从小麦进口的来源来看，我国小麦进口主要来源国为加拿大、澳大利亚和美国，2001—2020 年，这三个国家进口小麦平均占比分别为 33.11%、35.27% 和 25.99%，总进口比重高达 94.37%。虽然三个国家的进口数量年际间有波动，但整体表现为澳大利亚是我国进口小麦最多的国家，有 8 年都排在小麦进口量的首位。来自美国的小麦进口量平均为 78.33 万吨，进口比重排在第三位，但其进口额最高，达到 2.19 亿美元。来自加拿大的小麦进口量占比与 2001 年相比，明显下跌，到 2020 年，其进口量占我国小麦总进口量的 33.11%，进口额为 2.1 亿美元（表 14 - 3）。尽管这三个国家基本垄断了我国的小麦进口，但是随着贸易全球化的深入，一些新兴小麦生产国正成为我国小麦进口的新来源，如法国、哈萨克斯坦、立陶宛、俄罗斯等。2020 年，我国从法国进口小麦 238.35 万吨，已超过加拿大、澳大利亚和美国，进口额达到 6.5 亿元；从哈萨克斯坦进口小麦 19.23 万吨，占比为 1.81%；从立陶宛进口小麦 33.33 万吨，占比为 3.14%；从俄罗斯进口 7.16 万吨小麦，占比为 0.67%。这说明高度集中的小麦进口来源加大了我国小麦进口风险，追求小麦多元化进口正成为保障我国小麦进口安全，满足国内供需平衡的必要途径。

表 14-3　2001—2020 年我国小麦主要进口国的进口量、占比和进口额

单位：万吨、%、亿美元

年份	加拿大			澳大利亚			美国		
	进口量	占比	进口额	进口量	占比	进口额	进口量	占比	进口额
2001	40.59	37.17	0.71	4.97	4.55	0.08	22.57	20.66	0.42
2002	37.26	89.15	0.64	7.02	16.80	0.10	16.17	38.68	0.28
2003	20.43	5.45	0.36	0.66	0.17	0.01	21.33	5.69	0.39
2004	253.22	37.53	6.06	178.36	26.44	3.64	281.25	41.69	6.48
2005	144.92	128.36	3.39	100.82	89.3	2.01	49.03	43.43	1.04
2006	9.22	23.76	0.19	30.39	78.32	0.55	18.80	48.46	0.33
2007	4.41	90.00	0.11	2.31	47.14	0.05	1.62	33.12	0.05
2008	0.00	0.00	0.00	3.15	6.55	0.07	0.04	0.08	0.00
2009	12.23	8.78	0.31	32.48	23.30	0.74	39.58	28.39	0.91
2010	28.36	30.59	0.78	76.01	81.99	1.91	12.95	13.97	0.31
2011	17.23	5.87	0.64	63.71	21.72	1.96	43.49	14.83	1.57
2012	40.15	13.56	1.54	242.52	81.93	6.65	64.51	21.79	2.33
2013	86.68	12.80	3.30	61.14	9.03	2.10	382.01	56.40	12.64
2014	41.09	21.33	1.42	139.06	72.2	4.49	86.27	44.79	2.84
2015	99.19	28.54	3.12	125.51	36.11	3.61	60.28	17.34	1.85
2016	85.88	19.47	2.15	136.91	31.04	3.24	86.24	19.56	2.08
2017	52.29	13.28	1.58	189.93	48.24	4.21	155.52	39.50	3.91
2018	138.19	43.94	4.18	49.06	15.60	1.34	36.13	11.49	1.13
2019	166.30	30.93	4.95	18.27	3.40	0.55	23.61	4.39	0.67
2020	229.71	21.63	6.55	122.21	11.51	3.60	165.14	15.55	4.64
平均	75.37	33.11	2.10	79.22	35.27	2.05	78.33	25.99	2.19

数据来源：联合国商品贸易统计数据库。

三、小麦出口量波动下降

我国小麦在满足自身需求，产大于消的情况下也会出口一定规模的小麦。根据美国农业部统计数据（Foreign Agricultural Service），在 2007 年以前，受国际市场小麦价格高涨，国内价格相对平稳和出口竞争力提高的影响，我国小麦出口量逐渐增长，到 2007 年达到峰值 283.5 万吨。随后，受全球金融危机影响，国际小麦价格持续下跌而国内小麦价格不断上涨，我国小麦出口竞争的优势并不明显，因此小麦出口量不断下降，到 2016 年下降到 74.8 万吨。2017—2019 年，小麦出口量平均为 101.97 万吨，稍有反弹，但由于新冠肺炎疫情影响，全球小麦价格下跌及各国设置贸易壁垒，我国小麦出口量再度锐减，降低至 76.3 万吨。从我国小麦的出口国来看，主要集中于亚洲国家和地区，其中朝鲜是我国小麦出口最多的国家，2020 年出口到朝鲜的小麦量达 10.96 万吨，出口额为 3.54 亿美元；出口到中国香港地区的小麦量次之，达到 6.37 万吨，出口额为 242.26 万美元，这说明保障中国香港地区的小麦消费是我国粮食安全的重要组成部分，是义不容辞的责任。

小麦是三大粮食作物之一，在当前粮食消费结构中，小麦消费量占粮食总消费量的 23% 左右（王玉庭，2010）。近十五年，小麦基本保持供略大于求的格局，但近年，受建设用地及工业用地增长，农业用地减少，天气的变化，人口的流动，小麦生产、储存和加工技术的深化等因素影响，小麦的供需状态也由前几年的相对宽松转为紧平衡（王玲，2014）。一方面，小麦的用途消费结构发生变化，小麦的产品消费结构更加多样化；另一方面，不同地区和城乡之间的小麦及其产品消费分布也具有差异性。

一、小麦消费稳步增长，波动平稳

我国是全世界最大的小麦生产国和消费国，小麦是我国居民最重要的口粮之一，我国一半以上的居民以小麦为主食（王秀丽和孙君茂，2015）。2020 年，我国消费小麦 15 000 万吨，占世界小麦消费量的 19.2%，占我国谷物消费总量的 24.5%，作为口粮消费排在谷物消费的第三位。总体来看，我国小麦消费需求总量趋于增长，年际之间的增量有一定起伏，自 2001 年以来表现为先下降后增长。2001—2004 年，我国小麦国内消费总量由 10 874 万吨下降到 10 200 万吨，这可能是由于 2001—2004 年，我国小麦播种面积由 36 996 万亩下降到 32 439 万亩，有较大程度的减少，相应小麦产量也由 9 387.34 万吨下降到 9 195.18 万吨所致。自 2005 年以后，我国小麦消费总量在波动中稳步增长，由 2005 年的 10 150 万吨增长到 2020 年的 15 000 万吨，这与我国经济发展水平的提高、小麦播种面积的扩大和单产水平的提高有关。从消费增长率来看，自 2001 年以来，我国小麦消费量年均增长率为 1.71%，2005 年之前的增长率均为负值，之后虽然个别年份出现负增长，但整体波动平稳，且近几年增长态势回暖，到 2020 年小麦消费增长率达到 19.05%，是近 20 年来增长率最高的年份（表 15-1）。

表 15-1 2001—2020 年我国小麦消费总量和增长率

单位：万吨、%

年份	2001	2002	2003	2004	2005	2006	2007	2008	2009	2010
消费量	10 874	10 520	10 450	10 200	10 150	10 200	10 600	10 550	10 850	11 150
增长率	−1.39	−3.26	−0.67	−2.39	−0.49	0.49	3.92	−0.47	2.84	2.76
年份	2011	2012	2013	2014	2015	2016	2017	2018	2019	2020
消费量	12 350	12 600	11 750	11 800	11 750	11 900	12 100	12 500	12 600	15 000
增长率	10.76	2.02	−6.75	0.43	−0.42	1.28	1.68	3.31	0.80	19.05
平均增长率					1.71					

数据来源：美国农业部 Foreign Agricultural Service。

二、小麦消费结构多元化

（一）小麦用途消费结构表现出口粮消费占主导，工业消费上升的特点

小麦消费按用途可以分为口粮消费（制粉消费）、饲料消费、工业消费、种用消费和损耗消费等。其中，口粮消费也称作直接消费，饲料、工业、种用和损耗消费统称间接消费。从小麦消费用途结构的变化来看，随着居民膳食结构改变而引发的养殖业发展和小麦深加工的增加，小麦的饲用消费与工业消费将会持续增长，但口粮消费在小麦消费中仍占绝对地位。近年由于营养均衡消费理念以及食物品种多元化理念的影响，杂粮、肉类、蔬菜、水果、干果等食物也部分挤占了小麦的口粮消费市场。总的来看，小麦消费结构体现出了多元化消费与多选择挤出同时并存的态势。

从消费用途的数据来看，尽管口粮消费所占比例逐步下降，但口粮消费（制粉消费）仍占我国小麦消费的主导地位，平均超过 83% 的小麦用于口粮消费。饲用消费有较大的波动性，近年呈现上升趋势，但整体比较平稳。工业消费的数量和比重明显上升。种用小麦消费的数量和比重平均分别稳定在 528 万吨和 4.7% 的水平，约占种子总消费量的 40%，是种子用粮中最大的品种（表 15-2）。

表 15 - 2　2001—2019 年我国小麦用途消费结构

单位：万吨、%

年份	口粮消费		饲用消费		工业消费		种用消费	
	数量	比重	数量	比重	数量	比重	数量	比重
2001	9 417	87.4	600	5.6	185	1.7	573	5.3
2002	9 300	87.5	580	5.5	200	1.9	547	5.1
2003	9 270	87.4	600	5.7	220	2.1	519	4.9
2004	9 450	87.4	580	5.4	240	2.2	539	5.0
2005	9 300	89.0	400	3.8	255	2.4	490	4.7
2006	9 280	89.3	350	3.4	262	2.5	505	4.9
2007	9 290	87.1	582	5.5	289	2.7	510	4.8
2008	9 310	86.2	680	6.3	300	2.8	510	4.7
2009	9 350	86.3	650	6.0	320	3.0	512	4.7
2010	9 400	86.9	500	4.6	400	3.7	515	4.8
2011	9 450	85.4	650	5.9	450	4.1	520	4.7
2012	9 530	78.9	1 600	13.2	450	3.7	500	4.1
2013	9 610	81.0	1 300	11.0	450	3.8	500	4.2
2014	9 700	84.5	770	6.7	500	4.4	510	4.4
2015	9 750	88.0	320	2.9	450	4.5	510	4.6
2016	9 650	84.8	700	6.2	520	4.6	510	4.5
2017	9 465	80.0	1 250	10.6	560	4.7	555	4.7
2018	9 280	75.6	1 800	14.7	600	4.9	600	4.9
2019	9 100	76.8	1 550	13.1	598	5.0	598	5.0
平均	9 416	84.5	814	7.3	384	3.4	528	4.7

数据来源：布瑞克农产品数据库和国家粮油信息中心。

1. 口粮消费（制粉消费）占主导

我国小麦口粮消费的比重基本维持在 80% 以上，只有个别年份出现下降到 70% 以上的情况，尤其是 2017 年以来，我国小麦口粮消费占比明显降低，2018 和 2019 年分别为 72.04% 和 74.78%，这主要是由我国经济发展和居民生活水平提高所带来的消费结构的变化。由于消费者的行为是在收入预算约束下实现效用最大化，收入水平的提高，意味着收入约束条件的放松，消费者有更大的选择空间。目前，我国正处于食物消费结构升级阶段，人均口粮消费呈现下降趋势，但肉、禽、蛋以及水产品等保持增长态势，未来我国小麦消费总量将稳中趋降，消费链逐步延长，产品更加专业化，结构将继续调整和优化。

2. 饲用消费将成为小麦消费的主要增长点

长期以来，小麦在我国饲料中的应用一直处于较低水平。一方面是因为近年国内玉米供应充足，另一方面是由于小麦在我国口粮消费中具有重要地位，保障口粮消费一直放在优先地位。就饲用小麦使用的历史情况来看，长期内基本保持在一个较低的水平。2010年之前，小麦饲用消费基本保持一个较平稳的状态，2010年之后，受小麦和玉米比价关系变化的影响，饲用小麦出现了一个明显的增长态势。2012年和2013年小麦饲用消费激增，分别增至1600万吨和1300万吨后。2013年之后，小麦饲用消费虽偶有回落，但是整体呈现递增趋势。这主要是由于随着国际上寻找替代能源的兴起，玉米品种逐渐增加了工业原料的属性，导致国内玉米价格大幅上涨，小麦替代量也不断增长。2017年和2018年小麦产量及质量均差于以往，导致上市后价格快速上涨。此时玉米价格更是强势，加之优质玉米供应紧张，小麦相对玉米的价格优势显现，部分饲料企业采购积极，饲用小麦需求有所抬升。长期看，受养殖业仍不景气、玉米库存水平较高及新玉米减产预期下降等影响，尽管新麦上市初期的价格相对于玉米优势明显，会出现替代，但小麦饲用消费平均在814万吨，占小麦总消费量的比重为7.19%，在小麦用途消费中排名第二。

从发展趋势来看，随着我国食物生产能力增强，主要食物生产量和人均占有量明显提高，食物消费选择更加多样化，动物性食物消费增长较快，蛋白质特别是优质蛋白质摄入量不断增加，形成了小康生活阶段的食物结构特征，因此随着收入和消费水平的进一步提高，城乡居民对动物性食品的消费将会继续增长。我国在扩大养殖业产品出口方面仍有较大潜力，近年我国政府在加强农产品质量安全体系建设、改善进出口管理等方面采取了诸多措施，我国养殖业产品扩大出口的潜力将会逐步释放。美国及欧盟对燃料乙醇的需求量日益增长，国际玉米价格向上的势头短期无法逆转，小麦与玉米的比价将会下降，小麦对玉米作为饲料的替代效应将会越来越明显。以上这些因素都将推动饲用小麦消费量的长期增长，小麦饲用消费将成为小麦消费的主要增长点。

3. 工业消费呈现明显上升趋势

目前我国的小麦加工还处于初级阶段，精深加工转化率不高，因此工业消费主要集中在淀粉、变性淀粉、谷朊粉、酿酒、工业酒精、麦芽糖、调味品等生产领域。我国现在已步入工业化中期，城镇化建设进程加快，从国际经验来看，这一时期对粮食中间需求、间接需求的增速将会超过直接需求的扩张。近

20 年，我国小麦工业消费平均为 384 万吨，占小麦消费总量的 3.39%。小麦工业消费量整体不断增加，2019 年比 2001 年增长了 413 万吨，增长了 223.24%，占小麦消费总量的比重从 1.70% 增长到 4.91%，是小麦用途中增长最快的一类。这主要是因为，首先，随着经济发展和居民收入水平的提高，城乡居民对小麦工业产品消费需求的增长和消费层次不断提高；其次，随着加工技术的提高，粮食资源深加工不断丰富，产业链条和用途不断拓展；再次，粮食作为一种可再生资源，可以开发巨大的食用和非食用产品，在生物能源方面成为石化等不可再生资源的替代产品。此外，近年国家相关部门高度关注和扶持以粮食为重点的加工业，政策的倾斜将有利于粮食工业消费量的增长，作为三大粮食作物之一小麦的工业需求量也将有较长的增长期。据中华粮网数据，目前我国小麦工业消费基本保持在 115 亿~120 亿千克。从发展趋势来看，尽管我国粮食加工业取得了快速发展，目前粮食加工产品多达 2 000 多种，但与发达国家和我国居民消费转型需求相比，仍然存在较大差距，工业用粮仍是今后小麦消费的一个增长点。

4. 种用消费保持稳定

我国小麦种用消费基本保持稳定，随着小麦品种改良技术的广泛应用和农业生产条件的改善，种子用小麦需求数量及其占比稳中有降，我国小麦种子年均消费为 528 万吨左右，占小麦消费总量的 4.66%。这说明种用消费是我国小麦消费用途的重要组成部分，是我国粮食消费安全的重要保障。

（二）小麦产品消费结构表现出专用粉及其面制品需求增大，次粉及其他副产品消费仍有待提升的特点

1. 面粉消费仍以通用粉占主导，但专用粉需求不断增加

面粉消费是伴随食品工业发展而发展的，面粉一般由机械化和规模化的大型食品加工厂来生产，因此标准化流程、标准化包装和标准化销售渠道对面粉品质稳定性有更为严格的要求。食品加工厂对产品有不同的等级要求，对面粉加工精度也有不同的要求。在我国，小麦粉可以分为两大类：一类是通用小麦粉，另一类是专用小麦粉。根据小麦粉加工精度的不同，小麦粉又可分为全麦粉、标准粉和特制粉，这些一般都属于通用小麦粉。其中，全麦粉粗纤维含量高，颜色深且口感差，目前加工量较小。标准粉基本消除了粗纤维和植酸及灰分，营养全面，但不如特制粉的颜色好看，口感和消化吸收率也不及特制粉，以面食为主食的地区宜选用标准粉。特制粉此前也叫富强粉，又分为特一粉和特二粉，所含蛋白质虽然高于大米、玉米、高粱等谷物，但营养价值较低，应与标准粉掺和食用。专用小麦粉则更为细化，是能满足各类食品不同品种的品质需求和加工工艺要求的专用面粉，也是市场营销过程的产品细分产物，将面粉分级由过去仅仅依据面粉加工精度进行分级，进而拓展到依据面粉食品加工特性指标来分级，让面粉特性更加适合加工特定食品。专用面粉按面筋质量和灰分可分为高筋小麦粉、中筋小麦粉和低筋小麦粉。高筋粉蛋白质含量在12.2%以上，筋度最强，多用来做面包、比萨、泡芙、油条、千层饼等需要依靠很强的弹性和延展性来包裹气泡、油层以便形成疏松结构的点心。中筋粉蛋白质含量平均在11%左右，多用在中式点心制作上，如包子、馒头、饺子等。低筋粉蛋白质含量一般不高于10%，适合做蛋糕、饼干、蛋挞等松散、酥脆、没有韧性的点心。在产量和消费数量上，当前通用小麦粉占主导地位，专用小麦粉的比例还不高，但随着社会经济的发展，人们越来越追求营养好、品质高以及多样化的小麦食品，越来越追求特定小麦食品的生产和消费，因此专用小麦粉的发展较快。

从面粉产量来看，2000—2010年，我国一等粉平均产量为1 701万吨，二等粉平均产量为1 059万吨，标准粉平均产量为607万吨，专用粉平均产量为461万吨，可见一等粉仍然占主导地位。从增速来看，各类面粉产量都呈现递增的趋势，其中一等粉的年均增长率为18.65%，二等粉的年均增长率为12.18%，标准粉的年均增长率为8.83%，专用粉的年均增长率为10.20%，仍然表现为一等粉增速最快（表15-3）。与产量相对应的是消费，尽管通用面粉消费量仍占主导，但根据马文峰（2020）统计，我国规模以上食品加工业用于米面制品的专用面粉消费量由2000年的265万吨增长到2017年的1 950万吨，尽管2018年和2019年出现下降，但这仍然说明我国小麦专用粉的消费已经成为面粉消费的发展趋势。

表15-3 2000—2010年我国各类小麦粉产量

单位：万吨、%

年份	一等粉	二等粉	标准粉	专用粉	其他
2000	606	645	526	220	74
2001	904	628	468	235	80
2002	1 103	737	575	309	89

（续）

年份	一等粉	二等粉	标准粉	专用粉	其他
2003	1 077	811	404	348	150
2004	1 215	781	343	380	219
2005	1 481	917	408	433	242
2006	1 875	1 251	457	512	252
2007	2 216	1 230	599	703	218
2008	2 415	1 369	705	703	313
2009	2 465	1 244	966	642	194
2010	3 352	2 035	1 226	581	75
均值	1 701	1 059	607	461	173
年均增长率	18.65	12.18	8.83	10.20	0.13

数据来源：《中国农产品加工业年鉴》。

2. 次粉等其他副产品消费仍有待提升

我国小麦的主要消费形式是将小麦磨成小麦粉（面粉），90％的小麦粉通过制成通用粉和专用粉后直接被消费者购买，或进入食品加工业被制成面制品，再被消费者购买。因此，小麦在加工成面粉的同时，还有次粉、麸皮和小麦胚三种副产品，这些副产品含有丰富的营养物质，如果对这些副产品进行深加工可生产多种经济附加值更佳的小麦淀粉、变形淀粉、淀粉糖、酒精等；也可加工成谷朊粉，谷朊粉还可进一步被用来转化水解小麦蛋白等更高经济价值的产品。小麦麸皮还可制备戊聚糖和膳食纤维。此外，仅小麦胚芽就可加工出70多种产品，其中10多种可形成产业群（王玲，2014）。由于我国小麦平均出粉率为75％（王秀丽和孙君茂，2015），因此这些次粉和副产品的消费大约占10％～25％。

3. 面粉制品消费以糕点饼干为主，方便面消费下降

我国小麦面粉经过加工可以制成各类面制品，主要可分为糕点类、饼干、方便面和方便食品。从这些面制食品的产量来看（表15-4），2000—2010年，面制食品的产量从327万吨增加到1 896万吨，增长了近6倍。分类别来看，糕点类制品从2000年的13万吨增长到2010年的150万吨，增长了11.5倍，年均增长率为27.71％，增速最快。饼干制品从2000年的53万吨增长到2010年的459万吨，增长了8.7倍，年均增长率为24.09％，是增速第二的面制食品类。方便食品从 2000 年的 261 万吨增加到 2010 年 688 万吨，年均增长率为 10.18%。方便面从 2003 年的 254 万吨增长到 2010 年的 599 万吨，增长了 2.36 倍（王秀丽和孙君茂，2015）。但近两年，根据《中国食品工业年鉴》数据，除糕点类制品由 2017 年的 225 万吨增长到 2019 年的 227 万吨，其他面制品产量都不同程度地有所下降，尤其是方便面，从 2017 年的 1 156 万吨，下降到 2019 年的 485 万吨，占面制品的比重从 38.8% 下降到 25.2%。尽管饼干类的产量下降，但其占面制品的比重却由 2017 年的 22.2% 增长到 2019 年 30.4%，成为占比最多的面制品（表 15 - 4）。

表 15 - 4　2000—2010 年我国小麦面制品产量

单位：万吨、%

年份	糕点类	饼干	方便食品	方便面
2000	13	53	261	—
2001	15	62	263	—
2002	21	69	288	—
2003	23	94	356	254
2004	34	105	365	272
2005	43	137	459	328
2006	59	179	459	418
2007	63	224	459	508
2008	80	283	499	539
2009	98	343	574	569
2010	150	459	688	599
均值	54	183	425	436
年均增长率	27.71	24.09	10.18	30.72

数据来源：《中国农产品加工业年鉴》及《中国轻工业年鉴》。

从面制品的消费来看，我国小麦面制品可分为蒸煮面制品（如馒头、包子、面条和水饺等）、煎炸面制品（如锅贴、油条和馅饼等）、焙烤面制品（如烧饼、月饼、饼干和面包等）、冲调面制品（如油茶等）四大类。其中，焙烤面制品主要为糕点类和饼干，其他三类面制品都可加工为方便食品。但不管是家庭手工制作还是食品加工厂加工，在我国，蒸煮类面制品仍然是我国居民的传统主食形式，也是主要消费形式，约占面制食品总量的 80% 以上。根据

《2018 康宝莱中国营养早餐调研报告》，2018 年我国消费者对馒头的需求量达到 2 027 万个/日，82％的中国消费者习惯在家用早餐，自制早餐比例高达87％，包括馒头、煎饼和面条等在内的传统中式早餐是我国消费者的首要选择，占比为 63％。煎炸面制品约占面制食品总量的 10％以上，焙烤面制品在世界上许多国家作为主食，但在我国处于次要地位，总量还不到 10％，其中面包仅占 3％左右。我国居民面制品消费的 85％都是来源于家庭自制与零售餐饮业，15％则是来源于食品工业，这些面制品主要包括方便面、速冻食品以及焙烤食品，如面包和饼干等（刘雯，2007）。对我国小麦消费数据的分析可以看出，我国小麦及其制成品在总量供给相对充足的前提下，存在着有效供给结构性错位的矛盾。由于受到一段时期内人口数量刚性增长、社会经济发展以及城市覆盖率扩大等多种因素的影响，未来我国小麦及其粉制食品的供给，将会为适应人们工作生活快节奏、高效率的需要以及对饮食营养全面均衡的追求而发生改变，食品工业也将增加预制食品与方便食品的生产，同时研究开发营养强化粉和专用粉，以顺应人们对食物品质安全和多元化的追求。

三、小麦消费具有明显区域差异

（一）小麦产消地区分布一致，中东部地区消费大于西部地区

我国地域辽阔，不同地区居民的饮食差异较大，因此小麦的消费数量也具有区域差异性。从小麦消费数量来看，根据国家统计局（2006）对我国小麦需求量占粮食需求量的比重预测（韩俊和徐小青，2009）[1]，基于全国人均粮食消费量和各省份人口数，对全国各省份小麦消费量进行了估算（表 15-5）。以2019 年为例，除香港、澳门和台湾外，我国 31 个省（区、市）小麦消费量比较大的省份为广东（278.00 万吨）、山东（242.99 万吨）、河南（232.61 万吨）、四川（202.09 万吨）、江苏（194.73 万吨）和河北（183.19 万吨）。小麦消费量最少的省份为西藏（8.47 万吨）、青海（14.67 万吨）、宁夏（16.77 万吨）和海南（22.80 万吨）。一方面，这与我国小麦粉生产量的区域布局相吻合。我国小麦粉产量排名前十的地区是河南省、山东省、安徽省、河北省、江

---

[1] 2020 年，我国小麦需求量占粮食需求量的比重为 18.55％。由于自 2006 年开始，我国小麦消费量占粮食消费的比重已下降到 18.8％，且该比重趋于稳定，因此以 2020 年的预测比重来估算 2019 年的小麦消费量是合理的，且误差不会太大。

苏省、陕西省、湖北省、广东省、新疆维吾尔自治区和福建省①。其中，河南省小麦粉产量为2 692.5万吨，占全国总产量的30.34%；山东省小麦粉产量为1 205.14万吨，占全国总产量的13.58%；安徽省小麦粉产量为1 052.89万吨，占全国总产量的11.86%，它们是全国小麦粉产量最高的三个省份。重庆、贵州和青海是全国小麦粉产量最少的三个省份，分别为6.89万吨、1.65万吨和0.36万吨，仅占全国小麦粉总产量的0.08%、0.02%和0.006%。从小麦消费最多的几个省份来看，除了广东省外，其余省份都是小麦主产区，这再一次说明了我国小麦的消费和生产在区域分布上具有一定的一致性。广东省小麦消费量大可能是由于近年外来人口流入较多，以面食为主的消费习惯也流入了该省，再加上受高效紧张的工作节奏和上班族追求方便快捷的消费方式的影响，面包、糕点、饼干、方便面和速冻食品等面制品在该省份也有较大需求。西藏、青海、宁夏和海南的小麦消费量少，一方面可能是由于这些省份人口较少，小麦消费量不大；另一方面与这些省份当地的饮食生活习惯和特色农作物有关，比如西藏盛产青稞、海南以水稻为主、青海和宁夏的玉米及马铃薯也可作为当地的主食，这些都会减少当地居民对小麦的消费量。从小麦消费缺口来看②，以2019年为例，广东省的小麦缺口达到了277.85万吨，是全国小麦消费缺口最大的省份；湖南、广西和江西的小麦消费缺口分别为159.39万吨、119.2万吨和109.55万吨，分别位居第二、第三和第四位。这一方面说明随着人口流动，南方地区对小麦的消费需求也增加了；另一方面这些缺口较大的省份依然能满足其小麦消费需求量，很大程度上与我国小麦高度商品化和强大的粮食储备流通能力有关。

表15-5 2019年我国31个省份小麦的消费量、生产量和消费缺口

单位：万吨

地区	消费量	生产量	消费缺口
北京	51.98	4.41	47.57
天津	37.69	60.47	-22.78
河北	183.19	1 462.57	-1 279.38

① 虽然该数据为2018年数据，但是并不影响文中对我国小麦生产和消费具有区域一致性的论证结果。

② 消费缺口指某一省份小麦的消费与生产的差额，是就本省份而言。

（续）

地区	消费量	生产量	消费缺口
山西	89.98	226.21	−136.23
内蒙古	61.29	182.67	−121.38
辽宁	105.01	1.38	103.63
吉林	64.93	1.11	63.82
黑龙江	90.51	20.39	70.12
上海	58.59	5.80	52.79
江苏	194.73	1 317.51	−1 122.78
浙江	141.16	32.38	108.78
安徽	153.61	1 656.89	−1 503.28
福建	95.87	0.03	95.84
江西	112.59	3.04	109.55
山东	242.99	2 552.92	−2 309.93
河南	232.61	3 741.77	−3 509.16
湖北	143.02	390.68	−247.66
湖南	166.93	7.54	159.39
广东	278.00	0.15	277.85
广西	119.68	0.48	119.20
海南	22.80	—	22.80
重庆	75.38	6.91	68.47
四川	202.09	246.18	−44.09
贵州	87.42	32.98	54.44
云南	117.22	71.90	45.32
西藏	8.47	19.19	−10.72
陕西	93.53	382.04	−288.51
甘肃	63.87	281.1	−217.23
青海	14.67	40.29	−25.62
宁夏	16.77	34.61	−17.84
新疆	60.88	576.03	−515.15

数据来源：产量来自《中国统计年鉴》，消费量基于《中国统计年鉴》和相关文献数据进行估算。

（二）城镇居民小麦消费递增，农村居民小麦消费递减

我国社会经济的发展具有城乡"二元"的结构特征，小麦消费也存在城乡差别。从我国城镇居民和农村居民小麦消费量来看，城镇居民对小麦的消费呈现递增趋势，而农村居民则呈现递减的趋势。根据《中国统计年鉴》，我国农村居民的人均小麦消费量从 2005 年的 68.44 千克下降到 2012 年 52.33 千克，下降了 23.54%。由于统计数据缺乏城镇居民小麦消费量，且 2005 年之前和 2013 年之后就未再公布农村居民小麦消费量，因此本书只能根据城镇居民和农村居民对粮食的人均消费量和人口数来分析城乡小麦消费变化趋势。由于城镇人口的增长和农村人口的减少，我国城镇居民的原粮消费量逐步增长，相应地小麦消费量也会增长；而与之相反的，从既有数据已经可以发现，农村居民对小麦的消费下降。从城乡地区分布来看，仍然以 2019 年为例，除香港、澳门和台湾外无论是城镇还是农村，全国 31 个省（区、市）中，依然表现为广东、河南和山东是小麦消费大省，西北地区和海南对小麦消费最少（表 15-6）。此外，就面制品消费而言，我国城镇居民消费的面制品中，工业化面制品约占 31%，手工制作的面制品约占 95%，且手工制作的面制品约有 60% 来自超市、饭店和面点铺等，其余则来自家庭手工制作；而在农村，绝大部分居民可以自产自制面粉，再手工制作成面制品，工业面制品（如挂面、糕点和方便面等）消费占比较少（刘雯，2007）。

表 15-6　2019 年我国 31 个省份城镇和农村居民小麦消费量

单位：万吨

地区	城镇消费量	农村消费量
北京	44.20	61.86
天津	32.05	44.86
河北	155.79	218.04
山西	76.52	107.10
内蒙古	52.12	72.95
辽宁	89.30	124.99
吉林	55.22	77.29
黑龙江	76.97	107.73
上海	49.82	69.73

（续）

地区	城镇消费量	农村消费量
江苏	165.60	231.77
浙江	120.04	168.01
安徽	130.63	182.83
福建	81.53	114.10
江西	95.75	134.01
山东	206.64	289.21
河南	197.81	276.86
湖北	121.62	170.22
湖南	141.96	198.68
广东	236.41	330.88
广西	101.78	142.45
海南	19.39	27.14
重庆	64.10	89.72
四川	171.86	240.53
贵州	74.34	104.05
云南	99.69	139.52
西藏	7.20	10.08
陕西	79.54	111.32
甘肃	54.32	76.02
青海	12.48	17.46
宁夏	14.26	19.96
新疆	51.77	72.46

数据来源：基于《中国统计年鉴》和相关文献数据进行估算。

（三）国内外小麦消费差异较大

从全球小麦消费量来看，东亚地区小麦消费量最多，平均为 14 696.74 万吨；其次是南亚地区，平均为 14 352.16 万吨。欧盟小麦消费量平均为10 805.00 万吨，排在全球小麦消费量的第三位。从全球不同地区的小麦消费趋势来看，东亚、南亚、中东、北非、南非和南美洲都呈现出消费递增的趋势；北美洲、欧盟、东南亚和独立国家联合体（Commonwealth of Independent States）成员国的小麦消费整体趋于稳定；大洋洲地区的小麦消费则呈现递减的趋势（表 15-7）。从小麦消费国别和地区来看，我国是世界上小麦消费最多的国家，2015—2020 年小麦平均消费量为 12 641.7 万吨，欧盟排在第二位，平均为 11 228.3 万吨，印度平均消费 9 579.6 万吨，排在第三位。美国和巴基斯坦的小麦消费量也较多，平均分别为 3 065.8 万吨和 2 516.67 万吨。2020年，中国、欧盟和印度小麦消费占全球小麦消费量的比重分别为 19.34%、13.44% 和 13.18%，集中度较低，多分布在人口众多或农业发达地区，并且84% 的小麦消费增长来自发展中国家（表 15-8）。可见，小麦消费大国和地区一般也是小麦生产大国和地区。此外，就小麦面制品而言，随着生活方式的多元化与生活节奏的加快，面包逐渐从点心的地位走上了主食餐桌，然而 2011年我国面包总产量为 1.6×10^9 千克，年人均占有量仅 1.2 千克，而日本年人均面包占有量达 10 千克。因此，与发达国家相比，我国西式面点消费仍然存在一定的差距。

表 15-7　2017—2021 年全球各地区小麦消费量

单位：万吨

	2017 年	2018 年	2019 年	2020 年	2021 年	平均
北美洲	4 597.4	4 663.1	4 709.9	4 677.2	4 767.6	4 683.04
南美洲	2 894.8	2 889.5	2 963.5	2 991.0	3 058.0	2 959.36
欧盟	11 350.0	10 630.0	10 770.0	10 425.0	10 850.0	10 805.00
其他欧洲国家	2 141.8	2 069.7	2 047.6	1 905.8	2 117.0	2 056.38
独立国家联合体	8 138.5	7 713.5	7 601.5	7 912.9	7 737.0	7 820.68
中东	5 950.5	5 993.9	6 300.0	6 491.0	6 533.5	6 253.78
北非	4 522.5	4 610.0	4 625.0	4 692.0	4 770.0	4 643.90
南非	3 188.7	3 032.1	3 307.1	3 469.1	3 516.7	3 302.84
东亚	13 428.5	13 775.0	13 863.8	16 246.8	16 169.6	14 696.74
南亚	13 855.0	13 899.6	13 987.8	14 803.3	15 215.1	14 352.16
东南亚	2 639.5	2 616.5	2 635.5	2 585.0	2 589.5	2 613.20
大洋洲	990.5	1 061.0	941.0	993.5	965.5	990.30
其他地区	382.1	361.4	370.4	386.5	404.5	380.98

数据来源：美国农业部 Foreign Agricultural Service。2021 年数据截至 2021 年 9 月。

表 15 - 8　2015—2020 年小麦主要消费国的消费量及其在全球消费量的占比

单位：万吨、%

	2015 年	2016 年	2017 年	2018 年	2019 年	2020 年	平均	占比
印度	8 854.8	9 723.4	9 567.7	9562.9	9 540.3	10 228.3	9 579.6	0.13
中国	11 750.0	11 900.0	12 100.0	12 500.0	12 600.0	15 000.0	12 641.7	0.19
俄罗斯	3 700.0	4 000.0	4 300.0	4 050.0	4 000.0	4 250.0	4 050.0	0.05
巴基斯坦	2 440.0	2 450.0	2 500.0	2 540.0	2 550.0	2 620.0	2 516.7	0.03
美国	3 194.3	3 186.5	2 924.5	2 998.6	3 043.6	30 47.3	3 065.8	0.04
欧盟	12 985.0	11 210.0	11 350.0	10 630.0	10 770.0	10 425.0	11 228.3	0.13

数据来源：美国农业部 Foreign Agricultural Service。

第十六章
小麦消费行为发展趋势

对小麦消费行为的研究，本书通过问卷设计与调查，基于微观个体小麦消费数据进行考察。由于新冠肺炎疫情原因，本书采取线上问卷调查方式，主要面向在校学生及其亲朋好友，调查过程采取一人一卷的方式，内容以客观选择题为主，方便消费者回答。此次调研共收到有效问卷175份。由于是针对微观消费主体，因此对小麦消费的考察主要侧重于对小麦面制品消费的考察。问卷整体包含三部分：一是关于消费者的基本情况；二是关于消费者的消费情况；三是关于消费者的消费行为特征（表16-1）。

一、消费者的基本情况统计

表16-1　消费者基本情况

单位：人、%

项目	代码	属性	样本人数	比例
年龄	1	0～20岁	28	16.00
	2	21～30岁	124	70.86
	3	31～40岁	0	0.00
	4	41～50岁	20	11.43
	5	51岁以上	3	1.71
性别	1	男	72	41.14
	2	女	103	58.86
平均月收入	1	1 000元以下（含1 000元）	87	49.71
	2	1 000～3 000元（含3 000元）	62	35.43
	3	3 001～6 000元（含6 000元）	17	9.71
	4	6 000元以上	9	5.14

（续）

项目	代码	属性	样本人数	比例
户口类型	1	城镇非农业户口	57	32.57
	2	城镇农业户口	7	4.00
	3	乡村非农业户口	6	3.43
	4	乡村农业户口	105	60.00
本地常住居民或外来流动人口	1	本地常住居民	68	38.86
	2	外来流动人口	107	61.14
外来流动人口类型	1	上学	105	98.13
	2	务工	2	1.87
	3	其他	0	0.00
省份	1	北京	0	0.00
	2	天津	0	0.00
	3	河北	2	1.87
	4	山西	2	1.87
	5	内蒙古	1	0.93
	6	辽宁	2	1.87
	7	吉林	1	0.93
	8	黑龙江	1	0.93
	9	上海	0	0.00
	10	江苏	1	0.93
	11	浙江	1	0.93
	12	安徽	10	9.35
	13	福建	3	2.80
	14	江西	1	0.93
	15	山东	2	1.87
	16	河南	57	57.27
	17	湖北	0	0.00
	18	湖南	3	2.80
	19	广东	2	1.87
	20	广西	2	1.87
	21	海南	2	1.87

（续）

项目	代码	属性	样本人数	比例
	22	重庆	1	0.93
	23	四川	4	3.74
	24	贵州	1	0.93
	25	云南	2	1.87
省份	26	西藏	0	0.00
	27	陕西	3	2.80
	28	甘肃	1	0.93
	29	宁夏	1	0.93
	30	新疆	1	0.93
	1	米饭	83	47.43
	2	面食（面条、水饺、馒头、包子等）	85	48.57
偏好的主食	3	杂粮谷物	6	3.43
	4	其他	1	0.57

数据来源：调查问卷整理而得。

　　如表 16-1 所示，总共有 175 个调查样本，其中女性占比为 58.86%，男性占比为 41.14%，女性消费者大体上与男性消费者相差不大，出现这种现象的原因可能是，在我国以女性为主掌管家庭日常事务的现象在逐渐发生变化，家庭中家庭事务分工没有以前那么明确，很大一部分的女性也和男性一样拥有工作，而不是墨守成规地担任家庭主妇；同时，很多男性也会在家庭事务中承担相应的事务，不再只是顾着赚钱养家；调查中选取的样本覆盖全部年龄段，让此次调查更具说服力。所有样本中，年龄层次为 21~30 岁的群体占绝大多数；个人月平均收入中，1 000 元以下的占 49.71%，1 000~3 000元占 35.43%，3 000 元以上的调查者占比较少。出现这一现象的原因可能是，大米的价格通常比面粉贵，而且相较之下，面食的营养略胜一筹，因此低收入者通常会选择比较便宜、营养高、更果腹的面食；相反，高收入者经济相对富裕，不再仅仅满足于充饥，加上生活节奏快，所以他们通常会选择热量低、便捷的米食。此外，乡村农业户口占比较大，这说明调查对象中来自农村的消费者较多，一方面是因为笔者所在高校位于河南省，农村人口本身就较为庞大；另一方面农村土地面积大，小麦的种植过程简单，成活率高，消费者也多以小麦消费为主，这使得问卷调查更有针对性。此外，外来流动人口与本地常住居民相比，占比较高，外来流动人口中，学生占比98.13％，占外来人口的绝大多数，这也与本书研究问卷发放的对象有关。在调查样本中，河南省的比重较大，一方面是受调查地区的影响；另一方面可能因为河南省的气候利于小麦生长，河南人的饮食习惯更偏向于面食。在偏好的主食方面，米饭占比47.43％，面食占比48.57％，相差不大，因为北方适宜种植小麦，所以北方人偏好面食，而南方是鱼米之乡，气候适合水稻生长，因此南方人以米饭为主食，但河南省处于中原地带，该地区的人们兼容南北饮食习惯，米饭、面食都食用，但河南人相较之下更喜欢面食。因此，整体来说，偏好面食的比例会比米饭的高。综上所述，样本的个体情况较为随机，并没有选取特定人员，这样更能让样本体现不同的消费者中呈现出的观点。

二、消费者的消费情况

（1）主食消费水平和变化趋势。民以食为天，食物是人类生存和发展的第一需求和物质基础。主食是满足人体基本能量和营养需求的主要食品，也是保证国民身体健康的基本的食物。几千年来我国的主食发展也经历了漫长而复杂的过程。先民在距今9 000至8 000年的这一段时间里，成功地种出了粟（小米）、黍（黄米）、水稻等谷物，而且一直用其喂养他们的子孙至今。至于另一人民群众喜闻乐见的主食小麦，则晚了三四千年才出现。在古代，种小麦和发展面食技术几乎是同步的。在我国汉魏时代，麦类作物的种植在北方就比较普及了，麦子在先秦时代就已经开始种植。我国面食文化博大精深，历史悠久，它养育了万年华夏人，它创造了独特的中华文化。

稻米流脂粟米白，公私仓廪俱丰实。自古以来，稻米便占据了中华民族的主食地位。随着农业科技的进步，供人们的选择也越来越多。在大米的选择上，消费者也表现出明显的区域偏好。东北大米成为热门选择，而南北大米则各有所长。大米的消费越来越呈现出多元化、场景化、品质化、IP化、绿色化等趋势。随着生活水平的提高，人们不仅仅追求吃得饱，还要吃得好，不仅仅要吃得精，还要更多样化。从调查结果来看，偏好米饭的消费者占比47.43％，偏好面食（面条、水饺、馒头和包子等）的消费者占48.57％。这说明消费者对面食的选择已经能与大米相媲美。饱腹已经不是人们的唯一追求了，多元化的面食更能赢得人们的青睐。面食的出现凸显中华餐饮文化的博大精深，面食行业的发展丰富了人们的餐饮生活。由于我国餐饮行业发展迅速，面食行业不仅仅局限于北方地区，南方人也开始学会了好好吃面；就像大米也不仅仅是局限于南方，北方人也爱上了米饭。各式各样的面条、馒头、花卷、油条、烧饼、饺子、包子、凉皮、馄饨、麻花等开始出现在全国人民的餐桌上。近年，许多新兴主食如胚芽、糙米等带着各自功能特点的杂粮谷物开始进入大众视野，从调查结果来看，偏好这类主食的消费者占 3.43%。综合调查结果，可以看到，面食还是更受消费者的喜爱，消费者对面食的选择已经超过了大米。36.00% 的消费者认为近年对主食的消费呈现面食增加、米制品减少的特点；34.86% 的消费者则认为其面食减少、米制品增加；29.14% 的消费者认为其面食与米制品的消费比重没有发生变化（表 16-2）。这说明不少人在生活中面食消费有所增加。尽管制作面食的主要作物小麦的消费量这些年虽有起伏变化，但在总体上仍稳中有增，这也体现了小麦在我国居民食物消费中的主食地位长期稳定。

表 16-2　消费者主食消费变化趋势统计

单位：人、%

	人数	比例
面食增加，米制品减少	63	36.00
面食减少，米制品增加	61	34.86
不变	51	29.14

数据来源：调查所得。

（2）小麦面制品消费情况和变化趋势。在对小麦面制品消费的淡旺季调查中，73.71% 的人认为其消费面制品没有淡旺季之分，这表明消费面制品成为日常生活必需，需求稳定，这其中原因可能来自我国的国情，小麦种植以及人们的饮食习惯。从中大致可以看出消费面制品的未来趋势是趋于稳定的，不论季节，面制品的消费总是趋于稳定状态。22.86% 的消费者认为其在传统节日（如春节、冬至等）会增加对小麦面制品的消费，这可能与我国传统节日的饮食文化有关，如春节、冬至等节日，北方人更喜欢吃饺子（表 16-3）。

表 16 - 3　消费者对小麦面制品消费是否存在淡旺季的情况统计

单位：人、%

	人数	比例
没有，每月差不多	129	73.71
有，传统节日多一些	40	22.86
只在传统节日消费	6	3.43

数据来源：调查所得。

更进一步地，笔者还对小麦面制品的消费种类及消费频率进行了调查分析。

第一，在对速冻面制品的每周消费频率的调查中，72.57％的人选择偶尔吃，18.29％的人选择不吃，5.71％的人选择经常吃，仅有 3.43％的人选择每天将其作为主食食用（表 16 - 4）。这说明大多数人都要或多或少食用速冻面制品，但大部分都选择偶尔吃。尽管速冻面制品在快节奏生活中的作用正在增强，但由于其加工过程会造成食物营养部分流失，口感下降，部分添加剂还会对人体健康造成影响，因此很多消费者还是更倾向于新鲜的面制食品。因此，只有进一步提高和完善速冻面制品的制作技艺和加工过程，更多的人才会选择速冻面制品。速冻面制品产业还有较大的发展空间，未来可能会成为朝阳产业，蓬勃发展。

第二，在对速冻面制品是否会作为备用主食的调查中，65.71％的人选择会，而 34.29％的人则选择不会。前者人数约是后者的两倍，这可能是由于：一方面，生活方式的改变。当前社会节奏加快，人们的精力大都集中于学习与工作。对吃的要求更多倾向于快速方便，且"宅文化"在当代青年中也更加流行，方便易食的速冻面食当然也是他们的不二之选。除此之外，速冻面食用来招待拜访亲友也是一个很不错的选择。总之，速冻面制品一定程度上比自制食品更能满足人们方便的需求。另一方面，速冻面制品行业快速发展。依据不同面制食品的加工特性和食用要求，企业选用高筋、中筋和低筋面粉，对不同面制品使用更为精细化和专业化的面粉进行加工，使用更先进的设备和技术，最大限度地保留面制品原本的口感和营养。因此，速冻面制品的消费量逐渐增长。这使得尽管速冻面制品仍存在营养缺失的问题，但因其口感和快捷便利等特点，消费者还是会选择将其纳入主食储备。除此之外，这也是人们粮食安全意识提高的一个表现。近年气候变化，气象灾害频发，地缘政治冲突加剧，加之新冠肺炎疫情席卷全球，不管是从粮食供需矛盾还是从人们出行受限等角度考虑，将速冻面制品作为主食储备都是人们对粮食安全问题的反映。

第三，在对方便面的每周消费频率调查中，47.43%的人选择每周会吃1～2袋，43.43%的人选择不吃，7.43%的人选择每周吃3～6袋，1.71%的人选择每周吃7～13袋（仅3人），没有人选择每周吃大于13袋方便面（表16-5）。这是由于在消费者的意识中，方便面一般被认为营养单一，不够丰富，是国人印象中垃圾食品的典型代表。方便面营养单一是其相当大的毛病，因此导致其只能作为应急食品与方便食品。随着生活水平的提高和人们对健康的重视，人们更趋向于吃一些绿色健康且方便的食品，这类食品不在少数（如冲泡燕麦等），完全可以替代方便面。

第四，在对面包、饼干和糕点的每周消费频率调查中，有51.43%的消费者选择将其作为零食点心食用，40.57%的消费者选择偶尔吃，4.57%的消费者选择不吃，3.43%的消费者选择当主食食用（表16-6）。可以看到选择面包、饼干和糕点的消费者并不少，这说明随着城市化和工业化的快速发展，经济水平的提高促使人们的膳食结构和饮食形式发生变化。人们购买各种方便食品、预制食品的数量日益增多，更多方便、营养、美味、可口、新型的面制食品不断出现，并实现产业化生产。糕点类产品便是一个典型例子。随着社会发展，人们思想转变，更倾向于享受生活，饭后甜点对一些人来说必不可少。不论过节送礼时，还是居家食用时，糕点制品始终是食品中不可或缺的部分。而且糕点行业的利润较高使得蛋糕店的数量日益增多，随之增长的还有人们的消费水平。这就形成了一个供需链条。除此之外糕点制品的价格也是很能让大多数人接受的。还有一点是糕点类制品的便携性。时间急的时候或是加班加点的时候，来一口甜点垫肚子也是一个非常不错的选择。

第五，在对收入增加时消费者对面制品和其他食品消费变化的调查中，可以看到传统面食（包子、馒头、水饺和面条等）、大米、杂粮和速冻面食的消费占比基本保持不变，分别占比70.29%、70.86%、65.14%和60.57%；消费者对面包、饼干和糕点类及外来面制食品（如比萨、曲奇、通心粉和汉堡等）的消费有所增加，其中认为略有增加的人数分别占比40.57%和38.29%；认为增加较多的分别占比22.86%和17.71%。此外，当收入增加时认为杂粮消费增加较多的消费者占比10.29%，仅次于认为面包糕点类和外来面制品增加较多的人数（表16-7）。这一方面说明传统面食和大米作为主食是人们的生活必需品，其消费不具有弹性；而面包糕点类及比萨、汉堡等外来面制品在国人眼中通常是作为零食点心，甚至被认为是垃圾食品，其消费具有较大的弹性。当人们收入较低时，吃饱肚子是首要目的，因此对其消费较少甚至没有；当人们收入增加时，更倾向于享受生活，通过消费零食点心增加愉悦感和效用水平，因此会倾向于增加其消费量。另一方面也说明随着收入的增加，人们更注重健康的饮食，因此大部分消费者会减少对方便面的消费（占比29.71%），增加对杂粮的消费，因为杂粮不仅可以降低血糖、血压和血脂，还可以健脾开胃，从而促进人体健康。

第六，在面制品价格下降时，消费者对面制品和其他食品消费变化的调查中，可以看到认为方便面和速冻面食消费量保持不变的人数依然占据多数，分别占78.29%和72.57%；认为传统面食、大米和杂粮消费量保持不变的也较多，分别为65.71%、65.14%和68.00%。这说明即使面制品价格下降，人们对方便面和速冻食品的消费还是保持在一定比例，对传统面食、大米和杂粮等生活必需品的消费也并不会有太多增加或太多减少，这一定程度上也反映了人们的刚性需求。面包糕点和外来面制食品仍然是面制品价格下降时增加最多的两类，认为其略有增加的分别占37.71%和30.86%；认为其增加较多的分别占22.86%和21.14%。这仍然表明传统面食的消费具有稳定性，而作为零食点心的面制品消费具有高弹性（表16-8）。

表16-4　消费者每周食用速冻面制品情况统计

单位：人、%

	人数	比例
每天作为主食食用	6	3.43
经常吃	10	5.71
偶尔吃	127	72.57
不吃	32	18.29

数据来源：调查所得。

表16-5　消费者每周食用方便面的情况统计

单位：人、%

	人数	比例
大于13袋	0	0.00
7~13袋	3	1.71

（续）

	人数	比例
3～6袋	13	7.43
1～2袋	83	47.43
不食用	76	43.43

数据来源：调查所得。

表16-6 消费者每周食用面包、饼十和糕点的情况统计

单位：人、%

	人数	比例
当主食食用	6	3.43
作为零食点心食用	90	51.43
偶尔吃	71	40.57
不吃	8	4.57

数据来源：调查所得。

表16-7 收入增加时面制食品和其他食品消费变化情况统计

单位：人

	略有增加	增加较多	不变	减少
包子、馒头、水饺、面条等传统面食	40（22.86%）	8（4.57%）	123（70.29%）	5（2.86%）
方便面	19（10.86%）	4（2.29%）	104（59.43%）	52（29.71%）
速冻面食（水饺、包子等）	30（17.14%）	9（5.14%）	106（60.57%）	31（17.71%）
面包、蛋糕、饼干	71（40.57%）	40（22.86%）	65（37.14%）	4（2.29%）
外来面制食品（比萨、曲奇、通心面和汉堡等）	67（38.29%）	31（17.71%）	72（41.14%）	8（4.57%）
大米	37（21.14%）	12（6.86%）	124（70.86%）	4（2.29%）
杂粮	40（22.86%）	18（10.29%）	114（65.14%）	8（4.57%）

数据来源：调查所得。

注：此次共发放200份问卷，共收回175份有效问卷。有效问卷是指所有问题均被调查者回答的问卷。由于有些问题被调查者或回答或未回答，因此存在部分问题统计问卷数不一致的情况。下同。

表 16-8　面制品价格下降时面制食品和其他食品消费变化情况统计

单位：人

	略有增加	增加较多	不变	减少
包子、馒头、水饺、面条等传统面食	44（25.14%）	17（9.71%）	115（65.71%）	2（1.14%）
方便面	26（14.86%）	7（4.00%）	137（78.29%）	7（4.00%）
速冻面食（水饺、包子等）	33（18.86%）	12（6.86%）	127（72.57%）	5（2.86%）
面包、蛋糕、饼干	66（37.71%）	40（22.86%）	67（38.29%）	9（5.14%）
外来面制食品（比萨、曲奇、通心面和汉堡等）	54（30.86%）	37（21.14%）	79（45.14%）	8（4.57%）
大米	39（22.29%）	19（10.86%）	114（65.14%）	5（2.86%）
杂粮	39（22.29%）	14（8.00%）	119（68.00%）	5（2.86%）

数据来源：调查所得。

三、消费者的消费行为特性

第一，从消费者消费方式（获取面制食品的方式）来看，"购买面粉，自己做面食"占比 20.00%，"购买挂面、方便面、速冻面食等半成品"占比 32.00%，"外卖"占比 12.00%，"在外就餐"占比 26.29%，"生产小麦，在外加工成面粉后自己制作"占比 6.86%，其他占比 2.86%。不难发现，消费者获取面食的途径呈现多元化的特征，且"购买面粉，自己做面食""购买挂面、方便面、速冻面食等半成品"和"在外就餐"三者占比最高（表 16-9）。由数据可以得出，消费者通过不同途径获取面粉后自己制作面食的总和为 26.86%，而其他非自己制作面食的总和高达 73.14%，出现这一现象的原因可能是现代社会快速发展，消费者对于技术和效率的无尽崇拜，让人们陶醉于人类劳动力得以解放的成就感中，生活节奏不断加快、生活压力不断加大，这显然影响了消费者制作面食的次数；再加上外卖的不断发展，其本身具有方便、快捷和产品种类丰富等优点，这对消费者传统获取面食的方式产生了重要影响，人们获取面食的途径由线下转移到了线上，这种趋势随着外卖电商平台的发展会越来越明显，也带动了消费方式的转型升级；样本中是乡村农业户口的占比为 60.00%，而这一部分人中所在家庭可能会种植小麦，可能会处于成本问题考虑，去选择在外加工成面粉后再制作面食；调查样本中绝大部分是 21～30 岁的大学生，他们由于各种各样的条件所限以及口味爱好更青睐于在外就餐和购买面食半成品。综上所述，消费者受自身和社会影响对面制食品的消费方式正在逐渐转型升级，同时也呈现出多元化的特征。

第二，从面制食品的消费地点来看，消费者从超市购买面食的占比最大，达到了42.33%，食堂次之，也有39.26%，个体馒头包子铺占比为14.11%，饭店和电商平台的占比都是1.84%，其他的占比为0.61%。具体到不同的面制食品，在选购馒头、包子时消费者常去摊点和超市，分别达到了64.00%和45.14%；在选购面包、饼干和糕点时消费者通常会选择超市，占比高达70.29%；在购买速冻面食以及挂面和方便面时，绝大部分消费者更愿意选择超市，分别占比为82.86%和85.14%。消费者购买面食的地点主要集中在线下的超市和食堂，二者占比之和达到81.59%，电商平台只有1.84%，这说明消费者购买面食的主要地点还是集中在线下超市和食堂而非线上电商平台，这主要取决于面食的所具有的不易保存和运输的特性，满足了消费者对面食需求的及时性；超市为面食的销售提供了一个非常合适而又便捷的平台，缩短了消费者购买面食的时空距离，满足了消费者对面食的刚需；样本数据中绝大部分是大学生，食堂集中销售满足大学生饮食需求的饭菜，因此大学食堂也成为大学生们购买面食的绝佳场所（表16-10、表16-11）。综上所述，消费者购买面食的场所主要集中在线下超市而非线上电商平台，并且超市和食堂成为消费者选购面食的主要地点。

第三，尽管选择电商平台购买面制食品的消费者较少，但是随着电商的平台发展和多样化，有必要了解消费者在这方面的消费倾向。从消费者购买面制食品的电商平台来看，淘宝占比高达41.72%，外卖平台紧随其后占比为31.29%，京东占比为3.68%，拼多多占比为7.36%，天猫占比为0.61%，其他占比为15.34%，政府助农平台占比为0%（表16-12）。由此可见，消费者在电商平台上选购面食时更加青睐淘宝和外卖平台，政府助农电商平台应进一步扩大宣传，通过各种途径发挥其自身应有的优势，承担起相应的社会责任。

第四，从前面的分析可以看到，购买面粉后自己做面食的消费者虽然不多，但仍然占到20.00%，因此有必要了解消费者购买面粉的途径和购买品种及品牌。从购买面粉的途径来看，绝大多数消费者选择去超市购买面粉，所占比例高达65.03%，农贸市场、集市占比12.27%，粮店占比15.34%，电商平台占比2.45%，其他占比4.91%。不难发现，绝大多数的消费者在选购面粉时，会选择超市，而原本主要销售面粉的农贸市场、集市和粮店占比却不高，总和才占 27.61％（表 6-13）。从消费者购买面粉时使用的电商平台来看，大部分消费者都会选择淘宝，其占比过半，高达 50.31％，而选择其他平台的差别不大，京东和拼多多占比均为 6.75％，天猫占比为 2.45％，外卖平台占比为 9.82％，政府助农电商平台占比为 1.23％，其他占比为 22.70％（表 6-12）。这说明政府助农电商平台的影响力比较有限，还需要加大宣传和技术支持及推广，才能更好地为生产者和消费者服务。从消费者购买面粉的品种来看，消费者购买"全麦面粉"的占比为 77.91％，购买"专用面粉"的占比为 20.25％，其他的占比为 1.84％。显而易见，消费者购买面粉的品种较少并且通用性明显，以家庭日常生活为主，少有追求面粉的专用性，购买"全麦面粉"的占据绝大多数，购买"专用面粉"的仅占小部分。这说明消费者更加偏好全麦面粉，占比高达 77.91％，出现这一现象的原因可能是随着社会经济的高速发展以及人们生活水平的提高，日常生活中人们更加追求健康饮食，全麦面粉是由全粒小麦经过磨粉、筛分（分级适当颗粒大小）等步骤，保有与原来整粒小麦相同比例之胚乳、麸皮及胚芽等成分制成的产品，全麦面粉营养丰富，是天然健康的营养食品。全麦面粉在掌心搓开，可以看到有粉碎的麸皮在里面，口感较一般面粉粗糙，麦香味更浓郁，具有预防糖尿病、助排便、降胆固醇等功效，有"糖尿病人的专用面粉"之称，在目前我国老龄化日益加剧、肥胖者日益增多的情况下，全麦面粉占领市场情有可原。专用粉是相对于通用粉而言，针对不同面制食品的加工特性和品质要求而生产的小麦粉。专用粉种类很多，一般常见的包括面包粉、饼干粉、饺子粉、馒头粉、面条粉、蛋糕粉、自发粉、汤用粉、面糊粉等。每一种专用粉根据加工相应的面制食品时的工艺技术条件、饮食消费习惯、配方、地域等还可以细分。正是由于其专用性的制约，在日常生活中很少有消费者选购专用粉用以家庭使用。但是，高档专用粉属高附加值产品，能给加工企业带来较高的效益。随着经济发展和人民生活水平的提高，高质量和多品种的面制食品需求量日益增大，按食品的种类和质量要求，生产不同适应性的专用粉，以供给家庭、作坊和大型面制食品加工企业使用，已经成为我国面粉工业发展的方向和重点。综上所述，消费者选购面粉品种不仅代表家庭偏好，也反映"健康中国"以及人口老龄化的趋势明显。从消费者购买面粉的品牌来看，选择购买"五得利等大厂品牌"的占比为 41.10％，购买"本地面粉品牌"的占比为 40.49％，购买"自家生产的小麦磨粉"的占比为 6.75％，购买"其他"的占比为 11.66％（表 6-14）。不难发现，消费者购买面粉的品牌选择呈现多元化的特征，且购买"五得利等大厂品牌""本地面粉品牌"两者占比相当。从以上数据可以得出，消费者更加偏好大厂产品和家乡品牌，出现这一现象的原因可能是，一方面大厂具有品牌效应，消费者容易产生品牌消费心理。一般而言，大厂出品质量好、口碑好，很容易让消费者产生信任感，并且面粉作为家庭生活必需品，关系到家庭成员身体健康，选择大厂产品也是一种保障。另一方面，家乡品牌更蕴含家乡情怀。本土品牌之所以能够延续下来，必不可少的就是家乡人的支持，本地品牌产品往往更符合本地人口味，也就是俗称的"家的味道"，中华传统文化传承至今，中国人的情怀传承发挥了很大作用，同时客观上来讲，本土品牌更容易购买。

第五，从消费者选购面制品时所注重的产品特征来看，不论是方便面、速冻面食类还是面包糕点类，消费者对口味的关注度都最高，分别占比为85.71%、78.86%和85.14%；其次看重价格，消费者占比分别为57.14%、61.14%和69.71%。消费者对卫生和品牌的关注度也较高，对卫生的关注在三类面制品中分别为51.43%、56.57%和59.43%；对品牌的关注分别占50.86%、49.14%和39.43%，而对于包装、营养、重量、配料以及其他的产品特征关注度较低（表6-15）。这说明消费者更注重面制品的口味以及卫生，反映出消费者兼顾享受美食与身体健康的诉求，而各项特征消费者均有考虑，说明大众购物的求实性上升，更加注重生活质量的提高，在如今快节奏的生活中，重视饮食质量和身体健康的趋势越发明显，对面制品的品质也相应提出了更高要求。因此，相关企业也应该积极突破，在消费者关注到的各个方面做出改善提升。消费者对面制品产品特征的关注呈现多元化，既是对自身经济生活和健康生活的要求，也是对面制食品生产和销售等方面发展趋势的必然要求。

第六，从消费者食用面制品的原因来看，随着经济的发展，人均收入的提高，人们的消费水平也逐步提高。人们追求的不仅仅是吃饱了，还会根据是否方便快捷、个人口味、价格等来进行选择。从调查数据可以看出，不论是方便面还是速冻面食类，消费者选择消费它们均是因为其更方便快捷，由于这一原因选择这两类面制品的消费者分别占68.00%和54.29%。由于想要偶尔换换口味而选择这两类面制品的消费者也不少（40.57%和36.00%），这一原因位列第二。对于面包、饼干和糕点类面制品而言，消费者主要考虑口味和个人喜好，占比为64.57%；其次才考虑是否方便快捷（占比为29.71%）。除此之外，消费者食用方便面和速冻面制品也主要看重口味和个人喜好，而从价格和购买地点等方面出发考虑购买这三类面制品的消费者相对比较少（表6-16）。这说明，人们对快捷面制品的食用主要还是来源于其方便的本质属性，对于面包、饼干、糕点类面制品的食用更加注重口味和个人喜好。

表 16-9　消费者消费面制食品的方式及其占比

单位：人、%

	人数	比例
购买面粉，自己做面食	35	20.00
购买挂面、方便面、速冻面食等半成品	56	32.00
外卖	21	12.00
在外就餐	46	26.29
生产小麦、在外加工成面粉后自己制作	12	6.86
其他	5	2.86

数据来源：调查所得。

表 16-10　消费者消费面制食品的地点及其占比

单位：人、%

	人数	比例
超市	69	42.33
个体馒头包子铺	23	14.11
饭店	3	1.84
食堂	64	39.26
电商平台	3	1.84
其他	1	0.61

数据来源：调查所得。

表 16-11　不同面制品的消费地点及其占比

单位：人、%

	超市	比例	摊点	比例	电商平台	比例	其他	比例
馒头、包子	79	45.14	112	64.00	11	6.29	1	0.57
面包、饼干、糕点	123	70.29	42	24.00	41	23.43	9	5.14
速冻面食（水饺、包子等）	145	82.86	20	11.43	19	10.86	7	4.00
挂面、方便面等	149	85.14	21	12.00	30	17.14	2	1.14

数据来源：调查所得。

表 16-12　消费者购买面制食品和面粉使用的电商平台及其占比

单位：人、%

	面制食品	比例	面粉	比例
淘宝	68	41.72	82	50.31
京东	6	3.68	11	6.75
拼多多	12	7.36	11	6.75
天猫	1	0.61	4	2.45
外卖平台	51	31.29	16	9.82
政府助农电商平台	0	0.00	2	1.23
其他	25	15.34	37	22.70

数据来源：调查所得。

表 16-13　消费者购买小麦面粉的途径及占比

单位：人、%

	人数	比例
超市	106	65.03
农贸市场、集市	20	12.27
粮店	25	15.34
电商平台	4	2.45
其他	8	4.91

数据来源：调查所得。

表 16-14　消费者购买小麦面粉的品牌及其占比

单位：人、%

	人数	比例
五得利等大厂品牌	67	41.10
本地面粉品牌	66	40.49
自家生产的小麦磨粉	11	6.75
其他	19	11.66

数据来源：调查所得。

表 16 - 15　消费者购买面制食品时注重的产品特征

单位：人、%

	价格	比例	口味	比例	包装	比例	营养	比例	重量	比例	品牌	比例	配料	比例	卫生	比例	其他	比例
方便面	100	57.14	150	85.71	45	25.71	43	24.57	32	18.29	89	50.86	50	28.57	90	51.43	8	4.57
速冻面食（水饺、包子等）	107	61.14	138	78.86	46	26.29	63	36.00	41	23.43	86	49.14	63	36.00	99	56.57	7	4.00
面包、饼干和糕点	122	69.71	149	85.14	60	34.29	60	34.29	35	20.00	69	39.43	57	32.57	104	59.43	10	5.71

数据来源：调查所得。

表 16 - 16　消费者食用面制食品的原因

单位：人、%

	方便快捷	比例	口味好、个人喜欢吃	比例	价格便宜	比例	零售网点多、易购买	比例	偶尔换换口味	比例	其他	比例
方便面	119	68.00	58	33.14	46	26.29	25	14.29	71	40.57	7	4.00
速冻面食（水饺、包子等）	95	54.29	37	21.14	21	12.00	26	14.86	63	36.00	9	5.14
面包、饼干和糕点	52	29.71	113	64.57	16	9.14	42	24.00	63	36.00	9	5.14

数据来源：调查所得。

四、小麦消费的发展趋势

尽管笔者的调查范围、调查对象和调查数据有限，但是从调查结果仍然可以看到我国小麦（面制品）消费的发展趋势，大致可以归纳为以下四点。

第一，人口流动与饮食多元化。随着市场经济的发展和人口流动的增加，不同地域和民族的饮食文化也被带入到新的地方。比如，河南省作为中原腹地，因其交通便利，人口流动量大，人们的饮食已经不仅仅局限于面食，稻米已成为受人们欢迎的第二大主食。与此同时，当人口流动和迁移成为常态，伴随着饮食文化的流动与传播便会出现，北方的面食也越来越多地被带往南方，如小笼包、臊子面、烩面等受到人们的追捧与喜爱。因此，市场经济全球化发展推动着物流的便捷，进而加速了以小麦及其面制品为基础的饮食文化的传播。但经济发展和人口流动必定伴随着社会的分工与居民的分化，促使饮食习惯也将更加多元化，对面制食品的要求也将出现多样化、多层次的趋势。因此，与之相伴随的，饮食多元化为发展专用粉提供了巨大的市场空间。根据面制食品种类、特性千差万别的特点，研究和生产各种专用粉，开发面粉新品种，如预混合面粉等，以适应不同食品对面粉品质的要求，提高专用粉在面粉总产量中的比重。

第二，绿色健康成为消费方向。从全球范围来看，营养、安全、绿色和休闲成为小麦消费的方向。卫生和安全成为新世纪食品加工企业的首要任务。美国早在 20 世纪 70 年代就建立了各种谷物的营养、卫生和安全的标准体系，规定了谷物的各种营养成分和卫生、安全的标准。从调查结果可以看到，人们越来越注重小麦面制食品的卫生及营养。因此，在我国，优质、安全、营养将成为未来小麦消费的主流，城乡居民的小麦消费行为将完成从满足温饱为主的数量型向重视营养为主的质量型转变，小麦需求结构也会发生相应的变化，优质、安全和营养的小麦将是小麦需求的必然趋势。就面粉而言，在面粉中添加多种微营养素是世界上许多国家推行的解决微营养素缺乏症的一种行之有效的方法，我国居民也已意识到目前膳食结构导致的微营养素摄入量缺乏问题，因而营养强化面粉、全麦粉等功能性面粉将会成为居民的新选择。随着居民膳食结构多元化的发展、追求营养均衡和全面的饮食理念的兴起，居民食物选择一方面要求感官精良，另一方面追求营养全面均衡，而小麦粉的特性决定了随着精细化和深加工，其营养成分会受到损失和破坏。人们便需要不断地在感官舒适和营养均衡的张力间寻求鱼和熊掌兼得。因而未来我国小麦加工企业应生产各种复合粉、配方粉，多谷物混合粉、谷蔬混合粉等专用强化型面粉，以顺应居民对美好生活的双重追求。

第三，预制食品将会快速增长。城市化和工业化带来的社会经济的快速发展，加速了人们的生活节奏，也将提升人们的生活质量，这一切都促使人们的膳食结构和饮食形式发生变化。人们直接购买面粉的数量将逐步减少，购买各种方便食品、预制食品的数量日益增多，更多方便、营养、美味、可口、新型的面制食品会不断出现，并实现产业化生产。在发达国家，预制食品占整个食品总量的 85%，方便食品的品种超过 1.5 万种，有向主流食品发展的趋势，而我国目前的预制食品只占 37.8%（王秀丽和孙君茂，2015）。经济快速发展，工业化对生活节奏的影响，驱使居民对膳食结构与形式特征都提出方便、快捷、高效的要求，为了适应人们工作生活快节奏、高效率的需要，未来面制主食品的工业化生产，特别是符合营养科学要求的方便食品、速冻食品等预制食品工业将会成为我国小麦产业的一个新发展点。尤其是速冻食品，因其能最大限度地保持天然食品原有的新鲜程度、色泽风味和营养成分，是国际公认的最佳食品加工贮藏技术，随着家用电冰箱的普及、消费方式的改变，速冻食品有望在我国受到追捧。

第四，节粮减损将成为新趋势。我国粮食损失和浪费严重，节粮减损有很大的空间。据国家粮食和物资储备局数据显示，我国在加工、运输、储存环节的粮食损失每年分别为 650 万吨、800 万吨、2 000 万吨左右，餐桌上的粮食浪费每年达 5 000 万吨。按照发达国家的粮食产后损失率（3%）计算，我国每年可减少的粮食损失仍高达 175 亿吨，可满足近 1 亿人一年的口粮消费（王晓飞等，2021）。因此，自党的十八大以来，以习近平同志为核心的党中央高度重视节粮减损工作，强调要采取综合措施降低粮食损耗浪费，坚决刹住浪费粮食的不良风气。为贯彻落实党的十九届五中全会关于"开展粮食节约行动"的部署要求，推动实施《中华人民共和国反食品浪费法》，中共中央办公厅、国务院办公厅还印发了《粮食节约行动方案》，进一步要求开展粮食节约行动，减少粮食损失浪费。小麦作为我国的重要粮食之一，其浪费问题也不容小觑，不仅在生产、收获、储存、运输、加工和销售环节存在浪费，在消费环节也存在浪费，且浪费现象更严重。据统计，35% 的食物损耗和浪费发生在消费环节（王晓飞等，2021）。随着节粮减损观念的宣传与教育，粮食浪费（小麦浪费）问题已经得到明显改善，但未来仍然任重道远。因此，降低小麦损耗，减少浪费是未来小麦消费的必然趋势。

第十七章
小麦消费良态发展的政策建议

一、发展优势中筋、强筋和弱筋小麦

根据前文的分析，目前居民依然保持对传统面制食品的偏好，但同时对传统面食的食用便捷性提出了要求。因此，随着主食工业化的发展，小麦种植者应适应这一市场需求的变化，按区域优势合理布局小麦种植结构，提高小麦品种质量。当前大部分地区种植的小麦属于适合加工馒头、面条等传统主食的中筋小麦，只是由于农业生产规模小、数量分散，生产出的小麦质量不稳定，难以用于工业化主食的生产。此外，居民面食消费习惯由购买面粉自制向外购成品面食转变，致使面粉加工企业对优质强筋和弱筋小麦需求不断扩大，尤其是为满足面包、糕点等新兴面食产业的小麦原材料缺口很大，每年进口达300万吨。小麦生产目前还不能满足加工业和消费者的快速增长需求，品种、品质、品牌都还有巨大的提升空间。就河南省来说，河南省小麦连年丰收，产量连攀新高，但真正能做到"四专"的强筋和弱筋小麦供应不足，特别是用于满足面包、糕点等新兴面食产业需求的小麦原材料缺口很大，导致河南省生产的小麦产量、进口量、库存量"三量"齐增，存在面粉加工企业原料紧张，出现了"买粮难""守着粮仓缺麦子"等现象。

因此，必须要划定优质专用小麦生产区，推行单品种集中连片种植。组织育种、栽培专家，举办优质专用小麦技术培训班，对技术骨干进行培训，同时组织技术人员，采取包乡、包村的方式，指导农民按照技术规程，开展生产管理，落实配套栽培技术。组织粮食购销企业、粮食加工企业、食品加工企业同市县和种植户进行购销洽谈，落实订单。推行单品种收获、收购、储运和销售，保证品质一致性；加强对订单协议的跟踪落实，督促订单企业，提前布局收购库点，开展单品种收购、储运和销售，确保小麦品质稳定。此外，还应出

台生产补贴政策，对专家鉴定为强筋或者弱筋小麦品种的优质专用小麦农户给予补贴，提高农户种植积极性。还要成立农业信贷担保公司，重点对发展专用品牌粮食的生产经营主体提供担保，加强农发行对专用品牌粮食贷款支持力度。总之，按照布局区域化、经营规模化、生产标准化、发展产业化的总体思路和专种、专收、专储、专用的实现路径，积极发展优质强筋、弱筋小麦。另一方面，引导有资金、懂技术、会经营的乡村各类人才和返乡创业人员受让农户流转的土地，形成专业大户和家庭农场，推进优质专用小麦规模经营。培育生产规模大、产品竞争力强、品牌信誉高的优质专用小麦专业生产合作社，完善内部管理机制和利益分配机制，提升合作社发展活力和带动农户的能力，提高河南省优势强筋、中筋和弱筋小麦的产量。

二、发展食品专用粉

随着收入水平的提高，生活节奏的加快，人们消费成品面制食品的比重日益增大，以小麦面粉为原料的精制优质面食和各式各样的方便食品、营养食品的消费量大幅度增加，专用面粉的需求趋势不断增强。面粉作为成品面制食品的基础原料，在面制食品的质量方面起着十分重要的作用，发展专用粉一方面是工业化面制品需求量加大的要求，另一方面是机械化、自动化、规模化、连续化生产的要求。对于食品专用粉加工企业而言，应出台鼓励食品专用粉加工企业转型升级的政策，以市场为导向，推动食品专用粉加工行业与"互联网＋"融合，增强食品专用粉加工企业的市场竞争力和可持续发展能力；加大行业资金扶持投入，探索设立食品专用粉加工业改革发展转向资金，试点实行 PPP 融资模式，按照"扶优、扶大、扶强"的原则，重点支持具有先进生产加工设备、技术及现代管理经验的食品专用粉加工龙头企业做大做强。此外，企业应借鉴学习国内外先进生产技术，加大先进生产设备引进，降低企业生产成本；还应加强管理队伍培训，促进行业管理向科学化、专业化和高效化发展；加强与高等院校及科研机构合作，共建科研基地，促进产学研深度融合。

制粉企业应开放强力粉、中力粉、薄力粉等多种面粉，重点是生产我国传统食品，如饺子、馒头、面条和包子等食品的专用粉，面包、饼干和糕点等食品的专用粉，以及一些其他用途的专用粉，以适应市场需求的变化。从当前宏观经济周期和微观环境来看，当前面粉行业处于一个行业整合发展的中后期阶段，大型集团应抓住时机进行有效区域布局和产品布局，为 2020—2025 年经济上行阶段企业处于市场领导地位奠定基础。过去两年中粮、益海及五得利都进行了新的产能布局和规划，带来行业格局进一步调整。产品发展方面，面粉企业更加重视高附加值的中西面点食品小宗面粉需求，大型集团要更进一步提升中式食品细分市场产品的需求，细分市场的开发要向食品制造和小麦品种选育结合方向发展，最终发展到不添加任何食品添加剂，特别是各类化学面粉品质改良剂，满足高端产品的需求。工厂专供粉是最细致产品差异化战略的产物，面粉食品及企业上下游通过供应链和价值链有效密切衔接，降低总体经济运行成本，实现产业健康发展；对于大型食品企业可以结成战略联盟，甚至可以通过财务参股措施，实现上下游经营信息资源的内部化，一方面开发出更加适合生产需求的面粉品种，另一方面通过财务参与对产业的供应链和价值链实现更加有效地管理。从供应链和价值的管理来看，发展更多工厂直供（专供）面粉，减少面粉的流通路径，是提高面粉和面制品企业总体效益的最有效措施。总之，以市场为导向，发展食品专用粉。

三、发展速冻食品

随着人们生活节奏的加快和消费水平的提高，速冻食品在国内外市场中所占的份额越来越大，生产发展极为迅速，其具有营养丰富、品种多样、价格适中、食用方便的特点，深受消费者喜爱，在人们的日常生活中随处可见。速冻食品是我国传统面食工业化很好的载体，如速冻水饺、速冻包子、速冻馄饨等，企业应开发适合我国居民口味的传统速冻面制品，深入产品配方、配料的研究以及相关物质在保存、加热过程中变化的研究，以便找出更佳的配料、配方，生产出更加理想的速冻面食，提升产品品质。同时，还应研发和提高食品加工贮藏技术，最大限度地保持天然食品原有的新鲜程度、色泽风味和营养成分，使更多消费者买到既方便又可口的速冻面食。此外，速冻食品正面临品类的创新。一是指国际化创新，即传统米面制品走向国际成为国际速冻家庭中的一员，占领国际市场。二是吸纳国际上成熟的主流产品，引领速冻产业创新。三无问题也亟须解决，一些速冻食品无标志、无生产日期、无国家规定标签标注，淡化品牌、模糊品牌，使企业在一个无序的环境下竞争，破坏了产品品质、安全性、诚信度等企业核心竞争力，因此必须从卖场着手，解决速冻食品行业的三无问题。企业要以机械自动化大规模高效生产，来替代劳动密集的作坊式低效生产；以"品牌＋品质"的高端营销模式，来替代降价促销量的低端营销模式；以公共餐饮市场批发渠道，来替代超市零售渠道；以资本市场融资扩张，来替代资本积累滚动发展。

与此同时，人们对速冻食品质量要求的提高离不开冷链系统的支持，食品冷链是现代食品工业的一个重要组成部分，必须要借鉴国外的先进经验、先进技术发展我国的冷藏运输设备，并利用计算机技术全面监控冷藏设备的动态发展状况，及时了解产品信息（保质期、库龄等）。在配合速冻食品冷链的第三方物流运输方面，可采用多式联运（铁路、公路、水路），同时努力发展运输代理，降低运输成本，提升运输效率。此外，还应健全完善相关制度，食品冷链物流运输是一项复杂的工程，牵扯到多种技术的要求，譬如，国外拥有一系列的标准规定，不仅包含了易腐食品的多项环节，且进出口货物也是按照严格程序（检验和认证制度）执行的。只有这样才能确保使其带有很强的可操作性和可检验性。为解决速冻食品的衰变问题，还必须加强食品质量管理体系建设，严格控制食品在加工、储藏、运输等过程中的必要条件，与各种技术相结合，如现代传感器技术、化学分析技术、微生物检测以及感观分析，不断研究速冻食品从生产到销售这一系列环节中的品质变化，满足广大消费者对食品的需求，努力为消费者提供安全、优质且营养丰富的速冻食品。

四、提高方便食品的营养与质量

我国居民一方面对方便面制品的需求增大，一方面越来越多地注重产品的营养、口味与品牌，因此应该使更多的面制食品成为方便包装的即食产品，加快厨房操作的工业化、方便化程度。由于许多工业化即食面制食品多为油炸型，含油脂较多，而且淀粉经油炸后会产生致癌物质，所以工业化即食面制食品给许多消费者以非健康食品（"垃圾食品"）的形象。比如方便面，多年来有关人士始终认为方便面缺乏营养，加之近年丙烯酰胺的发现，更增加了消费者对方便面营养质量的质疑。因此，方便面生产企业应抓紧改进生产工艺设备，改油炸为非油炸，让消费者放心食用。另外，针对方便面缺乏蛋白质和维生素的问题，有些企业已经做了改进，但还需努力，建议加大菜量，以先进的技术生产复水性好、营养素保存更好的脱水蔬菜，这样既补充营养也提高产品的美味，同时建议经过科学研究在配料包中加入维生素和微量元素，在方便食品的加工处理过程中考虑提高营养素的利用率，减少营养素在加工过程中的损失，从内涵上补充营养，改变消费者对方便食品不健康不营养的印象，满足消费者注重的营养、质量要求。此外，天然、营养的健康型方便食品将成为未来主流。食材好、口感佳、易操作和热量低的食品，如搭配有乳酸菌的自热米饭越来越受消费者推崇。

方便食品的卫生问题也值得关注，首先要求包装使用的材料或涂料不能对人体有害，不能对食品产生有害物质，也不能与食品发生化学反应，导致食品变质。其次，方便食品要经过严格灭菌，包括原料的灭菌，对加工方便食品的机器设备灭菌，封口机器灭菌，以及工作人员的无菌操作等。严格遵守食品的相关法律法规，严格执行食品安全卫生要求，保证方便食品的营养与卫生，实现方便食品的营养、健康与质量的统一。

五、减少损失与浪费

尽管我国已经开展节粮减损的行动，但消费者的节约意识仍有待提高。消费者个人及家庭特征是影响粮食浪费行为与浪费强度的重要原因。在消费者点餐前餐厅应提供信息提示，有助于减少浪费，在餐厅醒目位置张贴相关信息、增大相关信息提示牌的物理尺寸、提高餐馆服务员对消费者进行按需点餐的提醒等有利于提高消费者对相关信息的接受度，从而减少餐桌浪费。如引导顾客合理消费，在餐厅显著位置摆放诚信菜单，明码标价、菜量明示；点餐时服务员主动提醒顾客按需点菜，引导消费者"合理点餐，避免浪费"，不强推高档菜品和奢华附加消费。同时，发挥政府的引导作用。完善反食品浪费的法律法规，建立相关的粮食管理体系、定价体系、浪费惩罚体系，使约束相关餐饮企业经营者与消费者贯彻绿色、科学消费有法可依，通过强化行政管理手段达到减少食物浪费的目的。

此外，还需要从道德、舆论层面，更新观念，营造"节约食物文明、浪费食物可耻"的社会氛围，节约粮食的宣传教育要注重持久性、深入性、多样性，定期在全国粮食科技活动期间组织节粮减损、科学消费等科普活动进学校、进家庭、进社区。充分挖掘传统文化在节约粮食方面的重要作用，设立国家粮食日、建设粮食博物馆、组织插秧耕作、粮食加工观摩的实践活动。最后，强化各主体的责任意识。餐饮业是粮食浪费的"重灾区"，餐饮服务经营者作为重要主体，应积极尝试推行分餐制、设计半份或小份菜品、提供免费剩余食物打包服务。消费者应更新观念，树立科学的消费观念，合理点餐，以光盘为荣。还应树立粮食安全风险意识，食物浪费对实现粮食安全、消除饥饿等目标产生了严重的阻碍，新冠肺炎疫情的暴发致使部分地区的消费者做出抢购粮食等非理性消费行为，说明粮食的局部供需失衡问题仍然存在，因此更凸显出粮食浪费的弊端与其在道德行为上的可耻，这要求消费者必须强化风险意识和节粮减损意识，杜绝舌尖上的浪费，光盘行动，从我做起。

（本篇由河南工业大学粮食经济研究中心张维洁主笔）

参考文献

程国强，朱满德，2020. 新冠肺炎疫情冲击粮食安全：趋势、影响与应对[J]. 中国农村经济 (5)：13-20.

邓宏亮，黄太洋，2013. 我国粮食价格波动的实证分析[J]. 统计与决策 (24)：91-95.

丁凡，2014. 河北省小麦产业发展现状与路径思考[D]. 北京：中国农业科学院.

郭云超，蒋志辉，2022. 粮食安全背景下河南小麦生产效率实证研究——基于 DEA-Tobit 模型实证分析[J]. 中国市场 (11)：71-73.

国家农作物品种审定委员会，2017. 国家农作物品种审定委员会关于印发《主要农作物品种审定标准（国家级）》的通知[J]. 种子科技 (10)：8-13.

国家统计局，2022. 中华人民共和国 2021 年国民经济和社会发展统计公报[N]. 中国信息报，2022-03-01.

国家小麦产业技术体系，2016. 中国现代农业产业可持续发展战略研究小麦分册[M]. 北京：中国农业出版社.

韩俊，徐小青，2009. 我国粮食生产能力与供求平衡的整体性战略框架[J]. 改革 (6)：5-35.

河南省人民政府办公厅，2018. 河南省人民政府办公厅关于大力发展粮食产业经济加快建设粮食经济强省的实施意见[J]. 河南省人民政府公报 (17)：12-16.

华坚，盛晓涵，2021. 沿黄九省水土资源对粮食生产的阻尼效应测度及时空分异特征[J]. 中国人口·资源与环境 (8)：148-156.

黄国勤，2022. 中国中部地区粮食生产的成就、问题及高质量发展对策[J]. 中国井冈山干部学院学报 (1)：62-75.

贾甫，2010. 1978—2008 年粮食价格与农业增长的实证分析[J]. 中国物价 (9)：22-25.

贾红梅，2013. 天香面业：铸就中国放心粮油品牌[N]. 粮油市场报，2013-08-20.

贾晋，2012. 我国粮食储备的合理规模、布局与宏观调控[J]. 重庆社会科学 (2)：82-94.

李丹琳，2021. "互联网＋"趋势下粮食物流发展路径浅析[J]. 吉林工商学院学报 (4)：39-41.

李凤廷，侯云先，邵开丽，等，2016. 突发事件下的粮食物流——基于情景应对的储备粮紧急调运决策框架[J].中国农村经济（12）：60-75.

李福君，2005.我国粮食储备布局研究[J].北京：中国农业大学.

李刘艳，杨阳，2022.乡村振兴进程中农业劳动力转移对粮食生产的影响——基于30个省级面板数据的实证检验[J].河南师范大学学报（哲学社会科学版）（2）：93-99.

李蕊，程新睿，2020.我国粮食安全法治保障体系构建研究[J].河南师范大学学报（哲学社会科学版）（1）：46-55.

李志成，梁栩煜，潘振辉，等，2020.速冻食品行业研究现状及发展趋势[J].现代食品（5）：15-21.

李治，2021."双循环"下我国粮食产业的机遇与挑战[J].西北农林科技大学学报（社会科学版）（4）：97-104.

刘保国，2021.论面粉企业提高产品市场竞争力的重要举措[J].现代面粉工业（4）：35-38.

刘楚杰，李晓云，江文曲，2022.粮食主产区粮食生产与农业水资源压力脱钩关系研究[EB/OL].http://www.aed.org.cn/nyzyyhjxb/ch/reader/view_abstract.aspx?file_no=202201090000003&flag=2.

刘雯，2007.中国小麦面制品消费实证研究[D].南京：南京农业大学.

卢峰，谢亚，2008.我国粮食供求与价格走势（1980—2007年）——粮价波动、宏观稳定及粮食安全问题探讨[J].管理世界（3）：70-80.

马文峰，2020.中国专用小麦粉消费状况与企业发展策略建议[J].粮食加工（4）：5-8.

彭宏扬，2019.农业供给侧结构性改革背景下河南优质专用小麦发展策略研究[D].郑州：河南农业大学.

钱煜昊，王晨，王金秋，2022.中国粮食物流体系现代化建设策略[J].西北农林科技大学学报（社会科学版）（2）：27-35.

乔美娥，2020.探究大型粮食企业物流信息系统建设[J].中国设备工程（22）：34-36.

沈玉洁，2021.基于生态约束的河南省粮农土地经营规模研究[D].郑州：河南财经政法大学.

司伟，张玉梅，樊胜根，2020.从全球视角分析在新冠肺炎疫情下如何保障食物和营养安全[J].农业经济问题（3）：11-16.

孙红霞，赵予新，2020.基于危机应对的我国跨国粮食供应链优化研究[J].经济学家（12）：107-115.

孙维峰，王宇，2021.小麦产业价值链高端化的路径选择与驱动模式研究[J].经济论坛（1）：22-27.

陶森，冯涛，2021.速冻食品及我国冷链体系的发展趋势[J].现代食品（26）：95-97.

滕永忠，2018.我国优质小麦产业发展的主要做法、成效和问题[R].河南省农业科学院.

王海旺，郭跃武，2003.勇立潮头　独领风骚——记河南郑州金苑面业有限公司[N].中国食品质量报，2003-04-15.

王玲，2014. 中国小麦消费结构分析及深加工发展展望[J].FAO 农业展望（11）：75-79.

王瑞元，2011. 在"2011 中国小麦和面粉产业年会"上的开幕词（节选）[J]. 粮食与食品工业（2）：1-3.

王帅，赵秀梅，2019. 中国粮食流通与粮食安全：关键节点的风险识别[J]. 西北农林科技大学学报（社会科学版）（2）：124-132.

王薇，2020. 挂面行业：疫情之下，在责任与担当中如何乘势而为[N]. 中国食品报，2020-04-22.

王薇，2021. 我国挂面行业步入高水平竞争时代[N]. 中国食品报，2021-05-19.

王晓飞，谭旭，周立，等，2021. 做好"减法"：节粮减损的研究现状与展望[J]. 世界农业（11）：4-11.

王晓曦，王修法，温纪平，等，2008. 世界小麦产量及加工业发展概况[J]. 粮食加工（4）：11-12，18.

王秀丽，孙君茂，2015. 中国小麦消费分析与未来展望[J]. 麦类作物学报（5）：655-661.

王一杰，辛岭，胡志全，等，2018. 我国小麦生产、消费和贸易的现状分析[J]. 中国农业资源与区划（5）：36-45.

王玉庭，2010. 中国小麦消费现状及趋势分析[J]. 中国食物与营养（5）：47-50.

魏益民，张波，关二旗，等，2013. 中国冬小麦品质改良研究进展[J]. 中国农业科学（20）：4189-4196.

吴昊玥，黄瀚蛟，陈文宽，2021. 中国粮食主产区耕地利用碳排放与粮食生产脱钩效应研究[J]. 地理与地理信息科学（6）：85-91.

吴志华，刘念，2020. 我国粮食物流发展研究（2019—2020 年）[J]. 粮食科技与经济（4）：61-66.

武会斌，2019. 农产品加工企业市场营销策略研究——以 H 面粉集团为例[D]. 天津：天津大学.

叶丽丽，2019. 河南省粮食生产与消费结构存在的问题及对策研究[D]. 郑州：河南工业大学.

阴亚丽，2021. 中国"北粮南运"伴生的区域虚拟水流动过程解析与应对策略[D]. 咸阳：西北农林科技大学.

尹义坤，2010. 中国粮食产业政策研究[D]. 哈尔滨：东北农业大学.

余卫东，杨君健，2021. 河南省优质小麦适宜种植区及未来变化趋势[J]. 中国农业大学学报 26（9）：42-51.

余燕，2021. 中国与"一带一路"沿线国家粮食合作潜力与制约因素研究[D]. 郑州：河南农业大学.

张建周，李春盈，刘明，等，2020. 新形势下作物联合体区域试验运行和管理现状思考——以河南省小麦产业技术战略创新联盟小麦新品种试验联合体为例[J]. 农业科技管理（4）：

34-37.

张启楠，张凡凡，麦强，等，2022. 中国粮食生产效率空间溢出网络及提升路径[J]. 地理学报 （4）：996-1008.

张星月，2021. 河南农户农业生产环节服务外包行为及经济效应研究[D]. 郑州：河南财经政法大学.

赵聪佳，董晓光，王海帆，等，2022. 河南省粮食生产时空格局变化及其驱动因素[J]. 河南农业大学学报 （2）：312-322.

赵霞，陶亚萍，胡迪，2021. 粮食安全视角下我国粮食产业国际竞争力的提升路径[J]. 农业经济问题 （5）：107-119.

钟昱，亢霞，2016. 多维度视角下我国粮食运输的结构分析[J]. 中国流通经济 （8）：17-18.

钟钰，普蓂喆，刘明月，等，2020. 新冠肺炎疫情对我国粮食安全的影响分析及稳定产量的建议[J]. 农业经济问题 （4）：13-22.

朱丽娟，顾冬冬，张扬，等，2021. 服务外包、契约选择对小麦生产技术效率的影响——基于河南省 100 个村 3305 个农户的实证分析[J]. 中国农业大学学报 （9）：231-243.

图书在版编目（CIP）数据

河南省小麦产业发展报告 . 2022 / 孙中叶，程晓林，张道明著 . —北京：中国农业出版社，2022.9
ISBN 978-7-109-29902-3

Ⅰ．①河… Ⅱ．①孙… ②程… ③张… Ⅲ．①小麦—产业发展—研究报告—河南—2022 Ⅳ．①F326.11

中国版本图书馆 CIP 数据核字（2022）第 156937 号

河南省小麦产业发展报告（2022）
HENANSHENG XIAOMAI CHANYE FAZHAN BAOGAO（2022）

中国农业出版社出版
地址：北京市朝阳区麦子店街 18 号楼
邮编：100125
责任编辑：姚 佳 文字编辑：王佳欣
版式设计：杜 然 责任校对：周丽芳
印刷：北京中兴印刷有限公司
版次：2022 年 9 月第 1 版
印次：2022 年 9 月北京第 1 次印刷
发行：新华书店北京发行所
开本：720mm×960mm 1/16
印张：14
字数：250 千字
定价：88.00 元